Kohlhammer

Rat + Hilfe

Fundiertes Wissen für Betroffene, Eltern und Angehörige – Medizinische und psychologische Ratgeber bei Kohlhammer

Eine Übersicht aller lieferbaren und im Buchhandel angekündigten Ratgeber aus unserem Programm finden Sie unter:

 https://shop.kohlhammer.de/rat+hilfe

Der Autor

Prof. Dr. med. Matthias Michal, Klinik für Psychosomatische Medizin und Psychotherapie der Universitätsmedizin Mainz, leitet seit 2005 die erste Spezialsprechstunde »Depersonalisation-Derealisation« in Deutschland. Matthias Michal ist Facharzt für Psychosomatische Medizin und Psychotherapie. Er beschäftigt sich seit über 20 Jahren mit der Behandlung und Erforschung schwerer Depersonalisations-Derealisations-Zustände.

Matthias Michal

Depersonalisation und Derealisation

Die Entfremdung überwinden

5., überarbeitete Auflage

Verlag W. Kohlhammer

Dieses Werk einschließlich aller seiner Teile ist urheberrechtlich geschützt. Jede Verwendung außerhalb der engen Grenzen des Urheberrechts ist ohne Zustimmung des Verlags unzulässig und strafbar. Das gilt insbesondere für Vervielfältigungen, Übersetzungen und für die Einspeicherung und Verarbeitung in elektronischen Systemen.

Pharmakologische Daten verändern sich ständig. Verlag und Autoren tragen dafür Sorge, dass alle gemachten Angaben dem derzeitigen Wissensstand entsprechen. Eine Haftung hierfür kann jedoch nicht übernommen werden. Es empfiehlt sich, die Angaben anhand des Beipackzettels und der entsprechenden Fachinformationen zu überprüfen. Aufgrund der Auswahl häufig angewendeter Arzneimittel besteht kein Anspruch auf Vollständigkeit.

Die Wiedergabe von Warenbezeichnungen, Handelsnamen und sonstigen Kennzeichen berechtigt nicht zu der Annahme, dass diese frei benutzt werden dürfen. Vielmehr kann es sich auch dann um eingetragene Warenzeichen oder sonstige geschützte Kennzeichen handeln, wenn sie nicht eigens als solche gekennzeichnet sind.

Es konnten nicht alle Rechtsinhaber von Abbildungen ermittelt werden. Sollte dem Verlag gegenüber der Nachweis der Rechtsinhaberschaft geführt werden, wird das branchenübliche Honorar nachträglich gezahlt.

Dieses Werk enthält Hinweise/Links zu externen Websites Dritter, auf deren Inhalt der Verlag keinen Einfluss hat und die der Haftung der jeweiligen Seitenanbieter oder -betreiber unterliegen. Zum Zeitpunkt der Verlinkung wurden die externen Websites auf mögliche Rechtsverstöße überprüft und dabei keine Rechtsverletzung festgestellt. Ohne konkrete Hinweise auf eine solche Rechtsverletzung ist eine permanente inhaltliche Kontrolle der verlinkten Seiten nicht zumutbar. Sollten jedoch Rechtsverletzungen bekannt werden, werden die betroffenen externen Links soweit möglich unverzüglich entfernt.

5., überarbeitete Auflage 2023

Alle Rechte vorbehalten
© W. Kohlhammer GmbH, Stuttgart
Gesamtherstellung: W. Kohlhammer GmbH, Stuttgart

Print:
ISBN 978-3-17-043571-1

E-Book-Formate:
pdf: ISBN 978-3-17-043572-8
epub: ISBN 978-3-17-043573-5

Inhalt

Vorwort 11

Gebrauchsanweisung für den Ratgeber 13

1 Was ist Depersonalisation und Derealisation? 15

2 Das Symptom, die Diagnose und die Krankheit 20
   2.1 Die diagnostischen Kriterien 21
   2.2 Die häufigsten seelischen Erkrankungen bei Patienten mit einer Depersonalisations-Derealisationsstörung 27
      2.2.1 Depressive Störungen 30
      2.2.2 Angststörungen, Posttraumatische Belastungsstörungen und Zwänge 32
      2.2.3 Somatoforme Störungen 36
      2.2.4 Hallucinogen Persisting Perception Disorder 36
      2.2.5 Persönlichkeitsstörungen 37
      2.2.6 Abgrenzung der Depersonalisation von der Schizophrenie und anderen psychotischen Erkrankungen 42
      2.2.7 Bipolare Störungen 45
      2.2.8 Depersonalisation und Derealisation als Symptome anderer psychischer Störungen .. 46
      2.2.9 Körperliche Erkrankungen und Depersonalisation 48

3	**Die Geschichte der Erkrankung**	**50**
3.1	Die Entfremdungsdepression	55
3.2	Das Phobische-Angst- Depersonalisationssyndrom	56

4	**Wie häufig ist die Depersonalisations-Derealisationsstörung?**	**58**

5	**Der Verlauf der Depersonalisations-Derealisationsstörung**	**61**

6	**Auslöser und Ursachen**		**63**
	6.1	Auslöser der Depersonalisations-Derealisationsstörung	64
	6.2	Ursachen der Depersonalisations-Derealisationsstörung	65
	6.3	Die Bedeutung der frühen Kindheit	67
	6.4	Soziokulturelle Faktoren	69
	6.5	Typische Persönlichkeitseigenschaften	70
	6.6	Psychologische Krankheitsmodelle	72
	6.7	Biologische Befunde	77

7	**Die Entfremdung überwinden**		**82**
	7.1	Die Behandlungserfahrungen der Patienten	84
	7.2	Erste Schritte	85
	7.3	Medikamentöse und biomedizinische Behandlungsmöglichkeiten	86
		7.3.1 Antidepressiva	87
		7.3.2 Lamotrigin	89
		7.3.3 Benzodiazepine	90
		7.3.4 Naltrexon	90
		7.3.5 Neuroleptika	91
		7.3.6 Cannabidiol	92
		7.3.7 Repetitive transkranielle Magnetstimulation	92
		7.3.8 Elektrokrampftherapie	93
	7.4	Selbsthilfe – Die Einstellung zur Krankheit ändern	93

7.5	Die Bedeutung einer gesunden Lebensführung.....	95
	7.5.1 Schädlicher Gebrauch von Drogen, Alkohol und Nikotin	96
	7.5.2 Gesunder Schlaf...........................	97
	7.5.3 Körperliche Aktivität	99
	7.5.4 Medienkonsum und Verhaltenssüchte	100
7.6	Die Symptome normalisieren	101
	7.6.1 Achtsamkeit................................	107
	7.6.2 Achtsamkeitstraining	110
	7.6.3 Achtsame Kommunikation	114
7.7	Die Angst beruhigen	115
	7.7.1 Ruhiges Ein- und Ausatmen	115
	7.7.2 Beruhigender innerer Dialog	116
	7.7.3 Gute Erinnerungen zu Hilfe rufen	117
	7.7.4 Die 4–7–8-Atmung........................	118
	7.7.5 Eiswürfel, Ammoniak, Riechsalz, Gummibänder usw.	119
	7.7.6 Andere Entspannungsverfahren	119
7.8	Die maladaptive Selbstbeobachtung überwinden ...	120
7.9	Aufmerksamkeitstraining..........................	124
7.10	Das Symptomtagebuch: Den Sinn hinter den Symptomen finden	126
7.11	Die zugrunde liegenden seelischen Probleme erkennen lernen..................................	132
	7.11.1 Die Bedeutung der Emotionen..............	134
	7.11.2 Unterscheidung adaptiver und maladaptiver Affekte	137
	7.11.3 Unterscheidung zwischen Erleben und Ausleben	139
	7.11.4 Angst	139
	7.11.5 Angst vor Gefühlen	142
	7.11.6 Meine Vorstellung von mir und anderen Menschen	143
7.12	Seelische Probleme analysieren	144
	7.12.1 Typische Abwehrmechanismen	151

7.13	Schreiben als Selbsthilfe	156
	7.13.1 Expressives Schreiben über die Achtsamkeitsmeditation	157
	7.13.2 Expressives Schreiben über die psychotherapeutische Behandlung	158
	7.13.3 Schreibtherapie am Beispiel des Symptomtagebuchs	159
	7.13.4 Gefühlsdrehbücher	160
7.14	Die psychotherapeutische Behandlung	160
	7.14.1 Ambulante Psychotherapie und typischer Verlauf	161
	7.14.2 Stationäre Psychotherapie	163
	7.14.3 Allgemeine Informationen zur Psychotherapie	164
	7.14.4 Wie wirkt Psychotherapie?	164
	7.14.5 Aufgaben des Psychotherapeuten	166
	7.14.6 Aufgaben des Patienten	167
	7.14.7 Typische Probleme mit der Psychotherapie	169

8 Psychotherapie der Depersonalisations-Derealisationsstörung — **174**

8.1	Die Behandlung in Gang bringen	177
	8.1.1 Therapeutische Haltung	177
	8.1.2 Die initiale Diagnostik	180
	8.1.3 Mikroanalyse symptomverstärkender Situationen	183
	8.1.4 Therapieziele definieren	189
	8.1.5 Typische Veränderungsbarrieren	190
	8.1.6 Affektabwehr	190
	8.1.7 Beeinträchtigte Affekttoleranz	193

9 Das Wichtigste in 7 Merksätzen — **202**

Ansprechpartner — **204**

Hausarzt	204
Ambulanter Psychotherapieplatz	204

Stationäre oder tagesklinische psychosomatisch-
psychotherapeutische Behandlung 204
Notfälle 205
Spezialsprechstunden 205

Zusatzmaterial zum Download **206**

Literatur **207**

Sachregister **217**

Vorwort

Menschen, die sich im Vergleich mit ihrem früheren Sein, plötzlich oder schleichend, komplett verändert fühlen, sich gefühllos wie ein Roboter vorkommen, erleben abgelöst von ihrem Körper zu sein, alles wie zweidimensional oder wie durch dickes Glas sehen, unecht und kulissenhaft, sind dadurch zutiefst verunsichert und verängstigt. Sie befürchten, oft ganz und gar den Kontakt zu ihrer Umwelt, die Kontrolle über ihren Verstand und ihr Verhalten zu verlieren (»verrückt« zu werden). Gleichzeitig, und dies macht es oft noch schlimmer, fühlen sie sich isoliert und alleingelassen: Sei es, weil sie mit Niemandem darüber sprechen können, aus Angst, nicht verstanden zu werden, oder sei es, weil sie tatsächlich auf Unverständnis bei ihren Angehörigen, Freunden und Behandlern treffen. Dieses Unverständnis ist leider keine Seltenheit. Es macht einen bedeutenden Teil des Leidens der Betroffenen aus. Die betroffenen Personen leiden somit unter einer doppelten Isolation. Einerseits erleben sie sich von sich selbst und ihrer Umwelt wie abgelöst, und andererseits begegnet ihnen Unverständnis bei denjenigen, von denen sie sich Hilfe und Verständnis erhoffen.

Um dieser doppelten Isolation etwas entgegenzusetzen, wurde dieses Buch geschrieben. Es wurde für Menschen geschrieben, die unter dauerhafter Depersonalisation und Derealisation leiden, und für diejenigen Personen, die Betroffene besser verstehen wollen. Das Buch entstand aus einer nun mehr als 20-jährigen klinischen und forscherischen Arbeit mit Menschen, die unter einer Depersonalisations-Derealisationsstörung leiden, und der Diskussion mit Kollegen im klinischen und wissenschaftlichen Alltag.

In diesen mehr als zwei Jahrzehnten habe ich hunderte Betroffene untersucht, ihren Krankengeschichten und Behandlungserfahrungen zugehört, sie hinsichtlich der Behandlungsmöglichkeiten beraten, und selbst zahlreiche Patienten in stationärer oder ambulanter Kurz- und Langzeitpsychotherapie behandelt und mich mit Kollegen über das Krankheitsbild, Behandlung und Behandlungsschwierigkeiten ausgetauscht. Dabei schälten sich immer wiederkehrende Themen heraus: Informationsbedürfnisse, Anliegen und Behandlungserfahrungen, die von fast allen Patienten berichtet wurden, und stereotype Behandlungsschwierigkeiten, die einerseits mit der Art der Erkrankung und den zugrunde liegenden Krankheitsursachen und andererseits mit mangelndem Wissen und manchmal auch Ignoranz seitens der Fachleute zusammenhingen.

Das Ziel dieses Ratgebers ist es, Betroffenen ein Buch zur Verfügung zu stellen, in denen sie sich mit ihren Erfahrungen wiederfinden, das ihnen hilft, ihre Erfahrungen besser einzuordnen, und das ihnen einen Ausweg aus dieser quälenden Isolation aufzeigt. Denn es ist möglich, auch noch nach sehr vielen Jahren, sich das eigene Leben wieder anzueignen und in einen lebendigen Kontakt mit sich und der Welt zu kommen. Psychotherapeuten erhalten Orientierung und Ansatzpunkte für eine erfolgreiche Behandlung. Hierzu wird ein psychodynamischer Therapieansatz, der besonders auf das emotionale Erleben fokussiert, beschrieben.

Für die 5. Auflage habe ich den Ratgeber überarbeitet und aktualisiert. Derzeit verwende ich der leichteren Lesbarkeit wegen weiterhin das generische Maskulinum (das sämtlich binäre und non-binäre Personen umfasst).

Mein besonderer Dank gilt meinen Kollegen und den Betroffenen, die mir mit ihren Erfahrungen und Rückmeldungen geholfen haben, die Depersonalisations-Derealisationsstörung und den Weg zu dessen Überwindung besser zu verstehen. Und zuletzt möchte ich mich beim Kohlhammer-Verlag und meiner Lektorin Anita Brutler bedanken, die den Ratgeber sorgsam redigiert hat.

Wiesbaden, im Sommer 2023
Matthias Michal

Gebrauchsanweisung für den Ratgeber

Im ersten Teil des Ratgebers finden Sie die wichtigsten Informationen zu den Symptomen Depersonalisation und Derealisation, zum Krankheitsbild der Depersonalisations-Derealisationsstörung und häufigen, oft gleichzeitig damit vorkommenden, psychischen Störungen.

Der zweite Teil zeigt einen Weg zur Überwindung der Depersonalisations-Derealisationsstörung. Hierzu werden eine Menge Informationen vermittelt: erstens zu den Behandlungsmöglichkeiten, zweitens zu unterschiedlichen Selbsthilfemöglichkeiten und drittens zum Thema Psychotherapie.

Der dritte Teil richtet sich an erster Stelle an Psychotherapeuten. Er informiert über wichtige Behandlungsprobleme und beschreibt, wie es gelingen kann, einen erfolgreichen psychotherapeutischen Prozess in Gang zu bringen.

Nutzung der elektronischen Zusatzmaterialien zum Download

Wichtig für den Gebrauch des Ratgebers ist die Nutzung der elektronischen Zusatzmaterialien. Deshalb versäumen Sie es bitte nicht, sich am besten jetzt gleich mit diesen Zusatzmaterialien vertraut zu machen und die bereitgestellten Materialien auch wirklich anzuwenden (z. B. die Audiodateien mit der Anleitung zur Achtsamkeitsmeditation).

> Den Weblink, unter dem die elektronischen Zusatzmaterialien zum Download verfügbar sind, finden Sie am Ende dieses Buchs im Kapitel »Zusatzmaterial zum Download«.

Gebrauchsanweisung für den Ratgeber

Übersicht über die Zusatzmaterialien

- Allgemeine Informationen zur Psychotherapie
- Audiodatei »10 Minuten Achtsamkeitsmeditation«
- Audiodatei »30 Minuten Body-Scan«
- Fragebögen zur Erfassung der Depersonalisation und Derealisation
  - Cambridge Depersonalization Scale-Trait (CDS-Trait)
  - Cambridge Depersonalization Scale-State (CDS-State)
  - Kurzversion der Cambridge Depersonalization Scale (CDS-2)
- Fragebögen zur Erfassung von Angst und Depression
  - PHQ-9 (Depressionsmodul des Gesundheitsfragebogens für Patienten)
  - GAD-7 (Angstmodul des Gesundheitsfragebogens für Patienten)
- Lebenslauf verfassen
- Hilfreiche Weblinks
- Symptomtagebuch (Muster)
- »Symptome unterscheiden können« – Test zur Unterscheidung von Depression, Angst und Depersonalisation/Derealisation
- Therapie-Logbuch (Muster)
- Und anderes

1 Was ist Depersonalisation und Derealisation?

»Zunächst eine kurze Definition dessen, was wir als Depersonalisation bezeichnen. Ich verstehe darunter einen Zustand, in dem das Individuum sich gegenüber seinem früheren Sein durchgreifend verändert fühlt. Diese Veränderung erstreckt sich sowohl auf das Ich als auch auf die Außenwelt und führt dazu, dass das Individuum sich als Persönlichkeit nicht anerkennt. Seine Handlungen erscheinen ihm automatisch. Er beobachtet als Zuschauer sein Handeln und Tun. Die Außenwelt erscheint ihm fremd und hat ihren Realitätscharakter verloren. […] Verändert ist nicht das zentrale Ich, das Ich im eigentlichen Sinne, verändert ist vielmehr das Selbst, die Persönlichkeit, und das zentrale Ich nimmt jene Veränderung im Selbst wahr« (Schilder 1914, S. 54).

Diese treffende Definition der Depersonalisation stammt aus der Monografie »Selbstbewusstsein und Persönlichkeitsbewusstsein«, die 1914 von Paul Ferdinand Schilder (* 15. Februar 1886 in Wien; † 7. Dezember 1940 in New York), einem österreichischen Psychiater, Neurologen und Psychoanalytiker veröffentlicht wurde. Paul Schilder gilt als einer der wichtigsten Depersonalisationsforscher bis in unsere Zeit.

Paul Schilder beschreibt die Depersonalisations-Derealisationsstörung als eine durchgreifende Veränderung der Wahrnehmung der eigenen Person und der Außenwelt, die dadurch gekennzeichnet ist, dass man in seinem Handeln und Tun nicht mehr aufgeht, sich dies nicht mehr zu eigen macht, sondern nur noch wie ein Zuschauer teilnimmt. In seinem Buch lässt er in zahlreichen Krankengeschichten nicht nur Patienten ausführlich zu Wort kommen, teilweise in direkter Rede, sondern er berichtet auch von eigenen Depersonalisationserlebnissen im Zusammenhang mit übermäßigem Alkoholgenuss oder Erschöpfung in einer Psychotherapiesitzung:

1 Was ist Depersonalisation und Derealisation?

»In leicht berauschtem Zustand (nach reichlich Weingenuss) überkommt mich ein eigenartiges Gefühl. Die Umgebung erscheint (innerlich) fern gerückt und von einem anderen, der nicht vollständig ich ist, wahrgenommen, und ich und die Stimme dessen, der mit mir spricht, ist fremd. Der Gang ist verändert und ungewohnt. Ich komme mir leicht und schwebend vor (soweit ich weiß, waren objektive Störungen nicht vorhanden). Die Gefühle sind gleichsam ferngerückt und von mir beobachtet. Wenn ich spreche und gehe, so beobachte ich mein Sprechen und Gehen« (Schilder 1914, S. 95).

»Als ich vormittags eifrig mit Arbeit beschäftigt war, kommt mein Patient X. zu mir, [...]. Er erzählt mir Dinge, die ich schon oft gehört habe. Plötzlich höre ich meine Stimme wie die eines anderen und habe nicht den Eindruck selbst zu sprechen, obwohl ich ziemlich Kompliziertes leicht und sinngemäß beantwortete. Es ist alles in eine andere Sphäre gerückt. Seine Worte stören mich und klingen mir etwas laut ins Ohr. Er selbst kommt mir eigenartig und fremd vor, etwas starr und seltsam. Bald erscheint er mir etwas größer, bald etwas kleiner, meist aber innerlich etwas ferner gerückt. Die übrigen Gegenstände des Raumes gehen nicht gleichartige Veränderungen ein. Mein Körper erscheint mir nicht verändert, ich fasse absichtlich nach meiner Hand, nur habe ich das Gefühl, dass meine Miene etwas scharf sei. Die ganze Situation ist nicht gerade angenehm. Gesamtgefühl des Unwillens und Ärgers. – Während der ganzen Beobachtung entschwindet mir durchaus nicht das Bewusstsein, dass ich es bin, der hört und spricht, wiewohl ein eigenartiges ›Als-ob-ich-es nicht-wäre‹ vorhanden ist« (Schilder 1914, S. 94).

Depersonalisation (DP) und Derealisation (DR) sind normale Reaktionsmöglichkeiten. Diese Phänomene sind genauso menschlich wie das Erleben von Fieber, Schmerz, Angst oder Wut. Diese Zugehörigkeit der Depersonalisation zu den allgemein menschlichen Erlebnismöglichkeiten zeigt sich auch in unserer Alltagssprache, wo Phänomene der Depersonalisation als Redensarten ihren Niederschlag gefunden haben. Wir sprechen vom »benebelt sein«, wenn jemand sich verwirrt oder angetrunken fühlt, oder vom »neben sich stehen«, wenn einer sich als überwältigt und fassungslos erlebt. Als Redensarten werden diese Beschreibungen meist aber nur symbolisch verwendet, ohne dass der Sprecher damit sagen will, dass er sich, wie in der Depersonalisation, tatsächlich so wahrnimmt, »als ob er neben sich stehe« oder »als ob er wie durch eine Art von Nebel oder Schleier« von seiner Umwelt abgetrennt sei.

Bevor wir aber uns eingehender mit den Ursachen der Depersonalisation (und Derealisation) beschäftigen, möchte ich genauer beschreiben, was eigentlich unter Depersonalisation und Derealisation verstanden und wie das Krankheitsbild der Depersonalisations-Derealisationsstörung definiert wird. Der Einfachheit halber verwende ich nachfolgend die Abkürzung DDS für die Depersonalisations-Derealisationsstörung bzw. das Depersonalisations-Derealisationssyndrom.

Auf welche Art und Weise ist nun in der Depersonalisation und Derealisation die Wahrnehmung des Selbst (→ Depersonalisation, DP) und der Umwelt (→ Derealisation, DR) verändert. Typischerweise finden sich Betroffene in den folgenden Aussagen wieder (▶ Kasten 1.1), die dem Fragebogen »Cambridge Depersonalization Scale« entnommen sind (Michal et al. 2004, Sierra und Berrios 2000)[1].

Kasten 1.1: Items der Cambridge Depersonalization Scale (CDS)

- Aus heiterem Himmel fühle ich mich fremd, als ob ich nicht wirklich wäre oder als ob ich von der Welt abgeschnitten wäre.
- Was ich sehe, sieht »flach« oder »leblos« aus, so als ob ich ein Bild anschaue.
- Vertraute Stimmen (einschließlich meiner eigenen) klingen entfernt oder unwirklich.
- Ich erlebe mich wie abgetrennt von meiner Umgebung oder diese erscheint mir unwirklich, so als ob ein Schleier zwischen mir und der äußeren Welt wäre.
- Es kommt mir vor, als ob Dinge, die ich kürzlich getan habe, bereits lange Zeit zurücklägen. Zum Beispiel etwas, was ich heute Morgen getan habe, kommt mir vor, als ob ich es bereits vor Wochen gemacht hätte.
- Ich komme mir wie abgetrennt von Erinnerungen an Ereignisse meines Lebens vor, so als ob ich nicht daran beteiligt gewesen wäre.
- Es kommt mir vor, als ob ich mich außerhalb meines Körpers befände.

---

1 Unter den elektronischen Zusatzmaterialien finden Sie mehrere Fragebögen zur Erfassung der Depersonalisation und Derealisation.

1 Was ist Depersonalisation und Derealisation?

> - Wenn ich mich bewege, habe ich nicht den Eindruck, dass ich meine Bewegungen steuere, sodass ich mir »automatenhaft« und mechanisch vorkomme, als ob ich ein »Roboter« wäre.
> - Ich muss mich selbst anfassen, um mich zu vergewissern, dass ich einen Körper habe und wirklich existiere.

Wie man an dieser Auflistung sieht, können in der Depersonalisation sämtliche Bereiche des Selbsterlebens betroffen sein. Dabei steht Depersonalisation (DP) für die veränderte Wahrnehmung des körperlichen und seelischen Selbst, Derealisation (DR) hingegen für die veränderte Wahrnehmung der Umwelt. In der älteren psychiatrischen Literatur finden sich die Fachbegriffe *autopsychische* Depersonalisation, womit die veränderte Wahrnehmung der eigenen Gefühle, der Erinnerungen und des Vorstellungsvermögens gemeint ist. *Somatopsychische* Depersonalisation steht für die veränderte Wahrnehmung des Körpers (z. B. sich abgelöst vom Körper fühlen, wie hinter oder neben mir stehend, wie aufgelöst, so als ob ich nur noch aus Augen bestünde, hohl, nur eine Hülle, ganz federleicht usw.). Die sogenannte *allopsychische* Depersonalisation steht für die veränderte Wahrnehmung der äußeren Welt, die heute als Derealisation bezeichnet wird (»mir kommt alles künstlich wie ein Bild vor, unecht, zweidimensional, wie eine Kulisse«; »ich fühle mich wie in der Truman-Show«, »wie in Matrix[2]«). Da Depersonalisation und Derealisation sehr eng zusammenhängen und meist auch gemeinsam auftreten, wird der Kürze halber in der Literatur, und so auch hier, Depersonalisation als der beide Phänomene umfassende Oberbegriff verwendet (Michal und Beutel 2009).

Ein weiterer Begriff, der in der Literatur oft im Zusammenhang mit der Depersonalisation auftaucht, ist derjenige der Dissoziation oder dissoziativen Störung. Man versteht darunter eine Gruppe von Erkrankungen, deren gemeinsames Kennzeichen »der teilweise oder völlige Verlust der normalen Integration von Erinnerungen an die Vergangenheit, des Identitätsbewusstseins, der unmittelbaren Empfindungen sowie der Kontrolle

---

[2] Die »Truman-Show« ist ein Spielfilm, bei dem der Protagonist in einer Filmkulisse lebt, ohne es zu wissen. In dem Spielfilm »Matrix« wird u. a. die Frage nach der Wirklichkeit thematisiert.

1 Was ist Depersonalisation und Derealisation?

von Körperbewegungen« ist (vgl. ICD-10[3]: F44). Beispiele für dissoziative Störungen sind z. B. die dissoziative Amnesie. Deren wichtigstes Kennzeichen ist »der Erinnerungsverlust für meist wichtige, kurz zurückliegende Ereignisse, der nicht durch organische psychische Störungen bedingt und zu schwerwiegend ist, um durch übliche Vergesslichkeit oder Ermüdung erklärt werden zu können. Die Amnesie zentriert sich gewöhnlich auf traumatische Ereignisse wie Unfälle oder unerwartete Trauerfälle und ist in der Regel unvollständig und selektiv. Ausmaß und Vollständigkeit der Amnesie variieren häufig von Tag zu Tag und bei verschiedenen Untersuchern« (vgl. ICD-10: F44.0). Am Beispiel der seelischen Funktion des Gedächtnisses bzw. des Erinnerns lässt sich sehr gut der Unterschied zwischen einer dissoziativen Amnesie und der Depersonalisation aufzeigen. Bei der dissoziativen Amnesie hat der Betroffene keinen Zugriff mehr auf die Informationen in seinem Gedächtnisspeicher. Er weiß z. b. nicht mehr, was er die letzten Tage gemacht hat, wohingegen bei der Depersonalisation die gefühlsmäßige Einstellung zu den Gedächtnisinhalten verändert ist. Bei einer Depersonalisations-Derealisationsstörung kann sich der Betroffene noch an die Tatsachen und Fakten erinnern, aber es kommt ihm so vor, als ob die Geschehnisse sehr weit zurückliegen, ja fast so weit, als ob das Erlebte eigentlich gar nichts mehr mit ihm selbst zu tun hätte.

---

3 Internationale Klassifikation psychischer Störungen. ICD-10 Kapitel V (F). Diagnostische Kriterien für Forschung und Praxis (2004). Bern: Huber.

2 Das Symptom, die Diagnose und die Krankheit

Zur Untersuchung bei einem Psychiater, Psychotherapeuten, Neurologen oder Nervenarzt gehört in der Regel die Erhebung eines psychischen oder psychopathologischen Befundes (»psychopathologisch« bedeutet krankhafte Veränderung der seelischen Funktionen). Im Rahmen dieser Befunderhebung beurteilen sie unter anderem auch, ob der Patient Symptome von Depersonalisation und Derealisation aufweist. Im deutschen Sprachraum werden diese Symptome den sogenannten Ich-Störungen zugerechnet, im anglo-amerikanischen den Wahrnehmungsstörungen. Da sehr häufig Patienten nicht spontan über diese Symptome klagen, sollte der Arzt gezielt danach fragen. Werden solche Symptome berichtet, sollte der Arzt den Patienten ermuntern, so ausführlich und konkret wie möglich seine Symptome zu schildern. Wichtig ist dabei auch, dass der Arzt etwas über den zeitlichen Verlauf der Symptome erfährt: Also, handelt es sich um eine Art von anfallsweisem Auftreten, bei dem die Symptome nur für ein paar Sekunden oder Minuten da sind, oder handelt es sich um längere über Stunden anhaltende Zustände, oder gar um einen über Monate und Jahre anhaltenden Dauerzustand? Diese Informationen sind für den Arzt wichtig, weil sie bereits Hinweise auf die zugrunde liegende Erkrankung liefern können. Zum Beispiel kommt es bei der Panikstörung nur zu kurzdauernden Anfällen von Depersonalisation/Derealisation, die üblicherweise noch von anderen Angstsymptomen begleitet sind. Genauso kommt es bei der Temporallappenepilepsie gleichfalls nur zu kurzdauernden Anfällen von Depersonalisation/Derealisation. Bei der Migräne hingegen können auch über Stunden andauernde Depersonalisationszustände auftreten. Es gibt aber auch das Krankheitsbild der *Depersonalisations-Derealisationsstörung* (DDS). Bei Patienten mit einer DDS ist das ganze Erleben von Depersonalisation und/oder Derealisation gekennzeichnet.

Man spricht dann auch von primärer Depersonalisation, wohingegen Symptome von Depersonalisation, die ausschließlich im Rahmen einer anderen Erkrankung auftreten (z. B. Panikstörung, Epilepsie), als sekundäre Depersonalisation bezeichnet werden.

Das oben genannte Krankheitsbild der Depersonalisations-Derealisationsstörung ist eine offizielle Diagnose. Seelische Erkrankungen werden weltweit nach dem Klassifikationssystem der Weltgesundheitsorganisation (WHO) verschlüsselt. Dieses Klassifikationssystem heißt »Internationale statistische Klassifikation der Krankheiten und verwandter Gesundheitsprobleme« (engl.: International Statistical Classification of Diseases and Related Health Problems, ICD). Es ist das wichtigste und weltweit anerkannte Klassifikationssystem für Krankheiten in der Medizin. Die Diagnose war bereits in jeder Version der ICD vorhanden und findet sich auch wieder in der neuen 11. Version (ICD-11), die seit Anfang 2022 gültig ist. Im Vergleich zur Vorgängerversion ICD-10 wurde erfreulicherweise die Definition an das amerikanische Diagnosesystem angeglichen. Die Diagnose der Depersonalisations-Derealisationsstörung wird in Zukunft nicht mehr unter den sonstigen neurotischen Störungen gemeinsam mit der Neurasthenie (chronisches Erschöpfungssyndrom) geführt, sondern zusammen mit den dissoziativen Störungen aufgelistet. In den Vereinigten Staaten von Amerika ist das in der Forschung mehr verwendete Diagnosesystem der American Psychiatric Association (APA, Amerikanische Psychiatrische Vereinigung) gebräuchlich (Diagnostic and Statistical Manual of Mental Disorders, DSM; deutsch: Diagnostisches und Statistisches Handbuch Psychischer Störungen). Aktuell liegt die fünfte Version vor (DSM-5, APA 2013).

2.1 Die diagnostischen Kriterien

Die Tabelle zeigt die diagnostischen Kriterien der Depersonalisations-Derealisationsstörung der ICD-10 (F48.1) und des DSM-5 (300.6) (▶ Tab. 2.1). In der seit 2022 geltenden ICD-11 erfolgt eine weitgehende

2 Das Symptom, die Diagnose und die Krankheit

Angleichung der ICD-Kriterien an das DSM-5. Außerdem wird in der ICD-11 die Depersonalisations-Derealisationsstörung nicht mehr unter den sonstigen neurotischen Störungen geführt, sondern wie im DSM-5 unter den dissoziativen Störungen. Allerdings wird es noch mehrere Jahre dauern, bis die ICD-11 im Gesundheitssystem auch auf administrativer Ebene angewendet werden kann. Bis zur Umstellung werden die Abrechnungsdaten und Diagnosen in den Arztbriefen noch mit der ICD-10 verschlüsselt. In der ICD-10 wird die Depersonalisations-Derealisationsstörung auch als Depersonalisations-Derealisationssyndrom bezeichnet. In beiden Klassifikationssystemen fehlt ein Zeitkriterium. Experten sind sich aber einig, dass die Diagnose in der Regel nicht vergeben werden sollte, wenn die Symptome nicht über mindestens drei Monate (besser sechs) die meiste Zeit des Tages vorhanden waren.

Typischerweise empfinden die Betroffenen die Symptome als quälend. Häufig fühlen sich Betroffene durch die Symptome im zwischenmenschlichen und oder beruflichen Bereich beeinträchtigt. Sehr häufig sind vor allem Ängste, »verrückt« zu werden, die Kontrolle über den Verstand zu verlieren und peinlich aufzufallen (»man könnte mir ansehen, dass etwas mit mir nicht stimmt«). Im späteren Verlauf der Erkrankung leiden die Betroffenen vor allem unter dem Gefühl der Isolation und der Angst, ihr Leben oder den Sinn ihres Lebens zu verpassen. Mit Bezug auf die Arbeits- oder Studier- und Lernfähigkeit beklagen die Betroffenen oft, dass sie Schwierigkeiten haben, sich zu konzentrieren, neue Informationen aufzunehmen und zu behalten. Im zwischenmenschlichen Bereich fühlen sich die Betroffenen oft durch Ängste in sozialen Situationen, ihre »Gefühllosigkeit« oder dem Gefühl, »nicht authentisch zu sein«, beeinträchtigt.

Für die Diagnose einer Depersonalisations-Derealisationsstörung ist es erforderlich, dass die Symptome von Depersonalisation und Derealisation nicht durch einen organischen Krankheitsprozess erklärt werden. Die wichtigsten organischen Erkrankungen, die ausgeschlossen werden sollten, sind Anfallskrankheiten wie die Temporallappenepilepsie oder andere Epilepsieerkrankungen, bestimmte Migräneformen und Schädigung des Gehirns durch Blutungen oder Tumore. Weiterhin sollten chronische organische Schlafstörungen (z. B. ein Schlafapnoesyndrom) ausgeschlossen sein, weil chronischer Schlafmangel auch zu Depersonalisation und Derealisation führen kann. Der Ausschluss einer organischen Ursache erfolgt

2.1 Die diagnostischen Kriterien

Tab. 2.1: Diagnostische Kriterien der Depersonalisations-/Derealisationsstörung nach DSM-5 und ICD-10

DSM-5: 300.6	ICD-10: F48.1

A. Das Vorliegen andauernder oder wiederkehrender Erfahrungen der Depersonalisation, Derealisation oder von beidem:
  1. *Depersonalisation*: Erfahrungen der Unwirklichkeit, des Losgelöstseins oder des Sich-Erlebens als außenstehender Beobachter bezüglich eigener Gedanken, Gefühle, Wahrnehmungen, des Körpers oder Handlungen (z. B. Wahrnehmungsveränderungen, gestörtes Zeitempfinden, unwirkliches oder abwesendes Selbst, emotionales und/oder körperliches Abgestumpftsein).
  2. *Derealisation*: Erfahrungen der Unwirklichkeit oder des Losgelöstseins bezüglich der Umgebung (z. B. Personen oder Gegenstände werden als unreal, wie im Traum, wie im Nebel, leblos oder optisch verzerrt erlebt).
B. Während der Depersonalisations-/Derealisationserfahrung bleibt die Realitätsprüfung intakt.
C. Die Symptome verursachen in klinisch bedeutsamer Weise Leiden oder Beeinträchtigungen in sozialen, beruflichen oder anderen wichtigen Funktionsbereichen.
D. Das Störungsbild ist nicht Folge der physiologischen Wirkung einer Substanz (z. B. Substanz mit Missbrauchs-
	A. Entweder 1 oder 2:
	  1. *Depersonalisation*: Die Betroffenen klagen über ein Gefühl von entfernt sein, von »nicht richtig hier« sein. Sie klagen z. B. darüber, dass ihre Empfindungen, Gefühle und ihr inneres Selbstgefühl losgelöst seien, fremd, nicht ihr eigen, unangenehm verloren oder dass ihre Gefühle und Bewegungen zu jemand anderen zu gehören scheinen, oder sie haben das Gefühl, in einem Schauspiel mitzuspielen.
	  2. *Derealisation*: Die Betroffenen klagen über ein Gefühl von Unwirklichkeit. Sie klagen z. B. darüber, dass die Umgebung oder bestimmte Objekte fremd aussehen, verzerrt, stumpf, farblos, leblos, eintönig und uninteressant sind, oder sie empfinden die Umgebung wie eine Bühne, auf der jedermann spielt.
	B. Die Einsicht, dass die Veränderungen nicht von außen durch andere Personen oder Kräfte eingegeben wurden, bleibt erhalten.
	
	Kommentar: Diese Diagnose sollte nicht gestellt werden, wenn das Syndrom im Rahmen einer anderen psychischen Störung auftritt, (...), in Folge einer Intoxikation mit Alkohol oder anderen psychotropen Substanzen, bei einer Schizophrenie (...), einer affektiven Störung, einer Angststörung oder bei anderen Zuständen (wie einer deutlichen Müdig-

Tab. 2.1: Diagnostische Kriterien der Depersonalisations-/Derealisationsstörung nach DSM-5 und ICD-10 – Fortsetzung

DSM-5: 300.6	ICD-10: F48.1
potenzial, Medikament) oder eines medizinischen Krankheitsfaktors (z. B. Krampfanfall). E. Das Störungsbild kann nicht besser durch eine andere psychische Störung wie Schizophrenie, Panikstörung, Major Depression, Akute Belastungsstörung, Posttraumatische Belastungsstörung oder eine andere dissoziative Störung erklärt werden.	keit, einer Hypoglykämie oder unmittelbar vor oder nach einem epileptischen Anfall). Diese Syndrome treten im Verlauf vieler psychischer Störungen auf und werden dann am besten als zweite oder als Zusatzdiagnose bei einer anderen Hauptdiagnose verschlüsselt.

DSM-5: Abdruck erfolgt mit Genehmigung vom Hogrefe Verlag Göttingen aus dem Diagnostic and Statistical Manual of Mental Disorders, Fifth Edition, © 2013 American Psychiatric Association, dt. Version © 2018 Hogrefe Verlag.

meist in Form einer Blutentnahme und Laboruntersuchung (z. B. zum Ausschluss einer Schilddrüsenüber- oder -unterfunktion), einer Aufzeichnung der Hirnstrommuster mit Hilfe eines Elektroenzephalogramms (EEG) und/oder einer Magnetresonanztomografie (MRT) zur Darstellung des Gehirns. Falls Betroffene in der körperlichen Untersuchung keine neurologischen Auffälligkeiten haben, kann auf eine umfangreiche apparative Diagnostik verzichtet werden. Wenn Betroffene ausschließlich unter einer visuellen Wahrnehmungsstörung leiden (z. B. alles »wie zweidimensional« sehen oder »wie durch dickes Glas«), kann auch die Konsultation eines Augenarztes sinnvoll sein (Michal et al. 2006c). Tatsächlich waren auch die meisten Patienten, die mich wegen eines Depersonalisations-Derealisationssyndroms aufsuchten, wegen ihrer Beschwerden zumindest einmal bei einem Augenarzt gewesen. Allerdings ohne, dass ein Augenarzt jemals etwas Besonderes feststellen konnte. Meiner Erfahrung nach ist eine organische Ursache für einen langandauernden Zustand von Depersonalisation oder Derealisation extrem selten.

Da Symptome von Depersonalisation bei vielen unterschiedlichen Krankheiten vorkommen können, betonen beide Diagnosesysteme, dass Symptome von Depersonalisation und Derealisation nur dann als eine eigenständige (= primäre) Störung diagnostiziert werden können, wenn diese Symptome nicht ausschließlich als Begleitsymptome einer anderen seelischen oder körperlichen Erkrankung vorkommen. Zum Beispiel tritt kurzeitige Depersonalisation/Derealisation sehr häufig im Rahmen von Panikattacken auf. Es handelt sich dabei um heftige Angstanfälle, die meist nur 5–30 Minuten andauern, aber mit einer längeren Erwartungsangst (d. h. Angst vor dem erneuten Auftreten einer Panikattacke) einhergehen. Im Rahmen solcher Panikattacken kommt es nicht selten zu kurzzeitiger, Minuten dauernder, Depersonalisation. Tage, Monate oder gar Jahre dauernde Depersonalisation/Derealisation fällt jedoch nicht darunter.

Aufgabe des Arztes oder Psychologen ist es, durch eine gründliche Befragung nach allen weiteren Krankheitssymptomen zu klären, ob die Depersonalisation/Derealisation ausschließlich als Symptom einer anderen psychischen Störung auftritt oder als eigenständige Störung. Grundsätzlich ist nämlich davon auszugehen, dass Patienten, die unter einer Depersonalisations-Derealisationsstörung leiden, in den meisten Fällen auch Diagnosen anderer seelischer Erkrankungen, meist einer Angststörung oder Depression, aufweisen.

Das gleichzeitige Vorkommen unterschiedlicher Diagnosen wird in der Medizin als Komorbidität bezeichnet und ist bei seelischen Erkrankungen eher die Regel als die Ausnahme. Die Rede von der Komorbidität suggeriert dabei, dass es sich bei unterschiedlichen Diagnosen um unterschiedliche Krankheiten handelt. Dies ist im Bereich seelischer Erkrankungen aber nur bedingt richtig. Ein Unterarmbruch (Diagnose = Radiusfraktur) und eine Depression (Diagnose = z. B. mittelgradig depressive Episode) sind eindeutig zwei unterschiedliche Krankheiten, die keine gemeinsamen Krankheitsmechanismen teilen und ganz und gar unterschiedliche Therapiestrategien erfordern. Bei seelischen Erkrankungen ist dies etwas anders gelagert. Auch wenn sich unterschiedliche Diagnosen seelischer Erkrankungen gut voneinander abgrenzen lassen, so hängen die Ursachen hierfür meist eng zusammen. Für die Behandlung bedeutet dies, dass es notwendig ist, den Betroffenen als ganze Person mit seinen biologischen, sozialen und seelischen Eigenschaften wahrzunehmen. Dies schließt allerdings ein störungsspezifisches Vorgehen in der Therapie keinesfalls aus.

Typisch für Patienten mit einer Depersonalisations-Derealisationsstörung sind weiterhin oft folgende Probleme und Begleiterscheinungen, ohne dass sie direkt zu den diagnostischen Kriterien zählen (vgl. DSM-5, APA 2013, S. 303 ff): Betroffene geben oft Schwierigkeiten an, ihre Symptome zu beschreiben, obgleich es ihnen mit entsprechender Ermunterung meist sehr gut gelingt. Sie befürchten, »verrückt« zu sein oder zu werden, oder aber an einem unheilbaren Gehirnschaden zu leiden. Sehr häufig beklagen Patienten eine subjektiv veränderte Zeitwahrnehmung, sei es, dass die Zeit viel zu schnell oder zu langsam vergehe. Außerdem haben Betroffene oft Schwierigkeiten, sich Erinnerungen lebhaft ins Gedächtnis zu rufen und ihre Erinnerungen als persönlich bedeutsam zu empfinden. Unspezifische körperliche Beschwerden wie Kopfdruck, Kribbeln oder Benommenheit sind ebenfalls nicht selten. Viele Betroffene berichten von einer Verschlimmerung der Symptome bei grellem Licht, Neonlicht oder überhaupt, wenn es hell ist. Auch andere Arten der Überreizung (z. B. Menschenmengen, Lärm) führen nicht selten zu einer Intensivierung der DDS-Symptomatik (vgl. Simeon und Abugel 2008). Manche Betroffene verfallen in ein extremes Grübeln: Sie können sich kaum noch von der Frage lösen, ob sie tatsächlich existieren. Oder aber sie sind ständig mit der Kontrolle der eigenen Wahrnehmung beschäftigt. So überprüfen sie andauernd, wie »wirklich« oder »unwirklich« die Art ihrer Wahrnehmung gerade ist. Dieses ständige Überprüfen empfinden sie als sehr anstrengend. Sie können es aber nicht einstellen, aus Angst, sonst die Kontrolle zu verlieren. Unterschiedlich stark ausgeprägte Symptome von Angsterkrankungen oder Depressionen sind ebenfalls typisch.

2.2 Die häufigsten seelischen Erkrankungen bei Patienten mit einer Depersonalisations-Derealisationsstörung

Patienten mit einer Depersonalisations-Derealisationsstörung leiden aktuell oder litten in ihrer Vergangenheit meist noch unter anderen seelischen Erkrankungen (Michal und Beutel 2009, Sierra 2009, Simeon und Abugel 2008). Am häufigsten sind dies depressive Erkrankungen, Angststörungen und sogenannte Persönlichkeitsstörungen. Eine umfassende Untersuchung von 117 Patienten mit einer DDS, die an einer Spezialeinrichtung in New York durchgeführt wurde (Simeon et al. 2003), fand heraus, dass die meisten Patienten noch an Angststörungen, Depressionen und 52 % an Persönlichkeitsstörungen litten (▶ Tab. 2.2 und ▶ Tab. 2.3).

In einer Untersuchung, die in England am Institute of Psychiatry/London durchgeführt wurde, wiesen von 204 Patienten mit einer DDS 62 % eine depressive Störung, 41 % eine Angststörung, 16 % eine Zwangsstörung, 14 % eine Agoraphobie, 8 % eine bipolare Störung, 7 % eine Schizophrenie, 7 % Drogenabhängigkeit und 5 % Alkoholabhängigkeit auf (Baker et al. 2003).

2 Das Symptom, die Diagnose und die Krankheit

Tab. 2.2: Häufigkeit komorbider symptombezogener psychischer Störungen bei Patienten mit einer DDS[1,2]

Soziale Phobie	28,2 %
Dysthymie (anhaltende depressive Verstimmung)	23,1 %
Generalisierte Angststörung	16,2 %
Panikstörung	12,0 %
Major Depression (Depression)	10,3 %
Zwangsstörung	8,5 %
Spezifische Phobie	5,1 %
Somatoforme Störung	6,0 %
Spezifische Phobie	5,1 %
Körperdysmorphe Störung	4,3 %
Anpassungsstörung	2,6 %
Posttraumatische Belastungsstörung	1,7 %
Hypochondrie	0,9 %

[1] Nach Simeon et al. (2003b): Auswahl (nach Häufigkeit) aktueller Komorbiditäten in einer Stichprobe von 117 Patienten mit einer Depersonalisationsstörung.
[2] Patienten mit aktuellen Störungen durch Substanzkonsum wurden von der Untersuchung ausgeschlossen.

Da also die Komorbidität bei Patienten mit einer Depersonalisations-Derealisationsstörung eher die Regel als die Ausnahme ist, und weil es allgemein wichtig und hilfreich ist, auch als Patient seine Symptome richtig einordnen zu können, werden in den nachfolgenden Kapiteln die wichtigsten seelischen Erkrankungen beschrieben.

2.2 Die häufigsten seelischen Erkrankungen bei Patienten mit einer DP/DR

Tab. 2.3: Häufigkeit aktueller komorbider Persönlichkeitsstörungen bei 117 Patienten mit einer DDS[1]

Vermeidend-selbstunsichere Persönlichkeitsstörung	23 %
Borderline-Persönlichkeitsstörung	21 %
Zwanghafte Persönlichkeitsstörung	21 %
Paranoide Persönlichkeitsstörung	15 %
Narzisstische Persönlichkeitsstörung	13 %
Abhängige Persönlichkeitsstörung	10 %
Schizotype Persönlichkeitsstörung	7 %
Histrionische Persönlichkeitsstörung	6 %
Schizoide Persönlichkeitsstörung	4 %

[1] Nach Simeon et al. (2003b): Auswahl (nach Häufigkeit) aktueller Komorbiditäten (nach DSM-IV/III-R) in einer Stichprobe von 117 Patienten mit einer Depersonalisationsstörung.

Die richtige Einordnung der eigenen Krankheitssymptome ist für die Kommunikation mit Ärzten und Psychotherapeuten hilfreich. Dies erleichtert es dem Patienten, den Behandlern deutlich zu machen, dass nicht alle Beschwerden in der Diagnose einer Depression oder Angststörung aufgehen. Mit dem entsprechenden Wissen fällt es dem Patienten leichter, sich zu äußern, wenn man den Eindruck hat, vom Fachmann falsch verstanden zu werden. Es ist aber auch für einen Patienten aufschlussreich zu erfahren, dass nicht alle seine Probleme oder Symptome zur Depersonalisations-Derealisationsstörung gehören. Er erkennt beispielsweise, dass er möglicherweise bereits vor dem dramatischen Beginn der Depersonalisations-Derealisationsstörung gesundheitliche beziehungsweise seelische Probleme hatte; oder aber er merkt, dass eine Verschlechterung seines Befindens eher mit einer Depression und nicht unbedingt mit einer Verschlimmerung der Depersonalisation zusammenhängt. Eine Patientin lernte zum Beispiel im Verlauf ihrer Behandlung, ihre unterschiedlichen Reaktionen auf Stress besser zu unterscheiden. So hatte sie schmerzhafte Verspannungszustände im Gesichts- und Kopfbereich früher als identisch mit ihrer Depersonalisation interpretiert, weil Verspannungszustände und eine Verschlimmerung der Depersonalisation meist gleichzeitig auftraten. Im Verlauf ihrer Therapie kam es jedoch bereits nach etwa 20 Sitzungen zu einem deutlichen Rückgang der Depersonalisation. Dabei bemerkte sie, dass diese Verspannungszustände im Gesichtsbereich eigentlich unabhängig von der Depersonalisation sind und ihr als psychosomatisches Symptom eine persönliche Überlastung anzeigen. Bewusst eingesetzte Entspannung und physiotherapeutische Übungen konnten hier dann weitere Linderung bringen.

2.2.1 Depressive Störungen

Depressive Störungen sind die nach den Angsterkrankungen häufigsten seelischen Erkrankungen. Nachfolgend referiere ich die wichtigsten Fakten zu depressiven Erkrankungen auf Grundlage der Leitlinie »Unipolare Depression«.

In der erwachsenen Bevölkerung leiden während eines Jahres mindestens 7,7 % an einer Depression. Auf die Lebenszeit bezogen erleiden mindestens 17 von 100 Personen einmal eine Depression. Davon erkrankt etwa die Hälfte bereits vor ihrem 31. Lebensjahr. Eine Depression kann aber auch erstmalig bereits in der Jugend auftreten.

Depressionen werden anhand nachfolgender Symptome diagnostiziert. Man unterscheidet hierbei Haupt- von Nebensymptomen. Die Symptome müssen über eine Dauer von zwei Wochen an der Mehrzahl der Tage zu einer deutlichen Belastung führen. Die Hauptsymptome einer depressiven Erkrankung sind (1) die gedrückte, niedergeschlagene Stimmung; (2) der Interessenverlust und die Freudlosigkeit und (3) die gesteigerte Ermüdbarkeit und der Antriebsmangel (z. B. dass man sich ständig müde und erschöpft fühlt und nur unter Schwierigkeiten die Aufgaben des Alltags bewerkstelligen kann). Für die Diagnose einer Depression müssen mindestens zwei dieser Hauptsymptome und zwei oder mehr Zusatzsymptome vorliegen. Die Zusatzsymptome einer Depression sind a) Konzentrationsschwierigkeiten (zeigen sich beispielsweise darin, dass man Mühe hat, Texte zu lesen, einem Gespräch zu folgen oder fernzusehen; b) Versagensgefühle (d. h. man fühlt sich selbstunsicher, traut sich nichts mehr zu

2.2 Die häufigsten seelischen Erkrankungen bei Patienten mit einer DP/DR

oder kommt sich minderwertig vor); c) Schuldgefühle (d. h. man macht sich ständig Selbstvorwürfe); d) eine negative und pessimistische Einstellung gegenüber der Zukunft; e) Todeswünsche, Lebensüberdruss und Suizidgedanken; f) Schlafstörung in Form von Ein- und Durchschlafstörungen mit der Folge eines nicht erholsamen Schlafes oder eine deutliche Ausdehnung der Schlafdauer; und g) Appetitstörungen (verminderter oder gesteigerter Appetit mit entsprechender Gewichtsveränderung).

Häufig kommen bei einer Depression auch zahlreiche körperliche Beschwerden vor. Typisch sind Abgeschlagenheit, Mattigkeit, Magendruck, Verstopfung, Durchfall, diffuser Kopfschmerz, Druckgefühl in Hals und Brust, Herzbeschwerden, Atembeklemmung, Schwindelgefühle, Flimmern vor den Augen, Muskelverspannungen, Verlust des sexuellen Verlangens, Sistieren der Menstruation, Impotenz und andere sexuelle Funktionsstörungen.

Anhand der Anzahl und Ausprägung der Haupt- und Nebensymptome unterscheidet man leicht-, mittel- und schwergradige Depressionen. Eine leichtgradige Depression ist durch zwei Hauptsymptome und zwei Zusatzsymptome gekennzeichnet, eine schwergradige Depression durch drei Hauptsymptome und mindestens vier Zusatzsymptome. Meistens verlaufen Depressionen episodisch. Die Dauer einer Episode beträgt meist zwischen vier bis acht Monate. Bei einem Teil der Patienten dauert eine Depression jedoch über zwei Jahre an.

Als Dysthymie wird eine länger als zwei Jahre bestehende depressive Verstimmung bezeichnet. Maßgeblich für die Diagnose einer Dysthymie ist, dass der Betroffene sich mehr als die Hälfte aller Tage in den letzten zwei Jahren depressiv gefühlt hat, zumindest zeitweise und unter einigen der folgenden Symptome litt: Energielosigkeit, unruhiger Schlaf, schlechter Appetit, und geringes Selbstbewusstsein.

Mehr als die Hälfte der Patienten, die einmal an einer Depression litten, werden im Lauf ihres Lebens wieder an einer Depression erkranken. Das Risiko für eine Wiedererkrankung erhöht sich mit der Zahl der Krankheitsepisoden.

Für depressive Erkrankungen gibt es in der Regel mehrere Ursachen. Zum einen werden genetische Ursachen angenommen. Depressive Störungen kommen familiär gehäuft vor. Angehörige ersten Grades haben ein etwa 50 % höheres Risiko als Menschen aus der Allgemeinbevölkerung.

Biografische Risikofaktoren für die spätere Erkrankung sind Verlusterlebnisse in der Kindheit, die sich bei depressiven Patienten zwei bis drei Mal so häufig in der frühen Biografie finden. Aktuelle Belastungsfaktoren, die zur Erkrankung beitragen, sind chronischer Stress am Arbeitsplatz, kritische Lebensereignisse, schwere körperliche Erkrankungen, Armut und mangelnde soziale Unterstützung.

Die Behandlung einer Depression besteht aus Psychotherapie und/oder Psychopharmakotherapie. An späterer Stelle werde ich darauf noch detaillierter eingehen.

Die diagnostische Entscheidung, ob Symptome von Depersonalisation und Derealisation in einer depressiven Episode aufgehen, oder ob die Diagnose eines Depersonalisation-Derealisationssyndroms sinnvoll ist, fällt nicht immer leicht. Denn das Gefühl der Gefühllosigkeit ist auch bei depressiven Episoden nicht selten. Beim Depersonalisation-Derealisationssyndrom finden sich jedoch noch weitere Symptome von Depersonalisation und Derealisation und diese Symptome stellen die Hauptklage des Patienten dar. Des Weiteren ist die zeitliche Abgrenzung für die diagnostische Entscheidung hilfreich. Wenn die Depersonalisation/Derealisation dem Beginn einer depressiven Episode eindeutig vorangeht oder nach dem Ende einer depressiven Episode eindeutig weiterbesteht, dann kann man in der Regel davon ausgehen, dass ein Depersonalisations-Derealisationssyndrom vorliegt (vgl. DSM-5, APA 2013, S. 305 ff).

2.2.2 Angststörungen, Posttraumatische Belastungsstörungen und Zwänge

Etwa die Hälfte aller Menschen, die einmal unter einer Depression litten, erkrankt auch an einer Angststörung. Angststörungen sind die häufigsten seelischen Erkrankungen. In der Allgemeinbevölkerung beträgt die Krankheitshäufigkeit über 12 Monate etwa 15 %, die 4-Wochenprävalenz 9 % (Wittchen und Jakobi 2004).

Nachfolgend wird auf die häufigsten Angststörungen sowie die oft dazu gezählten Erkrankungen Posttraumatische Belastungsstörung und Zwangsstörung eingegangen.

2.2 Die häufigsten seelischen Erkrankungen bei Patienten mit einer DP/DR

Die Fähigkeit, Angst zu erleben, ist für uns Menschen überlebenswichtig. Ängste helfen uns, Gefahren zu erkennen und entsprechend zu handeln. Von pathologischen Ängsten und Angsterkrankungen sprechen wir, wenn die Ängste unangemessen und übertrieben sind. Ängste, die bei den unterschiedlichen Angststörungen auftreten, gehen typischerweise mit einer Vielzahl unterschiedlicher Symptome einher. Typische körperliche Symptome sind: Herzrasen, Herzklopfen oder ein unregelmäßiger und schneller Herzschlag, Schweißausbrüche, Zittern, Mundtrockenheit, Erstickungsgefühle, Kurzatmigkeit und Atemnot, Enge- oder Beklemmungsgefühl im Hals oder in der Brust, Hitzewallungen, Kälteschauer, Frösteln, Kribbeln der Haut, Finger, Mund oder Lippen, Taubheitsgefühle, Übelkeit oder Missempfindungen im Magenbereich, Bauchschmerzen, Würgereiz, Schwindelgefühle, Unsicherheitsgefühl und Benommenheit sowie schließlich Symptome von Depersonalisation und Derealisation. Typische Gedanken sind die Angst vor Kontrollverlust, »verrückt« zu werden, auszuflippen, umzufallen, zu sterben, einen Herzinfarkt, Schlaganfall oder epileptischen Anfall zu bekommen.

Die *Panikstörung* ist durch einen heftigen Angstanfall gekennzeichnet, der für die Betroffenen wie aus heiterem Himmel kommend auftritt. Der Angstanfall dauert meist zwischen 5–30 Minuten. Während des Anfalls treten meist mehrere der oben genannten Angstsymptome auf. Sehr häufig entwickelt sich dann eine sogenannte Erwartungsangst, das heißt, die Betroffenen kommen nach einem Angstanfall nicht mehr richtig zur Ruhe, sondern erwarten ängstlich angespannt den nächsten Angstanfall. Panikattacken sind häufig Auslöser einer DDS. Sehr häufig berichten Betroffene aber, dass die Häufigkeit und Schwere der Panikattacken mit zunehmender Schwere und Dauerhaftigkeit der Depersonalisation nachgelassen hat. Nicht selten entwickelt sich aus Panikattacken heraus eine sogenannte *Agoraphobie*.

Bei der Agoraphobie vermeiden die Betroffenen bestimmte Orte (z. B. Kaufhäuser, Supermärkte, Menschenmassen) und Situationen (z. B. allein zu reisen, allein das Haus zu verlassen) aus der Angst heraus, dort in eine hilflose Lage zu geraten beziehungsweise eine Panikattacke zu bekommen. Obwohl den Betroffenen klar ist, dass ihre Reaktionen übertrieben und unvernünftig sind, kann diese Angst so übermächtig werden, dass sie sich nicht mehr trauen, ohne eine Begleitperson das Haus zu verlassen. Durch das Vermeiden der betreffenden Situationen können Patienten mit einer Agoraphobie vorübergehend relativ angstfrei werden. Allerdings schränkt sich durch das Vermeidungsverhalten ihr Spielraum immer weiter ein, was letztendlich zu einer Verschlimmerung führt.

Unter einer *generalisierten* Angststörung wird eine Angsterkrankung verstanden, die von ständigen übertriebenen Sorgen und daraus folgender Anspannung, innerer Unruhe, Angst und Nervosität geprägt ist. Die Betroffenen nehmen immer gleich das Schlimmste an, z. B. hinsichtlich ihres Berufes oder der Sicherheit der Familie, und befinden sich deshalb in einem dauerhaft erhöhten Alarm bzw. Angstzustand. Alle oben genannten Angstsymptome können dabei auftreten. Besonders häufig sind aber eine ständige Nervosität, Schreckhaftigkeit, Gereiztheit und Einschlafstörung.

Besonders häufig bei Patienten mit einer DDS sind soziale Ängste und die Angsterkrankung »Soziale Phobie« (Michal et al. 2005b, 2006a). Die zentrale Angst bei der sozialen Phobie ist die Furcht, im Mittelpunkt der Aufmerksamkeit zu stehen und sich lächerlich zu benehmen beziehungsweise in eine beschämende Situation zu geraten. Typische angstbesetzte Situationen sind z. B. ein Referat zu halten, vor anderen zu sprechen, in der Öffentlichkeit zu essen oder bei Leistungssituationen beobachtet zu werden. Die Betroffenen haben z. B. in der Kantine Angst, man könnte bemerken, wie sie zittern, wenn sie ihre Hand nach dem Glas ausstrecken, oder sie könnten rot werden oder sich sonst irgendwie peinlich benehmen und so den Spott und die Verachtung der anderen auf sich ziehen. Bei leichteren Formen sind oft nur besondere Situationen angstbesetzt (z. B. eine Rede zu halten), bei schweren Formen tritt die Angst in nahezu allen sozialen Situationen auf. Wie die DDS so beginnt auch die soziale Phobie eher früh im Leben, meist vor dem 25. Lebensjahr.

Zwangsstörungen sind durch Gedanken, Vorstellungen und Handlungen gekennzeichnet, die sich den Betroffenen immer wieder aufzwingen, obwohl sie von den Betroffenen für unsinnig gehalten werden und sie sich auch dagegen zu wehren versuchen. Typische Zwangshandlungen sind Waschzwänge, Wiederholungszwänge oder Kontrollzwänge. Bei Letzteren muss der Betroffene zum Beispiel immer wieder, oft über viele Minuten, kontrollieren, ob die Wohnungstür auch wirklich verschlossen ist. Bei Zwangsgedanken drängen sich den Patienten in quälender Weise immer wieder aggressive, gewalttätige oder obszöne Vorstellungen auf, die als

2.2 Die häufigsten seelischen Erkrankungen bei Patienten mit einer DP/DR

abstoßend und persönlichkeitsfremd erlebt werden. Beispiele sind die Vorstellung, von einer Brücke zu springen, obwohl keine Suizidgedanken vorliegen, jemanden zu schlagen oder obszöne Handlungen zu begehen. Diese Zwangsgedanken versetzten die Betroffenen in große Angst, die Kontrolle über sich zu verlieren und die Vorstellung in die Tat umzusetzen. Dies kommt praktisch aber niemals vor. Wenn bei Patienten mit Zwangsgedanken auch noch zusätzlich schwere Depersonalisation auftritt, so verschlimmert dies meiner Erfahrung nach ganz massiv die Ängste der Patienten vor einem Kontrollverlust. Für die Diagnose einer Zwangsstörung müssen diese belastenden Handlungs- oder Gedankenzwänge über mindestens zwei Wochen regelmäßig vorkommen.

Die *Posttraumatische Belastungsstörung* ist eine Erkrankung, die in Folge eines traumatischen Ereignisses, dessen Opfer oder Zeuge man wurde, auftreten kann. Beispiele für traumatische Ereignisse sind Gewalttaten, Vergewaltigungen, sexueller Missbrauch, Geiselnahmen, Unfälle, Katastrophen, aber auch die Diagnose einer lebensbedrohlichen Erkrankung. Beispielsweise erkranken bis zu 10% aller Opfer eines Herzinfarktes oder eines schweren Verkehrsunfalls an einer Posttraumatischen Belastungsstörung. Die Posttraumatische Belastungsstörung tritt in der Regel innerhalb von sechs Monaten nach einem traumatischen Ereignis auf. Das Beschwerdebild ist dadurch gekennzeichnet, dass sich immer wieder belastende Erinnerungen, Bilder und Gedanken an das Trauma aufdrängen, Alpträume auftreten, oder es aber zu Erinnerungslücken kommt und man sich nicht mehr richtig an das belastende Ereignis erinnern kann. Weiterhin kann es bei diesen Patienten zu einer nervlichen Übererregung kommen, die sich in Form von Schlafstörungen, Schreckhaftigkeit, Konzentrationsstörungen und Reizbarkeit bis hin zu Wutausbrüchen zeigt. Sehr häufig ist auch die Entwicklung eines ausgeprägten Vermeidungsverhaltens. Die Betroffenen versuchen jede Situation zu vermeiden, die an das Trauma erinnern könnte. Oder es entwickelt sich eine allgemeine emotionale Taubheit, die durch sozialen Rückzug, Interesseverlust, innere Teilnahmslosigkeit und oft auch Depersonalisation und Derealisation gekennzeichnet ist (vgl. auch Leitlinie »Posttraumatische Belastungsstörung«). Etwa ein Drittel der Patienten mit einer Posttraumatischen Belastungsstörung erleben in Reaktion auf das traumatische Ereignis anhaltende DP/DR. Im DSM-5 wird dies als der dissoziative Subtyp der PTBS bezeichnet. DDS-Patienten leiden eher selten an einer Posttraumatischen Belastungsstörung (Simeon et al. 2003). Umgekehrt sind jedoch bei schwer traumatisierten Menschen Depersonalisation, Derealisation und andere dissoziative Symptome (z. B. Amnesie) häufig.

2.2.3 Somatoforme Störungen

Unter der Gruppe der somatoformen Störungen werden seelische Erkrankungen verstanden, die sich vor allem in körperlichen Beschwerden äußern. Die häufigsten Beschwerden sind chronische Schmerzen, Schwindelgefühle, Erschöpfungszustände, Magen-Darm-Beschwerden (»Reizdarm«, »Reizmagen«) und kardiale Missempfindungen (Druckgefühl auf der Brust, Herzstolpern). Typisch für diese Beschwerden ist, dass ihr Ausmaß und die damit einhergehende Belastung nicht durch körperliche Befunde erklärt werden können. Eine andere Umschreibung für somatoforme Störungen ist deshalb auch »organisch nicht hinreichend erklärbare Beschwerden« oder »funktionelle Störungen«. Die Bezeichnung funktionelle Störung soll deutlich machen, dass keine Gewebeschädigung vorliegt, sondern dass die Beschwerden auf eine stressbedingte Funktionsstörung zurückgehen. Um ein Bild zu verwenden: Der Computer funktioniert noch, nur das Programm hat einen Fehler. Häufig können Betroffene nicht sehen, was sie innerlich so stark belastet, dass sie derart massive körperlichen Beschwerden bekommen. Sie haben deshalb oft Schwierigkeiten trotz mehrfacher ärztlicher Abklärung, eine seelische Ursache für ihre Beschwerden in Betracht zu ziehen.

2.2.4 Hallucinogen Persisting Perception Disorder

Unter der Hallucinogen Persisting Perception Disorder (HPPD) wird eine Wahrnehmungsstörung verstanden, die nach der Einnahme von Halluzinogenen (Psylocibin, LSD, seltener nach Cannabis oder Alkohol) auftritt, wenn der eigentliche Drogenrausch bereits vorbei ist. In der Literatur werden vorwiegend unspezifische Sehstörungen oder visuelle Pseudohalluzinationen beschrieben. Oft wird das Phänomen des »visual snow« beschrieben, eine Sehstörung, die dadurch gekennzeichnet ist, dass das Sehbild undeutlich wird, so als ob eine Art »Kriseln« oder »Flimmern« oder »Schneegestöber« den Blick trübt (Mehta et al. 2021, Vis et al. 2021). Andere Sehstörungen sind sogenannte Halos, wo Betroffene eine Art unscharfen Rand »wie einen Heiligenschein« um die Dinge herum sehen. Typisch sind auch Nachbilder, grelle Farben, Lichteffekte, Lichtblitze oder eine Art pulsierender Seheindruck, bei dem Dinge rasch größer oder kleiner werden. Auch wird davon berichtet, dass Dinge generell größer oder kleiner als sonst wirken. Weitere Klagen betreffen Konzentrationsstörungen. Im DSM-5 (APA 2013) wird die HPPD charakterisiert als das Wiedererleben von Wahrnehmungsstörungen, die bereits während des Drogenrausches vorkamen. Für die Diagnosestellung wichtig ist der Ausschluss einer neurologischen Erkrankung (bspw. einer Entzündung des Gehirns, Epilepsie) oder einer Hirnfunktionsstörung (z. B. Delir). Visuelle Wahrnehmungsstörungen in der Einschlaf- oder Aufwachphase zählen nicht dazu. Betroffene können durch diese Wahrnehmungsstörung sehr stark belastet sein und ihr Leben zunehmend durch diese Beschwerden einengen lassen. Die Ursachen dieser funktionellen Sehstörungen sind nicht geklärt. Nicht wenige Patienten, bei denen DP/DR durch Drogenkonsum ausgelöst wurde, beklagen auch derartige Wahrnehmungsstörungen. Mein Eindruck ist, dass diese Symptome einen innigen Zusammenhang mit massiver Angst aufweisen. Die Beeinträchtigung und Einschränkungen der Patienten lassen sich in der Regel nicht durch das Ausmaß der Sehstörung bzw. objektiven Sehbehinderung erklären.

2.2.5 Persönlichkeitsstörungen

Das Wort Persönlichkeitsstörung hört sich für Laien meist schrecklich an. Aber auch viele meiner Kollegen haben aus den gleichen Gründen Probleme mit dieser Diagnose. Sie scheuen dann davor zurück, die Diagnose einer Persönlichkeitsstörung zu vergeben oder Patienten über die Diagnose einer Persönlichkeitsstörung aufzuklären. Das Wort Persönlichkeitsstörung kann – zu Unrecht – das demoralisierende Gefühl auslösen, bis in den Grund der Persönlichkeit »gestört« oder »kaputt« zu sein. Eigentlich steht der Begriff der Persönlichkeitsstörung aber für eine seelische Krankheit, die sich durch bestimmte, über mehrere Jahre bestehende

Verhaltens-, Gefühls- und Denkmuster auszeichnet, unter denen der Betroffene leidet und die zu einer Beeinträchtigung im sozialen, beruflichen und zwischenmenschlichen Leben führt. Diese »Krankheit« ist nicht angeboren, sondern letztendlich das Ergebnis einer Anpassung des Individuums an seine frühen – meist sehr belastenden – Entwicklungsbedingungen. Auch wenn das angeborene Temperament, wie z. B. Sensibilität und Angstbereitschaft, für die Entwicklung einer Persönlichkeitsstörung eine Rolle spielt, sind aber die Umweltbedingungen entscheidend. Das heißt mit anderen Worten, dass die Diagnose einer Persönlichkeitsstörung nicht die Natur oder das innere Wesen einer Person beschreibt, sondern etwas, das sich über die eigentliche Person darübergelegt hat. Manche Psychotherapeuten nennen dies auch ein »falsches Selbst« oder »Charakterpanzer«. Beispielsweise sind viele Persönlichkeitsstörungen durch chronische Minderwertigkeitsgefühle gekennzeichnet. Sich minderwertig zu fühlen, ist aber nicht das Wesen des Menschen, sondern eine Reaktion auf langanhaltende Erfahrungen, die den eigenen Selbstwert beschädigt haben oder besser gesagt, Mechanismen in Gang gesetzt haben, die ständig das eigene Selbstwertgefühl angreifen. Diese Minderwertigkeitsgefühle lassen sich aber durch die Bearbeitung der krankmachenden Mechanismen und neue Beziehungserfahrungen auflösen.

Persönlichkeitsstörungen sind nicht selten. In der Allgemeinbevölkerung leiden etwa 12 % an einer Persönlichkeitsstörung (Volkert et al. 2018). Patienten, die sich wegen seelischer Erkrankungen in Behandlung befinden, weisen zu 50 % und mehr die Diagnose einer Persönlichkeitsstörung auf. Persönlichkeitsstörungen erfordern meist eine Langzeitpsychotherapie im Umfang von mindestens 50–100 Stunden über 2–3 Jahre. Persönlichkeitsstörungen haben, wenn sie nicht behandelt werden, einen relativ stabilen zeitlichen Verlauf. Vor dem 14. Lebensjahr lassen sich Persönlichkeitsstörungen nicht diagnostizieren. Die Probleme beginnen aber meistens schon in der Adoleszenz oder im frühen Erwachsenenalter.

Die zentralen diagnostischen Dimensionen von Persönlichkeitsstörungen sind Beeinträchtigungen in den Bereichen der Identität, der Selbststeuerung, der Empathie und der Fähigkeit zur emotionalen Nähe (APA 2013, DSM-5). Ein gesundes Identitätsgefühl steht für ein robustes Selbstwertgefühl, eine klare Vorstellung von sich selbst, die Fähigkeit auch unter Stress mit anderen Menschen in emotionaler Verbindung zu bleiben

2.2 Die häufigsten seelischen Erkrankungen bei Patienten mit einer DP/DR

und das gesamte Spektrum an Emotionen wahrnehmen und gesund damit umgehen zu können. Selbststeuerung betrifft die Fähigkeit, realistische Ziele längerfristig zu verfolgen, die Orientierung an klaren inneren Werten und Maßstäben, die Fähigkeit über die eigenen Gedanken, Gefühle, Wünsche und Absichten nachzudenken (ohne sich dabei von den eigenen Gefühlen abzutrennen). Empathie ist die Fähigkeit, sich auf die Gefühle und Absichten anderer einstellen zu können und dabei ein realistisches Bild vom anderen zu haben, ohne dass man dem anderen eigene Vorstellungen (Befürchtungen, Gefühle etc.) überstülpt. Dazu gehört auch die Fähigkeit, andere Sichtweisen gelten lassen zu können und die Auswirkungen des eigenen Verhaltens auf andere abschätzen zu können. Nähe steht für die Fähigkeit, positive Beziehungen aufbauen und aufrechterhalten zu können im privaten und beruflichen Bereich. Menschen sind soziale Wesen und haben von Natur aus das Bedürfnis nach Verbundenheit. Das Überleben der Menschen ist auch auf die Fähigkeit zur Kooperation angewiesen. Das heißt die Fähigkeit, den gegenseitigen Nutzen wahrnehmen und verfolgen zu können. Eine bedeutsame Beeinträchtigung in den Funktionsbereichen der Identität, Selbststeuerung, Empathie und Nähe ist das zentrale Merkmal aller Persönlichkeitsstörungen. Jeder kann sich vorstellen, dass eine relevante Beeinträchtigung in diesen Bereichen zu viel Leid führt. Die Schwere der Funktionsbeeinträchtigung in diesen vier Bereichen, und hier vor allem im Bereich der Identität, ist wichtig für die Prognose und damit für die Behandlungsplanung (Buer Christensen et al. 2020). Neben der Beeinträchtigung dieser Funktionsbereiche, liegen bei Persönlichkeitsstörungen noch andere Merkmale vor, die relativ leicht beobachtet werden können: Negative Affektivität (z. B. Nervosität, Anspannung, Trennungsängstlichkeit, Depressivität, Misstrauen, Unterwürfigkeit); Verschlossenheit (sozialer Rückzug, Vermeidung von Nähe, Misstrauen, Fehlen von Freude), Antagonismus (z. B. Feindseligkeit, manipulatives Verhalten, Unehrlichkeit, Selbstbezogenheit, herablassende Haltung anderen gegenüber, Gefühlskälte); Enthemmtheit (Impulsivität, Perfektionismus, Verantwortungslosigkeit) und Psychotizismus (Denk- und Wahrnehmungsstörungen etc.).

Nachfolgend werden auf Grundlage des ICD-10 die Kriterien derjenigen Persönlichkeitsstörungen beschrieben, die bei der DDS am häufigsten sind. Es sei aber darauf hingewiesen, die meisten Personen, die die o. g.

Funktionsbeeinträchtigungen aufweisen, nicht die Schublade einer spezifischen Persönlichkeitsstörung passen. Sie werden dann als »kombinierte« oder »nicht näher bezeichnete« Persönlichkeitsstörung diagnostiziert. In der seit 2022 gültigen (aber noch nicht angewendeten) ICD-11 werden deshalb auch die meisten spezifischen Persönlichkeitsstörungen nicht mehr aufgeführt, sondern es wird noch nach leicht-, mittel- und schwergradiger Beeinträchtigung unterschieden.

Die ängstlich-vermeidende (selbstunsichere) Persönlichkeitsstörung

Die betroffenen Patienten leiden unter einem Selbstbild, das durch ausgeprägte Minderwertigkeitsgefühle und vielfältige soziale Hemmungen und Ängste gekennzeichnet ist. Mindestens vier der nachfolgenden Merkmale müssen vorkommen und zu einer deutlichen Beeinträchtigung führen (vgl. Leitlinie »Persönlichkeitsstörung«):
Die betroffene Person ...

- vermeidet aus Angst vor Kritik, Missbilligung oder Zurückweisung berufliche Aktivitäten, die engere zwischenmenschliche Kontakte mit sich bringen,
- lässt sich nur widerwillig mit Menschen ein, sofern sie sich nicht sicher ist, dass sie gemocht wird,
- zeigt Zurückhaltung in intimeren Beziehungen, aus Angst beschämt oder lächerlich gemacht zu werden,
- ist stark davon eingenommen, in sozialen Situationen kritisiert oder abgelehnt zu werden,
- ist aufgrund von Gefühlen der eigenen Unzulänglichkeit in neuen zwischenmenschlichen Situationen gehemmt,
- hält sich für gesellschaftlich unbeholfen, persönlich unattraktiv oder anderen gegenüber unterlegen,
- nimmt außergewöhnlich ungern persönliche Risiken auf sich oder irgendwelche neuen Unternehmungen in Angriff, weil dies sich als beschämend erweisen könnte.

2.2 Die häufigsten seelischen Erkrankungen bei Patienten mit einer DP/DR

Borderline-Persönlichkeitsstörung

Patienten mit einer Borderline-Persönlichkeitsstörung leiden sehr oft unter einer ausgeprägten Instabilität ihrer zwischenmenschlichen Beziehungen, haben ein chaotisches Selbstbild und Schwierigkeiten, ihre Gefühle und ihr Verhalten angemessen zu kontrollieren. Mindestens fünf der folgenden Kriterien müssen für die Diagnose einer Borderline-Persönlichkeitsstörung über einen längeren Zeitraum erfüllt sein (vgl. Leitlinie »Persönlichkeitsstörung«):

- Verzweifeltes Bemühen, tatsächliches oder vermutetes Verlassenwerden zu vermeiden.
- Ein Muster instabiler, aber intensiver zwischenmenschlicher Beziehungen, das durch einen Wechsel zwischen den Extremen der Idealisierung und Entwertung gekennzeichnet ist.
- Identitätsstörung: ausgeprägte und andauernde Instabilität des Selbstbildes oder der Selbstwahrnehmung.
- Impulsivität in mindestens zwei potenziell selbstschädigenden Bereichen (Geldausgaben, Sexualität, Substanzmissbrauch, rücksichtsloses Fahren, »Fressanfälle«).
- Wiederholte suizidale Handlungen, Selbstmordandeutungen oder -drohungen oder Selbstverletzungsverhalten.
- Affektive Instabilität infolge einer ausgeprägten Reaktivität der Stimmung (z. B. hochgradige episodische Dysphorie, Reizbarkeit oder Angst, wobei diese Verstimmungen gewöhnlich einige Stunden und nur selten mehr als einige Tage andauern).
- Chronische Gefühle von Leere.
- Unangemessene, heftige Wut oder Schwierigkeiten, die Wut zu kontrollieren (z. B. häufige Wutausbrüche, andauernde Wut, wiederholte körperliche Auseinandersetzungen).
- Vorübergehende, durch Belastungen ausgelöste paranoide Vorstellungen oder schwere dissoziative Symptome (zum Beispiel auch Depersonalisation und Derealisation).

Zwanghafte Persönlichkeitsstörung

Patienten mit einer zwanghaften Persönlichkeitsstörung leiden unter einem ständigen »Muss«. Mindestens vier der folgenden Kriterien müssen zu treffen (vgl. Leitlinie »Persönlichkeitsstörung«):
Die betroffene Person ...

- beschäftigt sich übermäßig mit Details, Regeln, Listen, Ordnung, Organisation oder Plänen, sodass der wesentliche Gesichtspunkt der Aktivität dabei verloren geht,
- zeigt einen Perfektionismus, der die Aufgabenerfüllung jedoch behindert (z. B. kann ein Vorhaben nicht beendet werden, da die eigenen überstrengen Normen nicht erfüllt werden),
- verschreibt sich übermäßig der Arbeit und Produktivität unter Ausschluss von Freizeitaktivitäten und Freundschaften (nicht auf offensichtliche finanzielle Notwendigkeit zurückzuführen),
- ist übermäßig gewissenhaft, skrupellos und rigide in Fragen von Moral, Ethik und Werten (nicht auf kulturelle und religiöse Orientierung zurückzuführen),
- ist nicht in der Lage, verschlissene oder wertlose Dinge wegzuwerfen, selbst wenn sie nicht einmal Gefühlswert besitzen,
- delegiert nur widerwillig Aufgaben an andere oder arbeitet nur ungern mit anderen zusammen, wenn diese nicht genau die eigene Arbeitsweise übernehmen,
- ist geizig sich selbst und anderen gegenüber; Geld muss im Hinblick auf befürchtete künftige Katastrophen gehortet werden,
- zeigt Rigidität und Halsstarrigkeit.

2.2.6 Abgrenzung der Depersonalisation von der Schizophrenie und anderen psychotischen Erkrankungen

Menschen, die an Depersonalisation und Derealisation leiden, befürchten oft, die Kontrolle über sich zu verlieren und »verrückt« zu werden. Leider interpretieren nicht selten auch Ärzte oder Psychologen zu Unrecht De-

2.2 Die häufigsten seelischen Erkrankungen bei Patienten mit einer DP/DR

personalisation oder Derealisation als psychotische Symptome. Dies ist problematisch. Erstens, weil eine falsche Diagnose zu einer falschen Behandlung führen kann. Und zweitens, weil damit die falsche Vorstellung der Betroffenen von ihren Symptomen zu Unrecht bestätigt wird. Aus diesen Gründen ist es besonders wichtig, zu bestimmen, ob das befremdliche Erleben im Rahmen einer Depersonalisations-Derealisationsstörung oder einer psychotischen Erkrankung vorkommt. Die wichtigsten Anhaltspunkte liefern hierfür die Diagnosekriterien der Depersonalisations-Derealisationsstörung. Im DSM-5 (APA 2013) heißt es, dass während der Depersonalisationserfahrung die Realitätsprüfung intakt bleibt. Das heißt, dass der Betroffene sich so wahrnimmt, »als ob« seine Stimme ihm fremd ist, er sich im Spiegel als fremd und unwirklich erlebt, obwohl er gleichzeitig weiß, dass er »er« selbst ist und er sich »nur« anders erlebt. Weiterhin ist den Betroffenen auch klar, dass die Veränderung ihrer Wahrnehmung nicht von außen durch andere Personen oder irgendwelche unheimlichen Kräfte verursacht wurde (z. B. Geheimdienst, Teufel oder Gott). Patienten, die an einer Psychose leiden, sind hingegen davon überzeugt, dass fremde Mächte (Geheimdienste, Nachbarn, Teufel) sie mit »Strahlen« oder durch andere Mittel direkt manipulieren und dadurch diese Symptome hervorrufen. Weitere typische psychotische Symptome sind sogenannte Fremdbeeinflussungserlebnisse, bei denen die Betroffenen davon überzeugt sind, dass fremde Mächte die eigenen Gedanken aus dem Kopf saugen[4], dass die eigenen Gedanken von anderen Menschen gehört werden[5] oder dass Gedanken von fremden Mächten (Teufel, Nachbar usw.) in den eigenen Kopf gebracht werden. Dies empfinden Betroffene meist als extrem verstörend. In der Folge werden sie auch oft sehr misstrauisch gegenüber anderen Menschen. Weitere typische psychotische Symptome sind Wahnvorstellungen. Beim Verfolgungswahn beispielsweise ist der Betroffene überzeugt, dass andere Menschen oder fremde Mächte ihm nachstellen und Schaden zufügen wollen. Der nihilistische Wahn zeigt sich in der Überzeugung, gar nicht mehr zu existieren oder tot zu sein.

---

4 Gedankenentzug (▶ Kasten 2.1)
5 Gedankenausbreitung (▶ Kasten 2.1)

> **Kasten 2.1: Diagnose der Schizophrenie**
>
> Die Diagnose Schizophrenie sollte anhand operationalisierter Kriterien erfolgen.
>
> Die *Leitsymptome nach ICD-10* für Schizophrenie sind:
>
> 1. Gedankenlautwerden, -eingebung, -entzug, -ausbreitung.
> 2. Kontroll- oder Beeinflussungswahn; Gefühl des Gemachten bezüglich Körperbewegungen, Gedanken, Tätigkeiten oder Empfindungen; Wahnwahrnehmungen.
> 3. Kommentierende oder dialogische Stimmen.
> 4. Anhaltender, kulturell unangemessener oder völlig unrealistischer Wahn (bizarrer Wahn).
> 5. Anhaltende Halluzinationen jeder Sinnesmodalität.
> 6. Gedankenabreißen oder -einschiebungen in den Gedankenfluss.
> 7. Katatone Symptome wie Erregung, Haltungsstereotypien, Negativismus oder Stupor.
> 8. Negative Symptome wie auffällige Apathie, Sprachverarmung, verflachter oder inadäquater Affekte.
>
> Erforderlich für die Diagnose Schizophrenie ist *mindestens ein eindeutiges Symptom* (zwei oder mehr, wenn weniger eindeutig) der *Gruppen 1–4* oder *mindestens zwei Symptome* der *Gruppen 5–8*. Diese Symptome müssen fast ständig während *eines Monats oder länger* deutlich vorhanden gewesen sein (zitiert nach Leitlinie »Schizophrenie«).

Am letzten Beispiel sei noch einmal der Unterschied zwischen psychotischer Erkrankung und der Depersonalisations-Derealisationsstörung deutlich gemacht. Bei der DDS kann sich der Betroffene so beschreiben, als ob er sich wie tot empfindet; gleichzeitig weiß er aber, dass er nicht tot ist, dass dies nur eine extrem belastende Wahrnehmung ist. Ein weiterer wichtiger Unterschied ist, dass sich die psychotischen Symptome im Gegensatz zur Symptomatik der DDS gut mit bestimmten Medikamenten behandeln lassen. Bei schizophrenen Erkrankungen sind z. B. Antipsychotika (bzw. Neuroleptika) gut wirksam. Bei einer Depression mit psychotischen Symptomen führen meist Antidepressiva, gegebenenfalls zusätzlich kombiniert mit Antipsychotika, zur Besserung. Hingegen wird bei Patienten mit einer DDS durch die Einnahme von Neuroleptika (Antipsychotika) das Befinden häufig verschlechtert und die Symptomatik in der Regel nicht günstig beeinflusst.

Da insbesondere die Abgrenzung zur Schizophrenie sehr wichtig ist, sind in ▶ Kasten 2.1 die diagnostischen Kriterien einer Schizophrenie noch einmal detailliert aufgeführt (vgl. Leitlinie »Schizophrenie«).

2.2.7 Bipolare Störungen

Bipolare Störungen bezeichnen eine Störung der seelischen Gestimmtheit, die dadurch gekennzeichnet ist, dass sich im Langzeitverlauf depressive Stimmungslagen mit Phasen einer »krankhaften Überdrehtheit« abwechseln (Leitlinie »Bipolare Störungen«). Bipolare Störungen sind mit einer Lebenszeitprävalenz von ca. 3 % nicht selten. Patienten mit bipolaren Störungen weisen eine hohe Komorbidität auf. Besonders häufig sind Angststörungen, Substanzmissbrauch und Störungen der Impulskontrolle (Essstörungen, bestimmte Persönlichkeitsstörungen, ADHS). Die Komorbiditäten können für Verlauf und Prognose bipolarer Störungen von entscheidender Bedeutung sein. Wie bei anderen komplexen Störungen auch, treten die ersten Symptome bei den meisten Patienten bereits im jungen Erwachsenenalter auf. Ich kann mich an mehrere Patienten erinnern, bei denen später im Verlauf eine bipolare Störung auftrat.

Die typischen Symptome einer bipolaren Störung sind 4–7 Tage andauernde manische Phasen, die durch eine gehobene Stimmung, Antriebssteigerung, Rededrang, vermindertes Schlafbedürfnis, Größenideen, Enthemmtheit, übertriebene Geldausgaben, Gedankenrasen und übertriebenem Optimismus gekennzeichnet sind. Die Symptome sind so schwerwiegend, dass sie die berufliche und soziale Funktionsfähigkeit massiv beeinträchtigen. Manchmal kann es auch zu einem psychotischen Realitätsverlust mit Größenwahn kommen. Leichtere Manien werden als Hypomanien bezeichnet. Dabei ist das Stimmungshoch zwar problematisch, aber nicht so stark ausgeprägt, dass es zu massiven sozialen und beruflichen Schwierigkeiten kommt.

Für die Behandlung ist eine Kombination aus Medikation und Psychotherapie sinnvoll. Schwere Manien müssen in der Regel zumindest kurzfristig stationär psychiatrisch behandelt werden. Die Psychopharmakotherapie besteht aus Stimmungsstabilisierern wie Lithium oder Antikonvulsiva (z. B. Lamotrigin). Für die Langzeitbehandlung sollten ein Psychotherapeut und ein Psychiater zusammenarbeiten.

2.2.8 Depersonalisation und Derealisation als Symptome anderer psychischer Störungen

Symptome von Depersonalisation und Derealisation werden als diagnostische Kriterien einiger anderer psychischer Störung im ICD-10 und DSM-5 aufgeführt (▶ Tab. 2.4). Ein wesentliches Unterscheidungsmerkmal für die Differentialdiagnostik ist dabei, dass Symptome von DP/DR bei der Depersonalisations-Derealisationsstörung die Hauptklage darstellen und meist andauernd oder fast andauernd vorhanden sind. Im Gegensatz zur DDS treten DP/DR bei Panikattacken nur anfallsweise für Minuten und allenfalls Stunden auf. Bei Phobien ist das Auftreten von DP/DR nur auf die ängstigende Situation beschränkt (z. B. Referat halten). Bei der generalisierten Angststörung finden sich DP/DR als ein sporadisches Begleitsymptom, DP/DR stellen aber nicht die Hauptklage dar. Die akute Cannabisintoxikation ist nach Einstellen des Drogengebrauchs in der Regel nach einem Tag abgeklungen. Auch bei der Borderline- oder schizotypen Persönlichkeitsstörung stellen Symptome von DP/DR nicht die Hauptklage dar und sind im Rahmen dieser Störungen auch nicht dauerhaft vorhanden.

Tab. 2.4: Depersonalisation und Derealisation als Symptome anderer psychischer Störungen in den diagnostischen Klassifikationssystemen ICD-10 und DSM-5

Diagnosen	Kriterium
Angststörungen (ICD-10: F4x Agoraphobie, soziale Phobie, spezifische Phobie, Panikstörung, generalisierte Angststörung)	Psychische Symptome: Gefühl die Objekte sind unwirklich (Derealisation oder man selbst ist weit entfernt oder »nicht wirklich hier« (Depersonalisation). Weitere psychische Symptome der Angst sind u. a. Gefühl von Schwindel, Unsicherheit, Benommenheit, Schwäche und die Angst vor dem Kontrollverlust.
Akute Cannabisintoxikation (ICD-10: F12.0)	Depersonalisation, Derealisation sowie zusätzlich noch Symptome wie Appetitsteigerung, Mundtrockenheit, gerötete Augen und Herzrasen.
Borderline-Persönlichkeitsstörung (DSM-5)	Vorübergehende durch Belastungen ausgelöste paranoide Vorstellungen oder schwere dissoziative Symptome.
Schizotype (Persönlichkeits-)Störung (ICD-10: F21)	Ungewöhnliche Wahrnehmungserfahrungen.
Akute Belastungsreaktion (DSM-5)	Kriterium B6: »veränderte Wahrnehmung der Realität«.
Posttraumatische Belastungsstörung, Subtyp mit dissoziativen Symptomen (DSM-5)	»In Reaktion auf eine traumatische Belastung erlebt der Betroffene dauerhafte oder immer wiederkehrende Symptome von Depersonalisation und Derealisation«.
Dissoziative Identitätsstörung, nicht näher bezeichnete dissoziative Störung (DSM-5)	Depersonalisation und Derealisation im Zusammenhang mit weiteren dissoziativen Störungen des Gedächtnisses (Amnesie), des Verhaltens und der persönlichen Identität (»multiple Persönlichkeiten«).

Die akute Belastungsreaktion und die Posttraumatische Belastungsstörung entwickeln sich in Reaktion auf ein traumatisches Ereignis (Gewalttaten, Unfälle, Vergewaltigung, lebensbedrohliche Erkrankung). Betroffene leiden zusätzlich meist noch unter belastenden Erinnerungen und Alpträumen oder Amnesie. Schwere dissoziative Störungen gehen in der Regel auf schwerste Traumatisierungen in der frühen Kindheit zurück. Betroffene leiden dann meist noch unter anderen dissoziativen Symptomen wie »Filmrisse« (Amnesie) und schweren Störungen der Identität. Letztere zeigen sich in extremen Veränderungen des Verhaltens, die von anderen Menschen beobachtet werden können. Symptome von DP/DR gehen bei der Dissoziativen Identitätsstörung oder der »Nicht näher bezeichneten dissoziativen Störung« in diesen Diagnosen auf. Wohingegen die Diagnose einer Depersonalisations-Derealisationsstörung oft gleichzeitig mit der einer Angststörung und Persönlichkeitsstörung gestellt werden kann.

2.2.9 Körperliche Erkrankungen und Depersonalisation

Körperliche Erkrankungen oder Beschwerdebilder, die gehäuft mit Symptomen von Depersonalisation vorkommen, sind chronische Schmerzen (Aderibigbe et al. 2001), Tinnitus (Ohrgeräusche), Migräne (Baker et al. 2003) und Erkrankungen, die mit Schwindelempfindungen einhergehen (Jáuregui-Renaud et al. 2008, Schilder 1950). Schmerzen, Tinnitus, Migräne und Schwindel sind im Allgemeinen stark mit seelischen Erkrankungen assoziiert und werden häufig auch durch emotionale Probleme verursacht. Schwindel und Ohrenklingen können direkt auf starke Angst zurückgehen. Außerdem beklagten in einer Studie Patienten, die ein leichtes Schädelhirntrauma erlitten, vermehrt Symptome von Depersonalisation. Dies bedeutet jedoch nicht, dass die Depersonalisation in diesen Fällen die Folge einer Hirnschädigung sein muss (Grigsby und Kaye 1993).

Seltene organische Ursachen für Depersonalisation und Derealisation können Gehirnerkrankungen sein oder andere körperliche Erkrankungen, die die Gehirnfunktionen beeinträchtigen. Beispiele hierfür sind epileptische Anfallsleiden (Medford 2014), Hirntumore oder andere strukturelle

Hirnschädigungen (Sierra et al. 2002), Funktionsstörungen des Gehirns aufgrund einer massiven Unterzuckerung und das sehr seltene Kleine-Levin-Syndrom. Diese körperlichen Erkrankungen sind aber mit noch weiteren charakteristischen Symptomen verbunden, sodass es meist nicht schwerfällt, eine körperliche Ursache als möglich oder wahrscheinlich zu vermuten und die entsprechenden Schritte zur Abklärung einzuleiten (z. B. neurologische Untersuchung, Kernspintomografie, Video-EEG).

Das sehr seltene Kleine-Levin-Syndrom tritt meist in der Pubertät auf. Es ist durch eine massive Störung des Schlafverhaltens gekennzeichnet: Betroffene sind meist nur wenige Stunden wach. In diesen Wachphasen fühlen sie sich nicht selten wie einem Traum, sind verwirrt, können halluzinieren, extrem viel essen und hypersexuelles Verhalten zeigen. Die Ursache dieser Erkrankung ist noch nicht aufgeklärt, man nimmt entzündliche Prozesse und genetische Faktoren an. Die Symptome können mit Medikamenten gelindert werden. Die Krankheit wächst sich in der Regel aus. Trotz des dramatischen Erscheinungsbildes ist die Prognose also gut (Arnulf et al. 2018).

3 Die Geschichte der Erkrankung

Die Depersonalisations-Derealisationsstörung ist keine neue Erfindung und keine Modeerkrankung, sondern eine der ersten seelischen Erkrankungen, die in der wissenschaftlichen Literatur beschrieben wurden. Eine der ersten wissenschaftlichen Darstellungen dieses Phänomens stammt von dem deutschen Psychiater Wilhelm Griesinger (1817–1868), der als einer der Begründer der modernen, naturwissenschaftlichen Psychiatrie gilt. Er verfasste eines der ersten psychiatrischen Lehrbücher »Pathologie und Therapie der psychischen Krankheiten« (1845). Darin beschrieb er u. a. verschiedene Formen von Empfindungsstörungen. So zitiert er eine melancholische (depressive) Patientin mit den Worten:

> »Ich sehe, ich höre, ich fühle, aber die Gegenstände gelangen nicht mehr zu mir, ich kann die Empfindungen nicht aufnehmen, es ist mir, als wäre eine Wand zwischen mir und der Außenwelt« (Griesinger 1845, S. 67).

Griesinger bezeichnet diese Abgelöstheit als eine Art von Anästhesie (d. h. als Empfindungslosigkeit). Ein Stück weiter beschreibt er noch die Auswirkungen dieser Empfindungsstörung auf die Wahrnehmung der Umgebung:

> »[…] die Außenwelt, lebendig oder unbelebt, erscheint uns plötzlich kalt und fremd geworden, es ist uns, als ob auch unsre Lieblingsgegenstände gar nicht mehr zu uns gehörten, und indem wir von nichts mehr einen lebendigen Eindruck erhalten, finden wir uns noch mehr zur Entfremdung von den Außendingen und zur inneren Vereinsamung bestimmt« (Griesinger 1845, S. 68).

Mit diesen Worten beschreibt er das zentrale Thema der Depersonalisation – nämlich die Abgelöstheit (engl. Detachment) und eine der wesentlichen Folgen der Depersonalisation, nämlich die »innere Vereinsamung«.

3 Die Geschichte der Erkrankung

Die erste wissenschaftliche Fallsammlung wurde im Jahr 1873 von dem ungarischen Hals-Nasen-Ohrenarzt Krishaber (1836–1883) veröffentlicht. In seiner Abhandlung »De la névropathie cérébro-cardiaque«, wörtlich übersetzt »Vom Nerven-Hirn-Herzleiden«, schilderte Krishaber das Phänomen der Depersonalisation, ohne allerdings einen Namen dafür zu haben. In seiner Fallsammlung beschrieb er achtunddreißig Patienten, die unter einem psychosomatischen Beschwerdebild litten, welches durch Ängste, starke Erschöpfung, Niedergeschlagenheit und Schwindelgefühle gekennzeichnet war. Mehr als ein Drittel dieser Patienten beklagte außerdem Depersonalisation und Derealisation. Einer dieser Fälle sei nachfolgend wiedergegeben. Dieses längere Zitat aus Krishabers Fallsammlung stammt in seiner deutschen Übersetzung aus einer Arbeit des deutschen Psychiater Ernst Störring (Störring 1933, S. 463–465):

> »Ein 43-jähriger Oberst, dessen Vater an Hirnerweichung gestorben war. Im Übrigen keine neuropathische Belastung. Schon in seiner Jugend hatte er peinliche Angstträume, die mit kurzdauernden Attacken von ›Katalepsie‹ schlossen. Zu gleicher Zeit glaubte er sich verdoppelt. 12 Jahre vor Beginn der Erkrankung hatte er das Gefühl des Traumhaften und des Unbestimmten im Denken. Er bezog das auf Pollutionen[6]. Er war stets mäßig, arbeitete jedoch viel und vertrieb den Schlaf durch Tee und Kaffee. Infolge seines Dienstes war er außerdem körperlichen Ermüdungen ausgesetzt. Hierzu kam, dass er heftigen Kummer erlitt. Eines Tages empfand er plötzlich einen ziehenden Schmerz in der Herzgegend und hatte das Gefühl, gewürgt zu werden. Er konnte kaum seine Tränen zurückhalten. Von Stunde zu Stunde wurde ihm schlechter, es war ihm, als wolle ihn etwas einhüllen und sich zwischen ihn und die Außenwelt einschieben. ›Es war wie eine Barriere zwischen mir und der Welt‹. Wenn er sprach, erschien ihm die Stimme seltsam, er erkannte sie nicht und hielt sie nicht für die seine. Er konnte seine Aufmerksamkeit nicht auf das richten, was man ihm sagte. Es stiegen

---

6 Pollution bedeutet unwillkürlicher Samenerguss ausgelöst durch einen Orgasmus, der während des Schlafes ohne aktives Zutun und ohne Wachbewusstsein bei Männern ab der Pubertät auftreten kann. In der damaligen Zeit wurde dies als moralisch verwerflich und ungesund angesehen.

ihm Zweifel an seiner Existenz auf, er glaubte nicht mehr er selbst zu sein. Zeitweise war er sogar sicher, nicht zu existieren. Gleichzeitig hatte er das Bewusstsein der Realität der Außenwelt verloren und fühlte sich, wie in einen tiefen Traum versunken. Nachts traten Alpträume und Herzklopfen auf. Der Schlaf wurde ständig unterbrochen. 3 Tage nach der ersten Attacke eine neue heftigere. Am 4. Tag die dritte. Als er trotzdem ausreiten wollte, war es ihm, als wenn er vor Müdigkeit in Stücke fiele. Seit diesem Tag wurde der Zustand dauernd. Durch 2 Jahre hindurch wich er nicht, er verschwand erst allmählich im Verlauf des 3. Jahres. Er fühlte den Boden nicht, wenn er ging und hatte Furcht, zu fallen. Seine Beine schienen ihm nicht zu ihm zu gehören. Zeitweise trat Vernichtungsgefühl auf, außerdem Schwindel und Betäubungsgefühle. Er konnte nicht erkennen, was vor ihm war. Das Vermögen, sich zu orientieren, war ihm verloren gegangen. Auch wenn er nur eine kurze Strecke von seinem Hause entfernt war, gelang es ihm nicht, seinen Weg wiederzufinden. Er konnte den Blick nicht fixieren. Auch trat Doppelsehen auf. Das Doppelsehen war geringer, wenn er nur vor sich hin sah. Es war stärker beim Fixieren. Die Objekte hatten ihren natürlichen Charakter verloren. ›Die Fremdartigkeit alles dessen, was ich sah, war derartig, dass ich mich auf einen anderen Planeten versetzt glaubte‹. Er war ständig erstaunt und es schien ihm, als sei er zum ersten Mal auf der Welt. Er war nicht mehr der gleiche wie früher, er hatte sein Selbstbewusstsein verloren, manchmal war es ihm, als existierte er nicht. Zwischen seinen Sehstörungen und dem Zweifel an seiner Existenz bestand ein inniger Zusammenhang. Zeitweise fürchtete er, man könne ihn für verrückt halten oder er könne es werden. Daneben noch das Gefühl der Trunkenheit, der Angst und des Würgens. Dieses verfolgt ihn sogar im Traum. Die Träume sind überhaupt ängstlich und schreckhaft. Auch unter Tags überkam es ihn wie Alpdrücken. Ohrensausen bestand seit dem Beginn der Erkrankung. Manchmal hörte er eigenartige Geräusche im Kopf. Den Geschmack und den Geruch der Speisen erkannte er nicht. Er unterschied beim Berühren die Objekte nicht, wenn er die Augen geschlossen hielt. Er konnte in den ersten Monaten seinen Geist nicht auf bestimmte Gegenstände richten, konnte weder lesen noch schreiben. Später trat eine intellektuelle Übererregung auf. ›In diesem Zustand schrieb ich Journalartikel, welche für besser gehalten wurden als diejenigen, die ich vor meiner Erkrankung geschrieben hatte und trotzdem war ich schrecklich benommen und fühlte mich schwer gestört, als ich sie niederschrieb. Ich misstraute mir völlig, ich glaubte nichts zu wissen, und als ich erfuhr, dass meine Artikel geschätzt wurden, war ich darüber sehr erstaunt‹. Seine Niedergeschlagenheit war so, dass er sich von der ganzen Welt isolieren wollte. Er glaubte sich verachtet von allen. Er verwechselte Tatsachen häufig mit den Erinnerungen seiner Träume bei Dingen, die ihn sehr innig betrafen. Aber er bewahrte das exakteste und treueste Gedächtnis für alles das, was seine Krankheit anbetraf. Wollte er sich abends an die Ereignisse des Tages erinnern, so schien es ihm, als ob sich nichts ereignet hätte. Häufig traten unfreiwillige Ideenverbindungen und Erinnerungen auf. Wenn er diese sah oder jemanden sprechen hörte, fühlte er sich unwillkürlich in die Vergangenheit versetzt. Es waren dann seine Erinnerungen lebhaft. Er hielt sein Gedächtnis wie seine übrigen Fähigkeiten bald für gehemmt und vernichtet, bald für übererregt, ja sogar für gesteigert. Das Orientierungsvermögen war fast vollständig verloren. ›Ich betrachtete ohne zu sehen, alles rollte sich vor mir ab, ohne meine Aufmerksamkeit auf sich zu ziehen‹. Seine Freunde, seine Familie wurden ihm gleichgültig, nur mit Anstrengung konnte er sich mit seinen kranken Kindern beschäftigen. Er war außerordentlich reizbar. Er hatte heftige unmotivierte Abneigungen gegen bestimmte Personen. Er konnte nichts mit Ruhe beurteilen. Er verspürte Antriebe, unpassende Worte auszusprechen. Wenn er nicht erregt war, war er vollkommen indifferent. Abends war er meist erregt. Und dann fühle er seine Fähigkeiten wirklich verdoppelt. Vorübergehend traten Störungen der Aussprache auf. ›Ich dachte ständig an meine Krankheit und ich glaube, dass während der ganzen Dauer meiner Krankheit keine Minute verstrichen ist, in der mein Geist sich nicht mit ihr beschäftigte‹. Außerhalb der Exaltation war er willenlos, energielos und ohne Initiative. ›Aber wenn es sich um meine Gesundheit handelte, fand ich meine Energie wieder‹. Die Empfindung, nicht zu sein, war so ausgesprochen, dass er sich scheute, irgendwo sein Bildnis zu sehen. Er war verzweifelt. Er konnte sich nicht geregelt betätigen. Er begann, ließ aber das Begonnene bald wieder im Stiche. Außerdem bestanden eine Reihe von körperlichen Beschwerden. Er hatte Benommenheitsgefühle, war empfindlich gegen die Witterung,

> hatte Verdauungsstörungen. Der Schlaf blieb schlecht. Unter dem Einfluss der Behandlung wurde er gebessert und 2 Jahre nach dem Beginn der Erkrankung gab er an, allmählich wieder eine genaue Kenntnis von der Außenwelt zu haben.«

Soweit dieser fast 150 Jahre alte Bericht, in dem sich über weite Passagen auch noch heute Patienten mit einer DDS wiedererkennen werden.

Für dieses Gefühl der Unwirklichkeit und Abgelöstheit wurde zu Beginn des zwanzigsten Jahrhunderts von dem französischen Psychiater Ludovic Dugas »Depersonalisation« als medizinischer Fachbegriff eingeführt (Dugas 1898). Dugas selbst entlehnte den Begriff der Depersonalisation den Tagebüchern des französisch-schweizerischen Schriftstellers und Philosophieprofessors Henri Frédéric Amiel (1882–1881). Amiel schrieb wie ein Besessener Tagebuch, 17.000 Seiten wurden nach seinem Tod gefunden. In der Übersetzung von Paul Schilder lautet eine seiner Selbstbeschreibungen so:

> »Ich höre mein Herz schlagen, und mein Leben zieht vorüber. Es scheint mir, dass ich eine Statue geworden bin, an den Ufern des Flusses der Zeit [...]. Ich fühle mich namenlos, unpersönlich, mein Blick ist starr, wie der eines Toten, mein Geist ist unbestimmt und auf alles gerichtet, auf das Nichts oder das Absolute; ich bin aufgehoben, es ist, wie wenn ich nicht wäre. Dieser Zustand ist weder Betrachtung noch Erstarrung, er ist weder schmerzhaft, noch freudig noch traurig; er ist außerhalb jedes besonderen Gefühls und jedes begrenzten Gedankens. [...] Ich habe die Wesenlosigkeit eines Fluidums, eines Dampfes, einer Wolke und alles wandelt sich leicht in mir« (Schilder 1914, S. 156).

Letztendlich wurde die Depersonalisations-Derealisationsstörung bereits Ende des 19. Jahrhunderts definiert. Bis heute hat sich daran nichts mehr Entscheidendes geändert wie die englische Forschergruppe um Mauricio Sierra zeigen konnte (Sierra und Berrios 2001), indem sie 200 Fälle mit einer DDS, die seit 1898 bis in unsere Zeit in der medizinischen Literatur veröffentlicht wurden, miteinander verglichen. Seit 1898 hatte sich die klinische Beschreibung der DDS im Kern nicht geändert. Immer wieder fanden sich die drei Symptombereiche, emotionale Abgelöstheit, Derealisation und verändertes Körpererleben.

Im Folgenden wird noch auf zwei andere Krankheitsbegriffe eingegangen, die zwar heute im klinischen Sprachgebrauch nicht mehr verwendet werden, die jedoch sehr gut zwei Patientengruppen mit einer DDS beschreiben; nämlich die Entfremdungsdepression und das phobische Angst-Depersonalisationssyndrom.

3.1 Die Entfremdungsdepression

Der Mainzer Psychiater Nikolaus Petrilowitsch (1924–1970) beschrieb zuletzt die sogenannte Entfremdungsdepression als eine Sonderform einer Depression. Bei der Entfremdungsdepression klagen die Betroffenen gleichzeitig über depressive Beschwerden und ausgeprägte Depersonalisation. Neben der depressiven Niedergeschlagenheit leiden die Betroffenen vor allem unter dem »Gefühl der Gefühllosigkeit«. Diese Gefühllosigkeit spüren die Patienten als eine Art von Hemmung oder Blockade im Bereich der Stirn oder des Magens; es sei so, als ob nichts mehr richtig zu ihnen hindurch dringe (Petrilowitsch 1956). Das entscheidende Kennzeichen der Entfremdungsdepression ist der von außen beobachtbare Widerspruch zwischen den Klagen der Betroffenen über ihre Niedergeschlagenheit, Leblosigkeit, Konzentrationsstörungen und Verzweiflung einerseits, sowie ihr auf den Arzt und das Umfeld nahezu normal wirkendes Erscheinungsbild andererseits (Petrilowitsch 1956). Die Patienten bewegen sich nicht verlangsamt, ihre Mimik und Gestik sind lebendig und spiegeln lebhafte Gefühle wider. Im Gespräch mit Ihnen fallen keine Denkhemmungen auf. Typische Klagen der Betroffenen sind außerdem ein verändertes Körperempfinden wie z. B. über eine »schwebende Leichtigkeit des Körpers« oder das Gefühl, der Kopf schwebe über dem Körper so, als ob der Kopf die Verbindung zum Körper verloren hätte (vgl. Petrilowitsch 1956, S. 266). Dies führt bei den Patienten dann oft zu Ängsten, sie könnten an einer schweren körperlichen Erkrankung, zum Beispiel einen Hirntumor leiden. Sehr häufig sind auch Klagen darüber, dass der Kopf wie leer sei, dass alles wie mechanisch ablaufe und Betroffene sich erleben, als ob sie nur noch wie ein Automat funktionierten. Außerdem finden sich fast immer Klagen über einen Einbruch des geistigen und körperlichen Leistungsvermögens, Konzentrationseinbußen und rasche Erschöpfbarkeit. Das Gefühl der Gefühllosigkeit wird besonders quälend gegenüber nahestehenden Angehörigen empfunden. Petrilowitsch zitiert hier einen Kranken, der am Tiefpunkt seiner Verzweiflung erklärte: »Ich kann den Menschen nicht mehr lieben, den ich liebe« (Petrilowitsch 1956, S. 273).

3.2 Das Phobische-Angst-Depersonalisationssyndrom

In einer 1959 erschienenen Arbeit beschrieb der britische Psychiater Sir Martin Roth (1917–2006) ein seiner Erfahrung nach häufiges Krankheitsbild, das durch ausgeprägte Depersonalisation und Ängste gekennzeichnet ist (Roth 1959/1960). Das Krankheitsbild trat in der Regel plötzlich auf. Als Auslöser fand sich meist der Verlust oder drohende Verlust einer nahestehenden Person, von der der Betroffene sehr abhängig war, oder eine eigene körperliche Erkrankung. Ein typischer Fall für ein Phobisches-Angst-Depersonalisationssyndrom sei nachfolgend wie von Roth geschildert wiedergegeben:

> »Eine intelligente, skrupulöse, sehr sorgfältige und gewissenhafte Frau von 32 Jahren war extrem abhängig von ihrer recht herrschsüchtigen Mutter, für die sie trotzdem unklare Gefühle hegte. Sie hatte mit ihrem Mann einige Jahre in der Wohnung ihrer Mutter gelebt. Eines Tages kam ihr Mann von der Arbeit zurück und teilte ihr vorsichtig mit, dass ihre Mutter heute auf der Straße tot hingefallen sei. In ihrer Panik lief sie aus dem Haus und über die Straße zu ihrer Schwiegermutter und weigerte sich, jemals wieder die Wohnung ihrer Mutter zu betreten. Starke Entfremdungsgefühle setzten fast unmittelbar ein sowie die Angst, allein zu sein oder das Haus zu verlassen, anfangs auch dann, wenn sie Begleitung hatte, später nur, wenn sie allein war«. Die Depersonalisation war gekennzeichnet durch: »Das Gefühl von sich selbst losgelöst zu

> sein, sich wie eine Marionette zu bewegen, die eigene Stimme aus der Ferne zu hören, und der traumähnliche Aspekt, den die äußeren Vorgänge annahmen«. Eine Intensivierung ihrer Ängste trat unter folgenden Umständen auf: »Auf der Straße überkamen sie Schwindelgefühle, sie spürte Leere im Kopf und Unsicherheiten in den Beinen, und sie fühlte sich schwanken, wenn Menschen oder Flugzeuge sie passierten. In dichtgedrängten Straßen. Läden oder Fahrzeugen war sie besonders gespannt und ängstlich, und die Furcht vor dem Tod oder dem Verlust des Bewusstseins steigerte sich. Eine Komponente dieser Angst war die drohende Möglichkeit, die allgemeine Aufmerksamkeit dadurch auf sich zu lenken, dass sie das Bewusstsein verlor, eine Szene machte oder zusammenbrach und in einem hilflosen Zustand von einer Zuschauermenge betrachtet würde« (zitiert nach Roth 1959, S. 356).

Heute würde man dieser Patientin die Diagnosen einer »Agoraphobie mit Panikstörung« und vermutlich eines Depersonalisations-Derealisationssyndroms geben, wenn das Gefühl von sich selbst losgelöst zu sein und der traumähnliche Bewusstseinszustand kontinuierlich und nicht nur im Rahmen von Panikattacken auftreten.

4 Wie häufig ist die Depersonalisations-Derealisationsstörung?

Flüchtige und kurzandauernde Symptome von Depersonalisation oder Derealisation werden von den meisten Menschen irgendwann einmal im Laufe ihres Lebens erlebt. Auslöser sind oft Übermüdung, abrupte Ortswechsel, Drogen, Alkohol oder ein seelischer Schock. In einer Repräsentativerhebung der deutschen Allgemeinbevölkerung fanden wir, dass 27,8 % innerhalb der letzten sechs Monate zumindest ein Symptom von Depersonalisation/Derealisation erlebt haben. Weitere 9,7 % gaben an, dass sie sich zumindest »etwas« durch derartige Symptome beeinträchtigt fühlten (Michal et al. 2009). In einer repräsentativen Befragung von Schülern im Alter von 12–18 Jahren gaben 47 % an, sich innerhalb der letzten zwei Wochen zumindest einmal durch solche Symptome belastet gefühlt zu haben. Insgesamt 12 % gaben eine erhebliche Belastung durch diese Symptome an (Michal et al. 2014). Ambulante oder stationäre Psychotherapiepatienten berichten, wenn gezielt danach gefragt wird, in der Mehrzahl, dass sie in den letzten Wochen und Monaten zumindest flüchtig einzelne Symptome von Depersonalisation und Derealisation erlebt haben (Hunter et al. 2004, Michal et al. 2005a, 2009). Experten gehen davon aus, dass nach Angst und Depression Depersonalisation das dritthäufigste Syndrom bei Patienten mit seelischen Erkrankungen ist (Stewart 1964).

Für die DDS wird auf Grundlage mehrerer Erhebungen angenommen, dass im westlichen Kulturkreis die Punktprävalenz 0,56–1,34 % beträgt (Sierra 2009, Michal 2012, Lee et al. 2012, Yang et al. 2022). Das heißt, bei einer Punktprävalenz von etwa 1 % wird, wenn ich heute 100 Personen danach frage, eine von diesen hundert die Kriterien einer Depersonalisations-Derealisationsstörung erfüllen. Damit ist die DDS keine seltene Erkrankung! Auch wenn die DDS damit deutlich seltener als eine Depression vorkommt, unter der aktuell etwa 5–7 % der Bevölkerung leiden. Die

Häufigkeit der DDS entspricht etwa derjenigen der Magersucht, Epilepsie, oder Zwangsstörung.

In klinischen Stichproben ist die Prävalenz der DDS höher. Nach einer aktuellen Übersicht leiden etwa 5–20 % bei ambulanten Patienten und 17,5–41,9 % bei stationären Patienten darunter (Yang et al. 2022). In Stichproben von Patienten mit spezifischen Störungen fanden sich folgende Häufigkeitsraten: Substanzmissbrauch 1,8–5,9 %, Angststörungen 3,3–20,2 %, Borderline-Persönlichkeitsstörung 17 % und Depression ~ 50 % (ebd.).

Trotz der Häufigkeit der Depersonalisations-Derealisationsstörung wird die Diagnose aber nur sehr selten gestellt. Im Jahr 2006 wurden Krankenkassendaten einer gesetzlichen Krankenversicherung ausgewertet. Es zeigte sich, dass nur bei 104 von 1,5 Millionen versicherten Personen die Diagnose eines Depersonalisations-Derealisationssyndroms (ICD-10: F48.1) im letzten Jahr gestellt wurde. Und dies, obwohl auf der Grundlage zahlreicher epidemiologischer Studien in dieser Stichprobe die tatsächliche Prävalenz der DDS mindestens 10.000 betragen müsste. Mit anderen Worten, von einhundert betroffenen Personen erhielt mutmaßlich nur ein Patient die Diagnose einer Depersonalisations-Derealisationsstörung, die restlichen 99 Betroffenen wurden übersehen beziehungsweise falsch diagnostisch klassifiziert (Michal et al. 2010). Kollegen aus England berichteten, dass vom ersten Kontakt mit einem Psychiater oder Psychologen 7–12 Jahre vergehen, bis die Diagnose einer DDS gestellt wird (Sierra 2009). Vermutlich nimmt diese Zeit aber deutlich ab. Dank des Internets können heute Betroffene ihre Symptome »googlen«.

Für dieses dramatische Nichterkennen der DDS werden immer wieder folgende Gründe gefunden. Auf Seiten der Behandler muss leider manchmal von einer fehlenden Vertrautheit mit den diagnostischen Kriterien oder gar einer völligen Unkenntnis der Diagnose ausgegangen werden. Dies liegt unter anderem auch daran, dass dieses Krankheitsbild in den meisten Lehrbüchern, wenn überhaupt, dann nur sehr knapp abgehandelt wird. Zweitens unterliegen viele Ärzte und Psychologen der falschen Meinung, dass Depersonalisation und Derealisation grundsätzlich und immer vernachlässigbare Symptome einer Depression oder Angststörung sind. Es genüge, die Depression oder Angststörung zu behandeln, dann würden diese Symptome von allein verschwinden. Und drittens interpretieren manche Ärzte Depersonalisation und Derealisation fatalerweise als Ausdruck einer psychotischen Erkrankung mit der Folge einer falschen Diagnosestellung (z. B. Schizophrenie) und daraus folgender Fehlbehandlung.

Auf der anderen Seite machen auch die betroffenen Patienten nicht selten das Nichterkennen der DDS leicht. Erstens, weil sie häufig nicht von sich aus über diese befremdlichen Symptome berichten, sei es aus Angst, man könne sie nicht verstehen, oder weil es schwerfällt, diese Phänomene in Worte zu fassen, oder weil sie befürchten, wegen dieser Symptome für »verrückt« gehalten zu werden. Meist ist es eine Mischung aus diesen Gründen, wobei aber die Angst, nicht verstanden zu werden, meiner Erfahrung nach, der wichtigste Grund ist.

5 Der Verlauf der Depersonalisations-Derealisationsstörung

Erste Symptome von Depersonalisation und Derealisation treten meist sehr früh im Leben der Betroffenen auf. Auch das Ersterkrankungsalter für eine Depersonalisations-Derealisationsstörung ist relativ früh. Im Durchschnitt beginnt die Depersonalisations-Derealisationsstörung im 16. Lebensjahr, bei etlichen Menschen aber auch deutlich früher. Bei 95 % der Betroffenen liegt der Beginn dieser Erkrankung vor dem 25. Lebensjahr. Ein Beginn nach dem 40. Lebensjahr ist eher selten. Männer und Frauen sind etwa gleich häufig betroffen, anders als bei Depressionen und Angststörungen, die etwas häufiger bei Frauen sind (Michal und Beutel 2009, Michal et al. 2016). Der Erkrankungsgipfel um das 16. Lebensjahr fällt mit dem Lebensabschnitt der Adoleszenz zusammen. Unter der Adoleszenz versteht man das Übergangsstadium von der Kindheit bis zum vollen Erwachsensein, also meist den Zeitraum vom 10. bis zum 24. Lebensjahr, in dem sehr wichtige emotionale und soziale Reifungsschritte vollzogen werden (Ablösung vom Elternhaus, zunehmende soziale Anforderungen, Entwicklung einer persönlichen Identität, erste Liebe usw.).

Zum typischen Verlauf der DDS wird im DSM-5 angegeben (APA 2013), dass der Beginn plötzlich oder schleichend sein kann. Die Dauer der ersten DDS-Episoden ist unterschiedlich. Sie können über Stunden, Tage, Wochen, Monate oder gar Jahre anhalten. Bei etwa einem Drittel finden sich abgrenzbare Episoden, d. h. die Betroffenen leiden immer wieder über längere Zeit unter Depersonalisation und Derealisation und haben dann wieder längere symptomfreie Phasen. Bei einem weiteren Drittel geht der anfänglich episodische Verlauf in einen kontinuierlichen chronischen Verlauf über. Bei dem übrigen Drittel verläuft die DDS bereits von Anfang an kontinuierlich. Die Intensität der Symptome kann stark schwankend oder aber als unveränderlich erlebt werden.

Die Angaben zum Verlauf beruhen vor allem auf der klinischen Erfahrung von Experten bzw. Erhebungen, bei denen Patienten rückblickend von ihrem bisherigen Verlauf berichteten. Letztendlich fehlen bis heute prospektive Studien, die genauer Auskunft über den typischen Verlauf geben könnten. Einen Anhaltspunkt für den Verlauf kann jedoch eine Kohortenstudie geben, die über 20 Jahre eine Gruppe von 290 Patienten mit einer Borderline-Persönlichkeitsstörung in regelmäßigen Abständen untersuchte. 140 von diesen 290 füllten zu Beginn der Studie einen Fragebogen aus, der mit drei Fragen auch typische DP/DR Symptome erfasste (»fühle mich unwirklich«, »nehme meine Umgebung und andere Menschen unwirklich wahr« und »fühle mich gefühllos«). Diejenigen Patienten, die 20 Jahre später gesund waren, hatten zu Beginn der Studie eine deutlich niedrigere DP/DR-Symptomatik. Bei den geheilten Patienten waren 20 Jahre später kaum noch DP/DR Symptome vorhanden. Insgesamt hatte über alle Patienten verteilt die Schwere der DP/DR-Symptomatik abgenommen (Shah et al. 2020). Auch wenn in dieser Studie nicht explizit Patienten mit einer DDS untersucht wurden, so bestätigt sie meines Erachtens erstens, dass DP/DR-Symptome für die Prognose und Behandlungsplanung wichtig sind und zweitens, dass eine Heilung möglich ist.

Des Weiteren kann angesichts der Häufigkeit dieser Symptome in der Allgemeinbevölkerung angenommen werden, dass ein chronischer oder langanhaltender Verlauf nur bei einer kleinen Zahl derjenigen auftritt, die diese Symptome entwickeln. Wünschenswert wäre mehr Forschung in diesem Bereich, damit wir mehr über den Verlauf dieser Erkrankung und die Bedingungen, die zu einer Chronifizierung beitragen, erfahren. Chronifizierung – und dies ist wichtig für Betroffene, die seit Jahren unter diesen Symptomen leiden – bedeutet aber nicht Unheilbarkeit. Selbst nach Jahrzehnten anhaltender DP/DR können Betroffene die Entfremdung überwinden. Immer wieder erreichen mich Nachrichten von ehemaligen Patienten, die dies geschafft haben.

6 Auslöser und Ursachen

In der Medizin werden Auslöser, Ursachen und Krankheitsmechanismen unterschieden. Beispielsweise geht die Koronaren Herzerkrankung auf Risikofaktoren wie Rauchen, jahrelanger Bewegungsmangel, ungesundes Ernährungsverhalten, Bluthochdruck und eine Fettstoffwechselstörung zurück. Diese Risikofaktoren stoßen dann im Organismus Prozesse an (= Krankheitsmechanismen), die zu einer Atherosklerose der Herzkranzgefäße und einer erhöhten Verklumpungsneigung des Blutes führen. Der Herzinfarkt selbst kann durch die unterschiedlichsten Situationen ausgelöst werden, die zu einer akuten Durchblutungsstörung des Herzmuskels beitragen. Sehr oft sind dies körperliche Überanstrengung, akute Feinstaubbelastung, Substanzmissbrauch oder massive Anspannung, die über komplexe Mechanismen einen Verschluss eines Herzkranzgefäßes auslösen. Bei der Depression finden sich genetische, biografische und soziale Risikofaktoren. Wie erwähnt haben Menschen, deren Eltern an einer Depression erkrankten, oder die unter schlechten wirtschaftlichen Verhältnissen aufwuchsen und in ihrer Kindheit Verlusterlebnissen ausgesetzt waren, ein erhöhtes Risiko, später im Laufe ihres Lebens an einer Depression zu erkranken. Ausgelöst wird die Depression dann oft durch eine Trennung, eine körperliche Erkrankung oder eine andere belastende Lebenssituation. Eine Trennung beispielsweise, löst dann nicht nur keine Trauer aus, die der Person helfen würde, den Verlust zu verarbeiten, sondern unverarbeitete Gefühle aus der Vergangenheit, die einen gesunden Trauerprozess verhindern. Die Unterscheidung von Auslöser, Ursachen (Risikofaktoren) und Krankheitsmechanismen ist wichtig, weil die Behandlung vor allem auf die veränderbaren Krankheitsmechanismen abzielt.

6.1 Auslöser der Depersonalisations-Derealisationsstörung

In etwa der Hälfte der Fälle beginnt die DDS plötzlich. Betroffene können häufig sogar noch die genaue Situation erinnern. Sie wachten auf und plötzlich war alles anders (Simeon und Abugel 2008). Die andere Hälfte der Betroffenen kann sich nicht mehr an den Tag des Beginns erinnern. Alles geschah irgendwie schleichend, berichten sie. Erst hätten sie sich etwas benommen, irgendwie nicht richtig da gefühlt und dann plötzlich die Gewissheit, sich grundlegend verändert zu haben. Typische Auslöser für eine DDS sind Panikattacken, die dann im weiteren Verlauf mit zunehmender Schwere der Depersonalisation oft in den Hintergrund treten. Häufig werden diese Panikattacken auch durch den Konsum von Cannabis ausgelöst[7]. Diese Patienten erzählen typischerweise, dass sie nach dem Konsum von Cannabis einen massiven Angstzustand mit Depersonalisation erlitten (eine sogenannte Cannabisintoxikation). Sie legten sich dann schlafen, wachten am nächsten Morgen auf und alles war verändert. Manchmal verschwand die Depersonalisation dann noch für ein paar Stunden oder Tage, nur aber um dann für immer zu bleiben. Weiterhin berichten Patienten häufig, dass sie depressiv wurden, die Depression sich wieder von allein oder durch Psychotherapie und Medikamente besserte, sie aber seitdem nicht wieder in ihren normalen Bewusstseinszustand zurückfanden. Die amerikanische Arbeitsgruppe um Daphne Simeon befragte 117 Patienten mit einer Depersonalisations-Derealisationsstörung nach den Auslösern ihrer Erkrankung (Simeon et al. 2003): Bei 49% (n = 57) konnte kein Auslöser identifiziert werden, 25% (n = 29) gaben emotionale Belastungen an, 13% (n = 15) Cannabiskonsum, 12% (n = 14) eine Panikattacke, 9% (n = 10) eine Depression, 6% (n = 7) die Einnahme halluzinogener Drogen, 4% (n = 5) eine körperliche Erkrankung, 2% (n =

---

7 Ganz typisch wird dies in dem Hollywood Film »Numb« (dt. »Numb – leicht daneben«) von Harris Goldberg geschildert. Der Held des Films, der Drehbuchautor Autor »Hudson«, raucht eine Haschischzigarette, bekommt daraufhin Panik und entwickelt eine DDS. Der Film schildert im Genre einer Komödie seine Versuche, wieder gesund zu werden.

2) die Einnahme von Ecstasy und 1 % (n = 1) die Einnahme des Medikaments Ketamin als Droge.

Meiner Erfahrung nach ist in den ersten diagnostischen Gesprächen etwa gleich häufig wie bei Simeon et al. (2003b) kein eindeutiger Auslöser auszumachen. Im Laufe einer psychotherapeutischen Behandlung lässt sich jedoch mit der zunehmenden Erweiterung des Selbstverständnisses meist nachvollziehen, warum der Betroffene genau zu diesem Zeitpunkt an einer Depersonalisations-Derealisationsstörung erkrankte.

6.2 Ursachen der Depersonalisations- Derealisationsstörung

Die Ursachen der Depersonalisations-Derealisationsstörung sind letztlich noch nicht ausreichend erforscht[8]. Es spricht aber vieles dafür, dass, wie bei anderen seelischen Störungen auch, mehrere Faktoren eine Rolle spielen. Gemäß dem sogenannten bio-psycho-sozialen Modell finden sich für alle Erkrankungen meist biologische, psychologische und soziale Ursachen. Eine direkte biologische Ursache für die Depersonalisations-Derealisationsstörung ist bisher nicht bekannt. Es liegen jedoch Hinweise dafür vor, dass bei Patienten mit einer DDS möglicherweise eine genetisch bedingte (vererbte) erhöhte Ängstlichkeit und Sensibilität vorhanden ist. Zumindest wurde in einer längeren Beobachtungsstudie herausgefunden, dass die später von einer DDS betroffenen Personen in ihrer Kindheit von ihren Lehrern als ängstlicher beschrieben wurden (Lee et al. 2012). Eine andere, kleinere Studie fand heraus, dass depressive Patienten stärkere Depersonalisation hatten, wenn sie unter unverarbeiteten Bindungstraumata litten

---

8 Ich gehe nachfolgend nur auf spezifische Ursachen einer DDS ein. Vorübergehende Symptome von Depersonalisation oder Derealisation können durch die verschiedensten Faktoren ausgelöst werden: Migräne, Unterzuckerung, Fieber, Übermüdung, Hypnose, Drogen, Medikamente, Panik, Reizdeprivation, Schlafmangel, Benzodiazepinentzug usw.

und eine bestimmte genetische Ausstattung hatten. Überraschenderweise hatten diese Patienten eine bestimmte Form des sogenannten Kuschelhormon-(Oxytocin)-Rezeptors, der eigentlich mit prosozialem Verhalten (ausgeprägtere Empathie, sensiblerer Umgang mit anderen, verbesserte Stressresistenz) assoziiert ist. Es scheint so zu sein, dass unter günstigen Entwicklungsbedingungen diese genetische Ausstattung positive Folgen für das soziale Leben und die Fähigkeit mit Stress umzugehen hat. Gleichzeitig scheinen die Betroffenen aber besonders vulnerable in ihrer Kindheit für zwischenmenschliche Verletzungen zu sein (Reiner et al. 2016), sodass aus dem genetischen Vorteil ein Vulnerabilitätsfaktor wurde.

Als weitere Ursachen für eine Depersonalisations-Derealisationsstörung werden in der wissenschaftlichen Literatur immer wieder schwierige kindliche Entwicklungsbedingungen berichtet (Sierra 2009, Simeon und Abugel 2008, Michal et al. 2007, 2016). Jedoch erzählen meiner Erfahrung nach sehr viele Betroffene zunächst, dass ihre Kindheit gut war und dass sie keine Probleme mit ihren Eltern gehabt hätten. Dies wird teilweise auch von wissenschaftlichen Untersuchungen bestätigt, in denen gezeigt wurde, dass schwere Kindheitstraumatisierungen wie sexueller Missbrauch und schwere körperliche Misshandlung nicht typisch für die Lebensgeschichte von Personen sind, die später in ihrem Leben an einer Depersonalisations-Derealisationsstörung erkranken (Simeon 2004, Simeon et al. 2001, Michal et al. 2016). Im Laufe einer psychotherapeutischen Behandlung gewinnen Patienten jedoch in der Regel eine differenzierte Sichtweise auf ihre Lebensgeschichte. Im Verlauf der Behandlung berichten die Betroffenen dann, auch bei einem grundsätzlich liebevollen Elternhaus, von emotional überfordernden Situationen. Typischerweise konnte zwischen Eltern und Kindern keine ausreichend tragfähige emotionale Bindung entstehen. Es kam zu einer Art »*Beziehung der Beziehungslosigkeit*« (Jaeggi 2005, S. 44). Eltern und Kind lebten zusammen, »ohne je richtig emotional da zu sein«. Dies kann in unterschiedlichen Formen vorkommen. Beispielsweise erzählen Patienten, dass sie sich in ihrer Kindheit von ihren Eltern, die sich emotional verletzend verhielten, innerlich zurückzogen, sich gleichzeitig die abwertende Einstellung der Eltern zu eigen machten und dadurch ein schlechtes Selbstbild entwickelten (»weil ich schlecht bin, werde ich von meinen Eltern nicht anerkannt«). Oder Patienten erzählten, dass ihre Eltern entweder zu sehr mit ihren eigenen Problemen beschäftigt waren (z. B. wegen beruflicher Sorgen, Krankheiten oder Schwierigkeiten mit dem Ehepartner) oder dass diese aus anderen Gründen nicht in der Lage waren, sich auf die emotionalen Bedürfnisse ihres Kindes so einzustellen, dass eine tiefe emotionale Verbindung entstehen konnte. Die Folge ist oft, dass die Betroffenen bereits als Kinder und Jugendliche Schwierigkeiten hatten, sich mit ihren Nöten ihren Bezugspersonen voll anzuvertrauen. Ohne eine tragfähige emotionale Bindung kann man jedoch kein sicheres Selbstgefühl entwickeln, mit der Folge einer erhöhten Anfälligkeit für Ängste vor Kontrollverlust und, wenn es um das Gefühl des Geliebt- und Anerkanntwerdens geht, Ängsten vor Beschämung. Häufig findet man auch in der Biografie von Patienten mit einer Depersonalisations-Derealisationsstörung Hinweise auf emotionalen Missbrauch, d. h. herabwürdigende und kränkende Verhaltensweisen der Eltern dem Kind gegenüber (Simeon et al. 2001). Weiterhin finden sich Hinweise auf Parentifizierung: Betroffene wurden als Kind in die Rolle eines Partners oder Elternersatzes gedrängt (parens, lateinisch = Eltern) und damit in eine chronisch überfordernde Situation gebracht, in der sie ihre kindgerechten Bedürfnisse unterdrücken mussten (Sierra 2009). Paul Schilder beschrieb, dass Patienten mit einer DDS in ihrer Kindheit zu sehr für ihre Fähigkeiten bewundert wurden, mit der Folge, dass sie im späteren Leben unangemessenen Standards hinterherjagen müssen, um sich anerkannt fühlen zu können. Dabei sind sie ständig damit beschäftigt, sich quasi wie von außen daraufhin zu überprüfen, ob sie diesen Standards auch genügen (Schilder 1951). Letztlich können aber auch andere Belastungsfaktoren in der Kindheit das spätere Auftreten einer Depersonalisations-Derealisationsstörung begünstigen.

6.3 Die Bedeutung der frühen Kindheit

Die Bedeutung der frühen Beziehungserfahrungen mit den eigenen Eltern beziehungsweise frühen Bezugspersonen für das spätere Verhalten in engen Beziehungen, Partnerschaften und zu den eigenen Kindern wird in der sog. Bindungstheorie untersucht, die von dem britischen Kinderarzt und Psychoanalytiker John Bowlby (1907–1990) entwickelt wurde. Die Bindungstheorie kann zeigen, dass die frühe Beziehung zu den Eltern in einer Art von Arbeitsmodell verinnerlicht und im Gedächtnis gespeichert wird (vgl. Brisch 2003). Kinder mit feinfühligen Eltern entwickeln in der Regel eine sogenannte sichere Bindung, d. h. sie entwickeln ein inneres Beziehungsmodell, das von dem Vertrauen geprägt ist, dass sie Trauer, Angst und Wut zeigen können, ohne von anderen im Stich gelassen zu werden. Im Gegenteil, sie haben die Zuversicht erworben, dass andere sie verstehen können und auf ihre berechtigten Bedürfnisse eingehen. Davon unterschieden werden unterschiedliche Arten von unsicherer Bindung. Bei der unsicher-vermeidenden Bindung entwickeln Kinder negative Beziehungserwartungen, die unbewusst bzw. automatisch ihr Verhalten zu ihren Beziehungspersonen beeinflussen. Sie befürchten Zurückweisung, wenn sie Wünsche nach Nähe, Anerkennung oder Beruhigung ausdrücken, weshalb sie solche Wünsche bei sich unterdrücken. Eine eigene Untersuchung zu den bewussten Bindungseinstellungen bei Patienten mit starker Depersonalisation ergab, dass die depersonalisierten Patienten im Vergleich zu Patienten mit anderen seelischen Erkrankungen einerseits eine außerordentlich hohe Angst vor Nähe hatten (z. B. anderen zu sagen, was sie fühlen und denken etc.) und andererseits gleichzeitig auch eine immense Angst davor, verlassen, nicht anerkannt oder nicht geliebt zu werden. Das heißt, die Betroffenen befinden sich in einer Art von emotionaler Zwickmühle. Aus Angst davor, verlassen oder nicht geliebt zu werden, lassen sie keine echte Nähe aufkommen, indem sie sich dem anderen öffnen und anvertrauen. Mit der traurigen Konsequenz, dass sie das, was sie sich sehnlichst wünschen, Anerkennung und Verständnis, kaum erhalten können. Einen ähnlichen Befund fand ich auch bei Patienten zu Beginn einer psychotherapeutischen Behandlung hinsichtlich der Beziehungserwartungen gegenüber ihrem Psychotherapeuten. Im Vergleich zu Patienten ohne Depersonalisation zeigten die depersonalisierten Patienten einerseits ein besonders starkes Zuwendungsbedürfnis, andererseits hatten sie aber gleichzeitig immense Ängste, sie könnten ihrem Therapeuten zu viel werden, von ihm nicht verstanden und angenommen werden und daraus folgend eine besonders geringe Bereitschaft, sich dem Therapeuten anzuvertrauen und zu öffnen.

Meines Erachtens zeigt sich eine Funktion der Depersonalisation/Derealisation häufig darin, dass diese Symptomatik es den betroffenen Personen ermöglicht, trotz ihrer immensen Angst vor Zurückweisung und nicht-verstanden-werden mit dem Anderen in Kontakt zu treten, allerdings ohne dann »*ganz da zu sein*«. Damit stellt unter dem Aspekt der Beziehungsgestaltung das Depersonalisations-Derealisationssyndrom quasi einen Kompromiss zwischen dem Wunsch nach Verbundenheit und der Angst davor dar.

6.4 Soziokulturelle Faktoren

Die englische Forschergruppe um Mauricio Sierra in London fand Belege dafür, dass Symptome von Depersonalisation in westlichen Kulturen, die von einem starken Individualismus geprägt sind, häufiger vorkommen als in kollektivistischen Gesellschaften. In kollektivistischen Kulturen, wie den lateinamerikanischen oder asiatischen Ländern, gibt es enge und feste Bindungen über die Primärfamilie hinaus. Der Einzelne fühlt sich für die soziale Gemeinschaft verantwortlich und mit allen anderen verbunden. In individualistischen Gesellschaften hingegen existieren nur lose Bindungen zwischen den Menschen. Es wird erwartet, dass jedermann sich vor allem um sich selbst und seine unmittelbaren Angehörigen sorgt. Beispiele für sehr individualistische Kulturen sind die USA, England und Deutschland. Eine Folge der geringen Verbundenheit in individualistischen Gesellschaften scheint auch die Zunahme von Ängsten vor Kontrollverlust zu sein (Sierra 2009). Verbundenheit mit anderen Menschen herzustellen, ist in individualistischen Gesellschaften mit weit mehr Anforderungen verbunden. Man muss aktiver aus sich heraus- und auf andere zugehen, weil man anders als in kollektivistischen Gesellschaften nicht in diesem Ausmaß von seiner Umwelt mitgetragen wird. Möglicherweise erhöht eine individualistische Umwelt damit das Risiko für die Entwicklung einer Depersonalisations-Derealisationsstörung.

6.5 Typische Persönlichkeitseigenschaften

Persönlichkeitseigenschaften, die besonders stark mit der Depersonalisations-Derealisationsstörung assoziiert sind und deshalb wahrscheinlich auch eine Rolle für die Entwicklung einer DDS spielen, wurden in sog. Fallkontrollstudien untersucht. In solchen Fallkontrollstudien werden Personen mit einem bestimmten Merkmal (hier die DDS) mit Personen verglichen, die dieses Merkmal nicht haben, um mögliche Risikofaktoren für die betreffenden Erkrankungen aufzuspüren.

Die Arbeitsgruppe von Daphne Simeon identifizierte in einem Vergleich von 53 DDS-Patienten mit Gesunden folgende Risikofaktoren (Simeon et al. 2002). Das Temperament der DDS-Patienten war durch eine besonders starke Tendenz zur Vermeidung von befürchteten Schädigungen gekennzeichnet (»harm avoidance«). Das heißt, die Betroffenen sind eher scheu, schüchtern, können Unsicherheiten schlecht ertragen, sorgen sich viel und fühlen sich schneller überfordert. Außerdem weisen sie ungünstige handlungsbestimmende Grundannahmen über sich und andere auf. Diese waren einerseits durch die Überzeugung gekennzeichnet, dass in Beziehungen nicht auf ihre Bedürfnisse eingegangen werden wird und dass sie sich letztendlich in Beziehungen nicht sicher, geborgen und anerkannt fühlen können. Andererseits fühlten sie sich gleichzeitig besonders hilfsbedürftig und angewiesen auf andere Menschen. Das heißt, die Betroffenen befinden sich in einer emotionalen Zwickmühle: Sie fühlen sich einerseits besonders auf andere Menschen angewiesen und haben gleichzeitig besonders viel Angst davor, auf andere angewiesen zu sein und sich anderen anzuvertrauen. Solche Grundannahmen bilden sich in Abhängigkeit von den persönlichen Erfahrungen mit wichtigen Bezugspersonen und dem eigenen, teilweise angeborenen Temperament in der Kindheit und Jugend. Hinsichtlich des Umgangs mit Ängsten und inneren

Konflikten wiesen die DDS-Patienten ungünstige Verarbeitungs- oder Abwehrmechanismen auf. Beispielsweise neigen sie verstärkt dazu, Problemen aus dem Weg zu gehen und sich in Tagträumen oder Fantasien zu verlieren. Auch haben sie große Schwierigkeiten, sich ihrer Gefühle bewusst zu werden, neigen dazu, sich selbst schlecht zu machen oder sich zu schnell enttäuscht von anderen abzuwenden, wenn sie sich verletzt oder nicht verstanden fühlen.

Eine andere Fallkontrollstudie untersuchte die Bedeutung sozialer Ängste und des Schamgefühls. Es zeigte sich, dass DDS-Patienten im Vergleich zu anderen Patienten von besonders starken Ängsten im Kontakt mit anderen Menschen und besonders ausgeprägten Schamempfindungen berichteten (Michal et al. 2006a). Beispielsweise fanden sich die DDS-Patienten sehr stark in solchen Formulierungen wieder: (1) Ich fühle mich angespannt, wenn ich mit einer Person allein bin oder wenn ich zu einer Gruppe neu dazukomme; (2) Ich mache mir Sorgen, dass andere Leute mein Verhalten seltsam finden könnten; (3) Ich bekomme Panik, wenn ich mir vorstelle, andere könnten sehen, wie ich ohnmächtig werde oder wie ich krank aussehe; (4) Ich kann es nicht ausstehen, wenn mich jemand direkt anschaut; (5) Ich fühle mich irgendwie ausgeschlossen; (6) Ich weiß wirklich nicht, wer ich bin; und (7) Es gibt verschiedene Teile in mir, die ich vor anderen verborgen halte.

In einer weiteren Fallkontrollstudie zeigte sich, dass sich DDS-Patienten im Vergleich mit anderen Patienten besonders hilf- und hoffnungslos fühlen, unter einem besonders schlechten Selbstwertgefühl und negativen Erwartungen in Beziehungen leiden und deshalb eher introvertiert sind und dazu tendieren, Probleme zu sehr mit sich selbst auszumachen (Michal et al. 2006b).

Hinsichtlich der Emotionswahrnehmung fand eine weitere Studie heraus, dass DDS-Patienten im Vergleich zu Gesunden oder Patienten mit einer Posttraumatischen Belastungsstörung besonders große Schwierigkeiten mit der Identifizierung der eigenen Gefühle hatten (Simeon et al. 2009). Betroffene fanden sich oft in Aussagen wie den folgenden wieder: »Mir ist oft unklar, welche Gefühle ich gerade habe; es fällt mir schwer, die richtigen Worte für meine Gefühle zu finden; einige meiner Gefühle kann ich gar nicht richtig benennen; ich finde es schwierig, zu beschreiben, was ich für andere Menschen empfinde; ich weiß nicht, was in mir vorgeht«.

Gleichzeitig scheinen DDS-Patienten aber genauso gut wie Gesunde, Gefühle in der Mimik und der Augenpartie ihrer Mitmenschen »lesen« zu können (Lawrence et al. 2007).

Insgesamt sprechen bisherige Untersuchungen dafür, dass ein möglicherweise besonders feinfühliges (aber auch ängstliches Temperament) in Wechselwirkung mit einem Mangel an ausreichender emotionaler Unterstützung ein Risikofaktor für die spätere Entwicklung einer Depersonalisations-Derealisationsstörung ist. Die späteren Patienten können möglicherweise wegen eines Mangels an emotionaler Präsenz ihrer primären Bezugspersonen keine ausreichende Sicherheit und Vertrautheit mit den eigenen Gefühlen erlernen, sodass sie sich durch ihre eigenen Emotionen eher verunsichert fühlen und sie sich deshalb von diesen distanzieren und teilweise auch nicht richtig lernen, ihre eigenen Empfindungen richtig zu verstehen. Im Zwischenmenschlichen sind die Patienten durch besonders starke Ängste, beschämt und abgelehnt zu werden, belastet. Dies ist umso problematischer für die Betroffenen, weil sie sich gleichzeitig sehr nach Verbundenheit und Unterstützung sehnen.

6.6 Psychologische Krankheitsmodelle

Man kann Probleme von mehreren Seiten angehen. Deshalb gibt es verschiedene psychologische Krankheitsmodelle, die die Entstehung und Aufrechterhaltung der Depersonalisations-Derealisationsstörung beschreiben.

Ein jüngeres verhaltenstherapeutisches Krankheitsmodell beschreibt die Depersonalisations-Derealisationsstörung als Folge eines Teufelskreises aus katastrophisierender Bewertung der Symptome und daraus folgender maladaptiver Selbstbeobachtung und Selbstkontrolle (▶ Abb. 6.1) (Heidenreich et al. 2006, Hunter et al. 2005, Hunter et al. 2003). Die Autoren gehen davon aus, dass Symptome der Depersonalisation, wie allgemein auch andere Angstsymptome, relativ häufig in Belastungssituationen vorkommen (Hunter et al. 2003, 2005). Bei Personen, die eine entsprechende

6.6 Psychologische Krankheitsmodelle

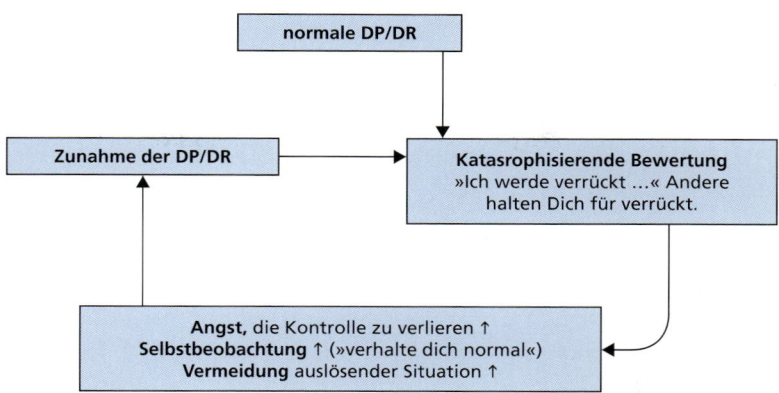

Abb. 6.1: Teufelskreis der Depersonalisationsstörung (nach Hunter et al. 2003)

Anfälligkeit mitbringen, wird die Depersonalisations-Derealisationsstörung nun dadurch verursacht, dass ein eigentlich harmloses kurzzeitiges Auftreten von DP/DR katastrophisierend interpretiert wird. Beispielsweise indem die Person das Auftreten der DP/DR als drohendes Vorzeichen interpretiert, die Kontrolle zu verlieren, schizophren zu werden oder an einer schweren Gehirnerkrankung zu leiden. Diese katastrophisierende Fehlinterpretation führt zu einer Zunahme der Angst. Um die Angst vor dem Verlust der Kontrolle zu bekämpfen, fangen die Betroffenen an, sich exzessiv zu beobachten. Ein Teil ihrer Aufmerksamkeit ist dann fortwährend damit befasst, zu überwachen, wie stark die DP/DR gerade ist und ob weitere bedrohliche Anzeichen auftauchen. Um bloß nicht aufzufallen, versuchen die Betroffen, sich besonders »normal zu verhalten«. Dabei sind sie stark damit beschäftigt, sich vorzustellen, wie sie sich »von außen betrachtet« verhalten, wie sie auf andere wirken könnten. Gerade diese Angst auslösende Fehlinterpretation der Symptome und die daraus folgende Selbstbeobachtung verschlimmern jedoch die DP/DR erst richtig. Und so schließt sich der Teufelskreis. Außerdem fangen die Betroffenen an, zunehmend Situationen zu vermeiden, die zu einer Zunahme der Depersonalisation führen (oft soziale Situationen). Dadurch nehmen positive Erlebnisse ab, das Gefühl der Isolation und die Belastung durch die Symptome nimmt weiter zu.

6 Auslöser und Ursachen

Hinsichtlich der herausragenden Bedeutung der Selbstbeobachtung bzw. Selbstaufmerksamkeit konnte man experimentell nachweisen, dass bereits eine dreiminütige Selbstbeobachtung durch das Fixieren des eigenen Spiegelbildes deutliche DP/DR hervorruft (Miller et al. 1994).

Meiner Erfahrung nach ist die Besprechung des Teufelskreises der katastrophisierenden Bewertung der Depersonalisation sehr hilfreich für Patienten, denen die Symptome extreme Angst machen. Die »katastrophisierende Fehlinterpretation der Symptome« darf man sich aber nicht als »reine Kopfsache« vorstellen, die man willkürlich abstellen könnte. Oft zeigt sich, dass DDS-Patienten allgemein sehr schnell durch die unterschiedlichsten Gefühle und Empfindungen verunsichert sind. Die »katastrophisierende Fehlinterpretation der Symptome« wurzelt also in einer tiefergehenden Selbstunsicherheit.

Psychodynamische (psychoanalytische, tiefenpsychologische) Krankheitsmodelle weisen eine etwas andere Herangehensweise auf: Mit Paul Schilder kann man die Depersonalisation als *Flucht vor dem vollen Erleben der Wirklichkeit* begreifen, wobei – wie Schilder hervorhebt –:

> »diese Flucht in die Depersonalisation den Kranken nicht das verschafft, was sie wünschen, denn der eigentliche Zustand der Depersonalisation ist den Kranken, wie man aus jedem Krankenblatt sehen kann, unendlich viel peinlicher als der tiefste Schmerz« (Schilder 1914, S. 112–113).

Dem Beginn der Depersonalisation geht nach Schilder und anderen Autoren meist ein unerträgliches Gefühl, eine heftige Erregung, voran. Der zentrale Vorgang bei dieser Flucht stellt das Unterdrücken des emotionalen Erlebens dar (Fenichel 1945). Der zentrale Mechanismus bei der Unterdrückung des emotionalen Erlebens ist die Selbstbeobachtung. Nach Schilder (1914, 1924) beobachten die Patienten statt zu erleben: »*Die Tendenz zur Beobachtung widerspricht fortwährend der Tendenz zum Leben* [...]« (Schilder 1924, S. 258). Letztendlich befinden sich die Betroffenen in einer Art von abgelöster Beobachterposition und sind ständig mit ihrer veränderten Wahrnehmung beschäftigt oder damit, wie sie auf andere wirken, statt sich den Dingen voll zuwenden oder sich ihren Empfindungen frei überlassen zu können. Schilder beschreibt diesen Vorgang auch als einen Abzug des Interesses bzw. der Aufmerksamkeit von der Außenwelt und dem eigenen Körper (Schilder 1924, 1950). Entsprechend

6.6 Psychologische Krankheitsmodelle

berichten auch Patienten, dass die Symptomatik nachlässt oder in den Hintergrund rückt, wenn sie sich einmal vergessen können. Wenn sie beispielsweise bei einem guten Film, Sport, einer intensiven zwischenmenschlichen Begegnung oder dem Hören von Musik »abschalten« können. Eine Patientin hat diesen Zusammenhang einmal so ausgedrückt: »*Na klar, wenn ich beim Musikhören mit meinen Gefühlen in Verbindung bin, beschäftige ich mich nicht mit meiner komischen Wahrnehmung.*« Diese Aussage lässt sich auch umdrehen: Wenn ich mit meiner seltsamen Wahrnehmung beschäftigt bin, dann bin ich nicht mit meinen Gefühlen in Verbindung. Paul Schilder hat vor 100 Jahren genau diesen Zusammenhang so formuliert:

> »Das Individuum geht nicht voll auf in der Wahrnehmung, im Denken, im Urteilen, im Erinnern und Vorstellen. Wir stoßen auf die paradoxe Tatsache, dass wir umso mehr Ich selbst sind, je rückhaltloser wir uns den Gegenständen zuwenden und in ihnen aufgehen. Wir sind dann am meisten Ich, wenn wir dem Ich und seinen Handlungen unsere Aufmerksamkeit nicht zuwenden« (Schilder 1914, S. 105).

Die deutsche Psychoanalytikerin Edith Jacobson (1897–1978) verstand Depersonalisation als Folge eines psychischen Schocks, der das Selbstbild und Selbstwertsystem betrifft. Edith Jacobson wurde zu Anfang der Nazidiktatur aufgrund ihres politischen Engagements inhaftiert. Erstmals untersuchte sie das Phänomen der Depersonalisation bei ihren Mitgefangenen, später dann bei ihren Patienten. Edith Jacobson beschrieb, wie es bei manchen ihrer politischen Mitgefangenen während der terrorisierenden Kreuzverhöre durch die Gestapo zu Zuständen von Depersonalisation kam:

> »Gefangenen, denen es gelang, gefasst, sehr auf der Hut zu sein und geschickte Antworten zu geben, [erzählten] […], dass sie ihre Angst dadurch überwinden konnten, indem sie sich bewusst und absichtlich in einen kaltblütigen Zustand versetzten, der einer Depersonalisation wohl sehr nahe kam. Diese Distanziertheit führte in der Tat oft dazu, dass die Gefangenen sich fühlten, als hätten sie keinen Körper, keine Empfindungen, keine Gefühle mehr, sondern nur noch ein eiskalt kämpfendes Gehirn« (Jacobson 1993, S. 186).

Bei den heutigen Patienten, die an einer Depersonalisations-Derealisationsstörung leiden, sind traumatische Auslöser, wie z. B. Folter, selten. Die in ihrer Intensität aber absolut vergleichbaren Ängste hängen meist mit einer inneren Zerrissenheit aufgrund widersprüchlicher Selbstvorstellungen, einem schlechten Selbstbild, Beziehungs- und Schamängsten zusammen (Jacobson 1959, Torch 1981, 1987, Wurmser 1990).

Wurmser (1990) sieht bei der Depersonalisation einen Teufelskreis der Scham am Werk. Einerseits dient die Depersonalisation dem Schutz vor Beschämung: Weil man »nie richtig da ist« oder weil »nichts richtig wirklich ist«, kann man auch nicht wirklich verletzt werden. Andererseits schämt der Betroffene sich gleichzeitig für seine Symptomatik, die ihn in seinen Augen zu einem »Alien« macht und ihm das Stigma des »Wertlosen« anheftet, wodurch sich der Teufelskreis der Scham schließt.

Die deutsche Psychoanalytikerin Karen Horney (1885–1952) beschäftigte sich mit den Symptomen Depersonalisation/Derealisation im Zusammenhang mit dem Thema der Selbstentfremdung. Menschen entfremden sich unter dem Druck der Umwelt von ihrem »wahren Selbst«. Die Selbstentfremdung besteht darin, dass sie an einer falschen Vorstellung von einem scheinbar idealen Selbst hängen und deshalb das, was sie sind (empfinden, denken, und fühlen), verachten. Jegliches Vertrauen in das eigene Selbst und die Fähigkeit, spontan zu sein, geht dadurch verloren. Unbewusst und automatisiert werden deshalb die eigenen Emotionen und gesunden Impulse unterdrückt (Horney 1950, dt. 2007). Meiner Erfahrung nach findet sich bei vielen, vor allem männlichen DDS-Patienten, eine Art unmenschliches »James-Bond-Ideal« der Unverwundbarkeit. Dies hat zur Folge, dass die Betroffenen sich für ihre menschlichen Regungen verachten oder zumindest ihnen nicht vertrauen können und diese deshalb bekämpfen, statt aufzugreifen und kreativ zu nutzen.

Zuletzt möchte ich noch auf den britischen Psychoanalytiker Harry Guntrip (1901–1975) eingehen, der chronische Zustände von Depersonalisation/Derealisation als typisches Symptom einer tiefgreifenden, existenziellen, Verunsicherung verstand (Guntrip 1969). Diese existenzielle Verunsicherung betrifft die gesamte Person. Es findet sich eine tiefe Verunsicherung hinsichtlich der eigenen Identität und ein durchdringendes Gefühl, den Anforderungen des Lebens und anderer Menschen nicht genügen zu können. Statt die Geborgenheit eines gesunden Urvertrauens zu erleben, werden die Betroffenen von einer Art Grundangst beherrscht. Weitere typische Symptome dieser Grundangst sind ausgeprägte hypochondrische Ängste, chronische Gefühle von Todesangst, Isolation, Verlorenheit und durchdringende Schamgefühle. Für die Überwindung dieser existenziellen Verunsicherung sind Beziehungen zu anderen Menschen erforderlich, die eine persönliche Entwicklung und Reifung ermöglichen. Allerdings erleben Betroffene dann häufig das Dilemma, dass das Eingehen einer persönlichen Beziehung erhebliche Ängste mobilisiert. Dies führt dann beispielsweise dazu, dass die Betroffenen sich auch in einer psychotherapeutischen Behandlung »fremd«, »unwirklich«, »abgetrennt« und »bedeutungslos« fühlen. Guntrip (1969, S. 17) schrieb deshalb seinen Kollegen Folgendes ins Gewissen:

> »The psychotherapist must be greatly concerned with those states of mind in which patients become inaccessible emotionally, when the patient seems to be bodily present but mentally absent.«
>
> (dt. Übersetzung M.M.: »Der Psychotherapeut muss sich besonders um jene Seelenzustände kümmern, in denen der Patient emotional unerreichbar wird, wenn er nur noch körperlich anwesend aber seelisch abwesend zu sein scheint.«)

Die unterschiedlichen psychologischen Modelle der Depersonalisations-Derealisationsstörung stimmen in vielen Punkten überein. Alle deuten auf eine spezifische Selbstunsicherheit hin, die vor allem den Umgang mit den eigenen Gefühlen betrifft. Durch eine verstärkte Selbstbeobachtung und Selbstkontrolle sowie andere, eher automatische Mechanismen, wird die Wahrnehmung und der Ausdruck wichtiger Emotionen unterdrückt (oder abgewehrt), was wiederum die Verbundenheit mit anderen Menschen und das Identitätsgefühl beeinträchtigt und zu einer weiteren Verunsicherung beiträgt.

6.7 Biologische Befunde

Patienten mit einer Depersonalisations-Derealisationsstörung befürchten oder glauben oft, etwas in ihrem Gehirn könne »kaputt« gegangen sein, z. B. durch Cannabiskonsum, einen Tumor oder extreme Angst. Aufgrund eines Gehirnschadens leiden sie nun unter diesen befremdlichen

Symptomen. Um es gleich vorwegzusagen: Dafür gibt es überhaupt keinen Anhalt. Sehr wohl lassen sich aber in aufwendigen wissenschaftlichen Untersuchungen objektive Veränderungen finden. Diese Befunde zeigen funktionelle Veränderungen, das heißt eine veränderte Arbeitsweise des Gehirns, jedoch keine dauerhaften Schädigungen. Die Veränderungen der Funktionsabläufe betreffen vor allem Bereiche, die beim Zustandekommen unseres Körpergefühls, der Wahrnehmung und dem Ausdruck von Emotionen involviert sind.

In Studien, die mit der Methode der funktionellen Kernspintomografie, Gehirnaktivierungen untersuchten, wurde herausgefunden, dass DDS-Patienten im Vergleich zu anderen Patienten oder Gesunden auf emotionale Reize hin, vor allem auf negative Emotionen, mit einer verminderten Aktivierung limbischer Areale, insbesondere der Insula reagierten (Phillips et al. 2001). Die Insula (auch Lobus insularis) hat eine wichtige integrative Funktion. In ihr laufen Faserbahnen unterschiedlicher Sinnessysteme (Sehen, Hören, Fühlen) zusammen, wodurch sie als ein Bindeglied zwischen diesen verschiedenen sensorischen Bereichen und den Emotionen wirkt. Hingegen kam es zu einer verstärkten Aktivierung des ventralen präfrontalen Kortex, der für die Kontrolle von Emotionen bedeutsam ist. Diese Befunde sprechen dafür, dass bei der DDS über eine veränderte Auslenkung der Aufmerksamkeit das Fühlen der Gefühle unterdrückt wird (Sierra und David 2010). Interessanterweise sind diese Befunde, die bei Patienten mit einer Depersonalisations-Derealisationsstörung gewonnen wurden, sehr ähnlich denjenigen bei Gesunden, die die Aufgabe hatten, eigentlich emotional belastende Bilder »wie ein unbeteiligter Zuschauer« zu betrachten (Walter et al. 2009).

Die veränderte Verarbeitung von Emotionen zeigte sich auch in Studien zur Reaktion des autonomen Nervensystems auf emotionale Reize. Das autonome Nervensystem lässt sich mit einem Apparat untersuchen, der umgangssprachlich als »Lügendetektor« bezeichnet wird. Mit diesem Apparat werden Veränderungen der elektrischen Leitfähigkeit der Haut gemessen, die wiederum von der vom sympathischen Nervensystem gesteuerten Schweißsekretion abhängt. Bei emotionaler Erregung kommt es zu einer verstärkten Aktivierung des sympathischen Nervensystems mit der Folge einer erhöhten Schweißproduktion. Mit anderen Worten, emotionale Erregung lässt uns – meist unmerklich – schwitzen. Der Schweiß

6.7 Biologische Befunde

wiederum verbessert die Hautleitfähigkeit für den elektrischen Strom, die mit dem »Lügendetektor« gemessen werden kann. Untersuchungen der Hautleitfähigkeit von DDS-Patienten zeigten in unterschiedlichen Studien Auffälligkeiten. Die Arbeitsgruppe von Mauricio Sierra fand in einer Studie, dass DDS-Patienten im Vergleich zu Angstpatienten auf negative visuelle Reize im Vergleich zu Patienten mit Angststörungen mit einer geringeren Erhöhung der Hautleitfähigkeit reagierten. Obwohl die DDS-Patienten seelisch stark belastet waren, ähnelte ihre Veränderung der Hautleitfähigkeit eher derjenigen von Gesunden (Sierra et al. 2006). Eine andere Arbeitsgruppe fand mit einem etwas anderen Untersuchungsdesign, dass DDS-Patienten im Vergleich zu Gesunden eine dauerhaft erhöhte Hautleitfähigkeit als Ausdruck ihrer dauernden Anspannung (Angst) aufwiesen. In Reaktion auf eine Filmsequenz aus dem Horrorthriller »Schweigen der Lämmer« reagierten sie im Gegensatz zu den Gesunden jedoch nicht mit einer Zunahme der Hautleitfähigkeit. Allerdings kam es auch im Gegensatz zu den Gesunden zu keiner Abnahme der Hautleitfähigkeit nach Ende des Horror-Clips (Giesbrecht et al. 2010). Der Horror, so könne man sagen, hat für die DDS-Patienten also nicht aufgehört. Eine dritte Studie fand bei DDS-Patienten in Reaktion auf negative emotionale Geräusche (Schreien, Weinen etc.) ein Auseinanderklaffen der körperlichen Reaktion und der subjektiven Bewertung dieser Geräusche. Die DDS-Patienten reagierten stark mit ihrer Hautleitfähigkeit auf die unterschiedlichen akustischen Szenarien. Allerdings bewerteten die DDS-Patienten die negativen akustischen Szenarien viel neutraler als Gesunde oder Vergleichspatienten mit psychischen Störungen ohne DP/DR. Das heißt, die Reaktion des autonomen Nervensystems auf die emotionalen Geräusche war normal, nur deren Wahrnehmung und Bewertung nicht (Michal et al. 2013).

Eng mit der emotionalen Wahrnehmung hängt die Körperwahrnehmung zusammen. Daphne Simeon untersuchte bei Depersonalisierten den Glukoseverbrauch des Gehirns mittels Positronen-Emissions-Tomografie (PET), um Aufschluss darüber zu erhalten, was im Gehirn von Depersonalisierten geschieht (Simeon et al. 2000). Im Vergleich zu Gesunden fanden sich veränderte Aktivierungen vor allem in dem Bereich, wo sich der Schläfen- und Scheitellappen berühren (engl. Temporoparietal junction). Diese Region ist entscheidend an der Konstruktion unseres Körperbildes beteiligt, das heißt letztendlich daran, wie wir uns körperlich wahrnehmen (Sierra 2009, Simeon et al. 2000). In einer späteren Untersuchung an einer größeren Stichprobe von DDS-Patienten konnten diese Ergebnisse mit der gleichen Methode (Glukose-PET) und ähnlichem Untersuchungsdesign teilweise bestätigt werden (Michal et al. 2014). Der stärkste Befund war, dass wie in der Untersuchung von Daphne Simeon die Aktivität eines bestimmten Hirnareals stark mit der Schwere der DDS-Symptomatik zusammenhing. Es handelt sich dabei um das sogenannte Brodmann Areal 7. Dies ist eine Gehirnregion, die immer dann besonders aktiv ist, wenn eine Person ihre Aufmerksamkeit auf sich selbst richtet. Wenn hingegen die Aufmerksamkeit von anderen Aufgaben beansprucht wird, wird dieses Areal deaktiviert. Interessanterweise fand eine andere Studie bereits, dass die Größe dieses Hirnareals mit der Schwere der Depersonalisation zusammenhing (Irle et al. 2007). Ähnlich wie bei einem Muskel verändern Hirnareale ihre Größe in Abhängigkeit von der Intensität der Verwendung. Neben dem Zusammenhang mit dem Brodmann Areal 7 war die Schwere der Depersonalisation noch mit der Aktivität von Hirnarealen assoziiert, die mit der Kontrolle des motorischen Ausdrucks von Emotionen befasst sind. Insgesamt unterstreichen diese Befunde die Bedeutung der Selbstbeobachtung und der Hemmung des emotionalen Ausdrucks für dieses Krankheitsbild.

Betroffene beklagen oft starke Konzentrationsstörungen, obwohl sie in Standardtests meist nicht schlecht abschneiden (Adler et al. 2014). Nachweisen ließ sich aber in aufwendigeren Experimenten, dass DDS-Patienten schneller ablenkbar sind und Schwierigkeiten haben, ihre Aufmerksamkeit auf das wesentliche zu fokussieren.

Probleme mit der Selbst-Objekt-Differenzierung, wie sie im Symptom des Sich-nicht-im-Spiegel-erkennens deutlich werden, wurden in einem elaborierten Experiment elektrophysiologisch untersucht. Versuchspersonen mit starker DP/DR wurden mit Probanden ohne DP/DR verglichen. Mittels eines Elektroenzephalogramms (EEG) wurde untersucht, wie das Gehirn Berührungs- und visuelle Reize des eigenen Gesichts im Vergleich zu einem fremden Gesicht verarbeitet (Berührung des eigenen Gesichts versus Berührung eines fremden Gesichts). Bei Versuchspersonen mit hoher DP/DR wurden die Informationen gleich verarbeitet, wohingegen bei Personen ohne DP/DR deutliche Unterschiede in der Verarbeitung sichtbar wurden. Das heißt, es fand sich bei den Probanden mit DP/DR eine Beeinträchtigung der Fähigkeit, Signale, die vom eigenen Körper ausgehen, zu verarbeiten (Adler et al. 2016). Entsprechend fanden wir in anderen neurophysiologischen Untersuchungen bei DDS-Patienten im Vergleich zu Gesunden Auffälligkeiten bei der Verarbeitung von interozeptiven Signalen aus dem Körperinneren (Schulz et al. 2015, 2016).

Die biologischen Befunde zusammenfassend lässt sich festhalten: Erstens geht die Depersonalisations-Derealisationsstörung mit spezifischen biologischen Mechanismen und Veränderungen einher. Dies unterstreicht, dass es sich bei der Depersonalisations-Derealisationsstörung um ein eigenständiges und abgrenzbares Krankheitsbild mit spezifischen neurobiologischen Mechanismen handelt. Zweitens sind die Ergebnisse der apparativen Untersuchungen gut mit den psychodynamischen Modellvorstellungen vereinbar, die DP/DR als umfassende Affektabwehr beschreiben. Drittens sprechen die Befunde dafür, dass die Behandlung der DDS wahrscheinlich davon profitiert, wenn diese auf das somatosensorische Erleben der Gefühle fokussiert, den Betroffenen also hilft, die oben beschrieben Probleme mit der Aufmerksamkeitsfokussierung, der Integration somatosensorischer Empfindungen und dem Fühlen der Gefühle anzugehen.

7 Die Entfremdung überwinden

Auch nach langjährigen Krankheitsverläufen ist es möglich, die Depersonalisations-Derealisationsstörung zu überwinden und ein erfülltes und glückliches Leben zu führen.

Überwindung der Depersonalisations-Derealisationsstörung bedeutet hinsichtlich der Symptomatik, dass die DP/DR-Symptome nicht mehr oder nur noch selten und in geringer Intensität auftreten (wie bei gesunden Menschen auch). Wie der Schmerz so sind auch Depersonalisation und Derealisation allgemeinmenschliche Wahrnehmungen, die nicht per se immer krankhaft sein müssen.

Die nachfolgenden Ausführungen sollen Sie dabei unterstützen, die Entfremdung zu überwinden. Bevor es damit losgeht, folgt aber zuerst ein Kapitel mit einer Übersicht über typische frustrierende Behandlungserfahrungen der Betroffenen. Dies soll nicht demotivierend wirken, sondern deutlich machen, dass es möglich ist, auch nach jahrelangen und frustrierenden Erfahrungen von dieser Wahrnehmungsstörung frei zu werden.

Im Anschluss folgen Informationen zu den notwendigen ersten Schritten und zum Thema medikamentöse Behandlung. Dann folgt das längere Kapitel 7.4 zum Thema Selbsthilfe mit konkreten Anleitungen zu Selbsthilfeübungen. Spätestens an dieser Stelle ist es wichtig, dass Sie sich mit dem Selbsthilfematerial unter den Zusatzmaterialien vertraut machen.

> Gehen Sie bitte zu den elektronischen Zusatzmaterialien und laden Sie sich diese herunter. Den Weblink finden Sie am Ende dieses Buchs im Kapitel »Zusatzmaterial zum Download«.

Tab. 7.1: Behandlungserfahrungen von 117 Patienten mit einer Depersonalisationsstörung (modifiziert nach Simeon et al. 2003)

Behandlungsart	N[1]	deutlich besser	etwas besser	gleich geblieben oder verschlimmert
Psychotherapie	92	2 %	23 %	75 %
SSRI-Antidepressiva[2]	60	15 %	23 %	61 %
Benzodiazepine[3]	35	29 %	23 %	48 %
Trizyklische Antidepressiva[4]	31	3 %	7 %	90 %
MAO-Hemmer[5] (Antidepressiva)	16	0	13 %	87 %
Buspiron[6]	15	0	0	100 %
Neuroleptika/ Antipsychotika[7]	13	0	0	100 %
Antikonvulsiva[8]	12	0	8	92 %
Elektrokrampftherapie	3	0	0	100 %

[1] N bedeutet Anzahl der erfassten Behandlungserfahrungen.
[2] SSRI (Serotonin-Wiederaufnahmehemmer): Moderne Antidepressiva, die heute sehr häufig bei Depressionen und Angsterkrankungen verordnet werden. Typische Wirkstoffe sind Fluoxetin, Sertralin und Citalopram.
[3] Benzodiazepine sind angstlösende Medikamente, die bei längerer und unsachgemäßer Einnahme eine Substanzabhängigkeit verursachen
[4] Trizyklische Antidepressiva: Gruppe älterer Antidepressiva (Trimipramin, Desimipramin, Clomipramin, Opipramol).
[5] Monoaminooxidase-Hemmer (MAO-Hemmer) werden u.a. als Mittel zur Behandlung einer Depression oder sozialer Ängste eingesetzt.
[6] Buspiron ist neueres Medikament zur Behandlung von Ängsten.
[7] Neuroleptika/Antipsychotika bezeichnen eine Gruppe von Arzneimitteln überwiegend zur Behandlung von Psychosen (Schizophrenie, manisch depressive Erkrankung).
[8] Antikonvulsiva bezeichnen eine Gruppe von Arzneimitteln zur Behandlung oder Verhinderung von epileptischen Krampfanfällen. In der Psychiatrie werden diese auch häufig als Stimmungsstabilisatoren eingesetzt.

Die Selbsthilfeempfehlungen sind nicht als Ersatz für eine psychotherapeutische Behandlung gedacht. Sie können aber in der Wartezeit auf einen Behandlungsplatz und vor allem auch begleitend zu einer laufenden psychotherapeutischen Behandlung angewendet werden.

Das vorletzte Kapitel behandelt das Thema »Psychotherapie« und richtet sich an Betroffene, die einen neuen Behandlungsplatz suchen oder sich Sorgen um den Erfolg ihrer laufenden Behandlung machen.

Das letzte Kapitel wendet sich direkt an Psychotherapeuten. Es werden einige typische Behandlungsprobleme erörtert und Wege aufgezeigt, wie man damit fruchtbar umgehen kann.

7.1 Die Behandlungserfahrungen der Patienten

Die Behandlungserfahrungen von DDS-Patienten sind leider nicht selten entmutigend. Viele Patienten berichten von enttäuschenden Erfahrungen mit den unterschiedlichsten Psychopharmaka und frustrierenden Erfahrungen mit Psychiatern, Psychotherapeuten oder dem Verlauf von psychotherapeutischen Behandlungen. Fast regelhaft klagen die betroffenen Patienten, dass sie sich von ihren Behandlern in ihrer Symptomatik nicht ernst genommen und verstanden fühlen. Die Klage, sich nicht »verstanden zu fühlen«, ist dabei unter Patienten mit einer Depersonalisations-Derealisationsstörung so weit verbreitet, dass sie meiner Erfahrung nach schon als geradezu typisch für die Betroffenen gelten kann. Später werde ich noch ausführlicher auf die Klage, nicht verstanden zu werden, eingehen.

Die New Yorker Arbeitsgruppe um Daphne Simeon hat diese negativen Behandlungserfahrungen in einer Untersuchung leider bestätigt. Die Kollegen um Daphne Simeon hatten 117 Personen mit einer Depersonalisations-Derealisationsstörung nach dem Ergebnis ihrer unterschiedlichsten Behandlungserfahrungen befragt (Wie hat sich die Symptomatik durch die jeweilige Behandlung verändert?) und dabei überwiegend negative

Behandlungsergebnisse gefunden (▶ Tab. 7.1). Man muss also leider davon ausgehen, dass Betroffene ein erhöhtes Risiko für schlechte Behandlungserfahrungen haben. Dies liegt vermutlich daran, dass viele Kollegen sich bisher noch nicht ausreichend mit diesem Krankheitsbild auskennen. Es ist deshalb besonders wichtig, dass die Betroffenen selbst das notwendige Wissen und die erforderlichen Kompetenzen erwerben, um sich erfolgreich in die Behandlung ihrer Erkrankung einbringen zu können.

7.2 Erste Schritte

Vor der eigentlichen Behandlung sollte die medizinische Abklärung der eigenen Beschwerden veranlasst werden. Hierzu spricht man offen mit seinem Hausarzt über sämtliche Beschwerden. Manchmal kann eine medizinische Abklärung zum Ausschluss einer organischen Ursache sinnvoll sein (z. B. eine hausärztliche, neurologische, augenärztliche und schlafmedizinische Untersuchung). Zur Beruhigung sei aber gesagt, dass bei Patienten, die sich kontinuierlich über Monate und Jahre in einem Depersonalisations-Derealisationszustand befinden, eine organische Ursache äußerst unwahrscheinlich ist. Der zweite Schritt betrifft die Suche nach einem Psychotherapieplatz. Hierzu gibt es weitere Informationen ab dem Kapitel »Die psychotherapeutische Behandlung« (▶ Kap. 7.14) und online unter den elektronischen Zusatzmaterialien.

7.3 Medikamentöse und biomedizinische Behandlungsmöglichkeiten

Viele Patienten mit einer Depersonalisations-Derealisationsstörung fragen nach medikamentösen Behandlungsmöglichkeiten oder suchen eine Zweitmeinung, weil ihnen bereits Psychopharmaka verordnet wurden. Drei Aspekte gibt es hier zu beachten. Erstens den Aspekt der medikamentösen Behandlung komorbider seelischer Beschwerden (z.B. einer Depression), zweitens den Umstand, dass bisher kein Medikament zur Behandlung der Depersonalisations-Derealisationsstörung zugelassen ist und drittens den Aspekt der Motivation des Betroffenen.

Auf den Aspekt der Motivation möchte ich zuerst eingehen. Der Wunsch nach einer medikamentösen Linderung der Beschwerden ist berechtigt und gut nachvollziehbar. Nicht selten ist dieser Wunsch aber mit der problematischen Haltung vermischt, die Heilung von der DDS solle quasi von außen kommen, so als ob die Erkrankung nichts mit eigenen seelischen Problemen zu tun hätte. Quasi so als wäre die DDS eine Art von Malaria, die man sich durch irgendetwas von außen Kommendes zugezogen hat (z.B. Cannabis, einen Infekt usw.), und die nun einfach durch einen Eingriff von außen, letztendlich ohne eine echte persönliche Veränderung, eliminiert werden könnte. Eine solche Haltung des Betroffenen wäre ein erhebliches Hindernis für eine erfolgreiche Behandlung und die Überwindung des Entfremdungszustandes, denn sie verlagert die Verantwortung für das eigene Leben nach außen. Die Entfremdung wird durch eine solche Haltung quasi festzementiert.

Für die Behandlung von Depressionen, Angsterkrankungen, Zwangsstörungen und anderen seelischen Erkrankungen gibt es wirksame Psychopharmaka. Patienten mit einer DDS und entsprechenden Begleiterkrankungen, wie z.B. einer Depression, können deshalb mit den hierfür zugelassenen Medikamenten behandelt werden. Zielsymptome sind dann primär die Symptome der Begleiterkrankung, in unserem Beispiel also die der Depression, nicht jedoch die Symptome der DDS.

Darüber hinaus gibt es die Möglichkeit, Patienten mit einer Depersonalisations-Derealisationsstörung auch mit Medikamenten zu behandeln, die nicht für die Behandlung des DDS gelassen sind. Man nennt dies dann einen sogenannten »Off-Label-Therapieversuch« oder offiziell auch »Anwendung eines zugelassenen Arzneimittels außerhalb der von den nationalen und europäischen Zulassungsbehörden genehmigten Anwendungsgebiete«. Voraussetzung für eine solche »Off-Label-Therapie« ist eine besonders gründliche Aufklärung des Patienten über Risiken und Nebenwirkung und in der Regel ein schriftlicher Antrag auf Kostenübernahme für die medikamentöse Behandlung bei der zuständigen Krankenkasse.

Nach Expertenmeinung sollte aber die Behandlung der Depersonalisations-Derealisationsstörung niemals ausschließlich medikamentös sein. Wenn überhaupt Medikamente eingesetzt werden, dann sollte dies nur im Rahmen eines psychotherapeutischen Gesamtbehandlungsplans erfolgen.

7.3.1 Antidepressiva

Sehr viele Patienten mit einer Depersonalisations-Derealisationsstörung erfüllen auch die Kriterien einer Depression, Angst- oder Zwangsstörung. Da sich für die Behandlung dieser Erkrankungen bestimmte Medikamente als wirksam erwiesen haben, kann ein Behandlungsversuch mit den entsprechenden Medikamenten sinnvoll sein. Meist werden als erste Wahl für die medikamentöse Behandlung einer Depression, Angst- oder Zwangsstörung sogenannte Selektive Serotonin-Rückaufnahme-Hemmer (SSRI) eingesetzt (Wirkstoffe: Sertralin, Citalopram, Escitalopram, Fluoxetin, und Paroxetin). Diese Medikamente gelten als gut verträglich. Die häufigsten, meist nur vorübergehend auftretenden Nebenwirkungen sind Kopfschmerzen, Übelkeit, innere Unruhe, Schlafstörungen und Störungen der Sexualfunktion. Es wird empfohlen, dass Patienten, die auf diese Medikamente eingestellt werden, anfänglich einmal wöchentlich von ihrem Arzt betreut werden. Nach drei bis vier Wochen sollte bei Depressionen eine genaue Überprüfung der Wirkung erfolgen. Hierfür ist es erforderlich, dass Ihr Arzt mit Ihnen vorab Zielsymptome definiert hat, deren Schwere dann nach vier Wochen erneut überprüft wird. Damit man von einem Behandlungserfolg sprechen kann, sollten die Zielsymptome um etwa

50 % abgenommen haben[9]. Falls nach vier Wochen die Zielsymptome nicht deutlich abgenommen haben, sollte der Arzt mit Ihnen besprechen, wie weiter verfahren wird und wann erneut der Behandlungserfolg überprüft wird. Bei der medikamentösen Behandlung von Patienten mit einer depressiven Erkrankung kommt es bei 50–60 % der Patienten zu einer deutlichen Reduktion der depressiven Beschwerden.

Hinsichtlich der Wirkung von SSRI Antidepressiva auf die DDS liegt eine qualitativ hochwertige Studie von Daphne Simeon vor. In dieser Studie hat sich die Behandlung der DDS mit dem SSRI Fluoxetin als unwirksam erwiesen. Jedoch berichteten manche Patienten mit komorbiden Angststörungen, dass die Symptome der Depersonalisation, obwohl unverändert, als weniger belastend erlebt wurden (Simeon et al. 2004).

Meines Erachtens kann bei Patienten mit einer gleichzeitig vorhandenen Depression, Zwangsstörung oder Angststörung ein Behandlungsversuch mit einem SSRI (oder einem anderen geeigneten Antidepressivum) durchgeführt werden. Die Zielsymptome sind dann die Schwere der Angst, Depressivität oder Zwangssymptomatik. Spätestens nach vier bis sechs Wochen (bei Zwängen auch etwas später) sollte die Wirkung überprüft werden. Wenn es zu keiner deutlichen Besserung kommt, dann sollten die Medikamente schrittweise abgesetzt werden. Eher selten kommt es vor, dass manche Patienten von einer vorübergehenden Verschlechterung ihres Befindens aufgrund der Einnahme von Antidepressiva berichten. Bei längerfristiger Einnahme von SSRI Antidepressiva kann es mit dem Absetzen der Medikamente zu meist milden Entzugssymptomen kommen. Typisch sind Schwindel, Kopfschmerz, Schlafstörungen und Stimmungsschwankungen. Schwerere Entzugssymptome sind grippeähnliche Beschwerden oder Missempfindungen (Stromschläge). Verhindern oder behandeln lassen sich diese Absetzsymptome durch ein langsames Ausschleichen der Medikation über mehrere Wochen.

---

9 Bei depressiven Erkrankungen spricht man bei einem Symptomrückgang von 50 % von Response, das heißt, die Zielsymptome haben auf die Therapie angesprochen. Das weitestgehende Verschwinden der Symptome wird als Remission bezeichnet. Hilfreich für die Beurteilung des Symptomrückgangs sind Fragebögen (für die Depression z. B. der PHQ-9 und für Ängste der GAD-7, siehe elektronische Zusatzmaterialien).

7.3.2 Lamotrigin

Lamotrigin ist ein Medikament zur Behandlung der Epilepsie. In der Psychiatrie wird Lamotrigin auch außerhalb der offiziellen Zulassung als sogenannter Stimmungsstabilisator eingesetzt. In bisher drei Studien wurde die Wirkung von Lamotrigin auf Depersonalisation untersucht (Aliyev und Aliyev 2011, Sierra 2008). Die Studie von Aliyev und Aliyev (2011) berichtete von einer äußerst guten Wirkung von Lamotrigin. Jedoch ist die Qualität dieser Studie sehr schlecht, die Ergebnisse wenig glaubhaft und letztendlich nicht auf Patienten wie ich sie kennengelernt habe, oder wie sie sonst in Studien beschrieben werden, übertragbar. Mittlerweile wurde diese Studie auch vom Verlag offiziell zurückgezogen. Zwei weitere Studien, von deutlich besserer Qualität aus der Arbeitsgruppe von Mauricio Sierra aus London berichteten inkonsistente Ergebnisse (Sierra 2008). Eine Studie fand keine Wirkung, eine andere, dass ein Teil der behandelten Patienten eine deutliche Symptomreduktion erlebte.

Auf Grundlage dieser Studien kann es in sehr seltenen Einzelfällen und nach gründlicher Abwägung der Vor- und Nachteile gerechtfertigt sein, einen Off-Label-Therapieversuch mit Lamotrigin als alleiniger Substanz oder in Kombination mit einem Antidepressivum durchzuführen. Ich selbst verordne Lamotrigin aufgrund der dünnen Datenlage und meiner eigenen Erfahrungen aber nicht mehr.

Lamotrigin muss, um das Risiko schwerer und lebensbedrohlicher Nebenwirkungen zu reduzieren, sehr langsam eindosiert werden. In der Regel beginnt man mit 25 mg täglich und erhöht die Dosis alle 14 Tage um weitere 25 mg bis zum Erreichen der Zieldosis (200–400 mg Lamotrigin täglich). Lamotrigin gilt eigentlich als gut verträgliches Medikament, aber vor allem in den ersten acht Wochen kann es zu mitunter lebensbedrohlichen Unverträglichkeitsreaktionen kommen. Deshalb ist zu Beginn eine engmaschige Überwachung durch einen Facharzt erforderlich. Vier bis sechs Wochen nach Erreichen der Zieldosis von 200–400 mg sollte ein Symptomrückgang von mindestens 30 % (z. B. in der Cambridge Depersonalization Scale) bemerkbar sein. Wenn dies nicht der Fall ist, dann sollte Lamotrigin, weil wirkungslos, wieder langsam ausgeschlichen werden.

7.3.3 Benzodiazepine

Benzodiazepine wie z. B. Lorazepam, Diazepam, Alprazolam oder Clonazepam sind unter anderem zur kurzfristigen Behandlung von starken Ängsten (und Krampfanfällen) zugelassen. Da es bei Depersonalisation/Derealisation um eine Wahrnehmungsstörung handelt, die mit extremem Stress bzw. extremer Angst assoziiert ist, erleben manche Betroffene eine kurzfristige Linderung durch die Einnahme dieser Medikamente (Sierra 2008). Die Wirkung hält aber nicht lange an, ist nicht nachhaltig und führt bei regelmäßiger Einnahme über mehrere Wochen zu einer Abhängigkeit und damit letztendlich zu einer drastischen Verschlimmerung der Probleme (=Abhängigkeit mit der Notwendigkeit einer mühsamen Entgiftung + anhaltende DP/DR). Meiner Erfahrung nach sollten Benzodiazepine bei Patienten mit einer Depersonalisations-Derealisationsstörung, wenn überhaupt, dann nur nach sorgfältiger Abwägung als Notlösung und nur kurzfristig angewendet werden, bspw. zur kurzzeitigen Überbrückung der Wartezeit auf eine stationäre Behandlung. Die Verordnung sollte nur in enger Betreuung durch einen Facharzt und im Rahmen eines psychotherapeutischen Gesamtbehandlungsplans erfolgen.

7.3.4 Naltrexon

Naltrexon ist ein Opiatantagonist, der zur unterstützenden Behandlung bei der Rückfallprävention von Patienten mit Opiat- und Alkoholabhängigkeit eingesetzt wird. Die dort übliche Dosierung beträgt 50 mg täglich. In den Studien zur Behandlung der DDS wurde Naltrexon deutlich höher dosiert. In einer kleinen offenen Studie berichteten 4 von 14 DDS-Patienten nach Einnahme von 100–250 mg Naltrexon/Tag von einer deutlichen Abnahme der DDS-Symptomatik (Simeon und Knutelska 2005). Eine Studie, die weniger anfällig für Scheineffekte war, untersuchte die Wirkung von Naltrexon auf dissoziative Symptome bei Patienten mit einer Borderline-Persönlichkeitsstörung. Diese Studie fand keine Wirkung von Naltrexon (Schmahl et al. 2012). Typische Nebenwirkungen von Naltrexon sind Kopfschmerzen, Schlafstörungen, Unruhe, Nervosität, Bauchschmerzen, Bauchkrämpfe, Übelkeit, Erbrechen, Gelenk- und Muskelschmerzen und Schwächegefühle. Aufgrund der unwahrscheinlichen Wirksamkeit bin ich sehr zurückhaltend mit einem Behandlungsversuch. Wenn bei alkoholkranken Patienten eine medikamentöse Rückfallprophylaxe mit Naltrexon erwogen wird, dann könnte man bei diesen Patienten eine Off-Label-Dosierung mit 100–250 mg erwägen. Vier Wochen nach Erreichen der Zieldosis sollten die Symptome dann aber mindestens um 30 % zurückgegangen sein. Wenn nicht, dann sollte der Behandlungsversuch abgebrochen und Naltrexon wieder schrittweise reduziert bzw. abgesetzt werden.

7.3.5 Neuroleptika

Als Neuroleptika werden Medikamente bezeichnet, die zur Behandlung von Psychosen eingesetzt werden. Deshalb wird dieser Begriff zunehmend durch die Bezeichnung Antipsychotika ersetzt. Beispiele für häufig verschriebene Wirkstoffe sind Olanzapin, Risperidon, Perazin, Quetiapin, Amisulprid, Paliperidon, Amisulprid, Ziprasidon, Aripiprazol, Sulpirid und Clozapin. Die wichtigsten Zielsymptome der mittel- bis hochpotenten Neuroleptika (Antipsychotika) sind Wahnvorstellungen, Halluzinationen, schwere Denkstörungen, katatone Symptome wie extreme Erregungszustände oder bizarre, stark verkrampfte Haltungen des ganzen Körpers. Außerdem können in Einzelfällen Patienten mit einer schweren Depression, schwersten Zwängen oder einer Posttraumatischen Belastungsstörung von einem Antipsychotikum profitieren. Antipsychotika sind nicht zur Behandlung der Depersonalisations-Derealisationsstörung zugelassen. Sehr selten berichten auch DDS-Patienten von einer Besserung ihres Befindens durch die Einnahme eines Antipsychotikums, sehr häufig jedoch von einer Verschlechterung. Bei der Off-Label-Behandlung mit diesen Medikamenten muss das Risiko schwerer und schwerster, teils irreversibler, Nebenwirkungen (z. B. das Auftreten von Spätdyskinesien, starke Gewichtszunahme, Herzkreislauferkrankungen usw.) bedacht werden.

7.3.6 Cannabidiol

Cannabidiol (CBD) ist ein Cannabinoid mit antikonvulsiven und antioxidativen Eigenschaften. CBD ist kein Betäubungsmittel, es ist nicht verschreibungspflichtig. CBD wird oral eingenommen. Derzeit wird erforscht, ob CBD bei der Behandlung psychischer Störungen hilfreich ist. Präklinische Studien deuten darauf hin, dass CBD in Tier- und Menschenversuchen, Angst reduziert, insbesondere durch eine Löschung des Angstgedächtnisses (Lee et al. 2017). In einer experimentellen Studie mit einer Ketaminprovokation fand sich ein nichtsignifikanter Effekt auf die Depersonalisation (Hallak et al. 2011). Ketamin, das derzeit für die Behandlung der Depression wissenschaftlich untersucht wird, löst typischerweise DP/DR als Nebenwirkung aus. Dieser Effekt wurde durch die Gabe von CBD etwas abgemildert (wobei dieser Effekt nicht signifikant war, das heißt auch auf Zufallsschwankungen zurückgehen kann). Im Kontrast zu dieser sehr dünnen Datenlage, finden sich im Internet viele Einträge über die angebliche Wirksamkeit von CBD bei der Behandlung von DP/DR. Wenn Patienten mich wegen CBD um Rat fragen, dann teile ich ihnen folgendes mit: (1) Mir sind keine schweren Gesundheitsrisiken bekannt, die von der Einnahme von CBD ausgehen. Wenn man es ausprobieren will, dann kann man sich in der Apotheke CBD Tropfen kaufen und diese gemäß Beipackzettel einnehmen. (2) Es gibt keinen Nachweis, dass CBD bei der Behandlung psychischer Erkrankungen oder der Depersonalisations-Derealisationsstörung wirksam ist. (3) Es ist unvernünftig, auf eine so einfache Kur zu bauen, weil die emotionalen Probleme, die eine DDS verursachen, sehr komplex und tiefgreifend sind.

7.3.7 Repetitive transkranielle Magnetstimulation

Bei der repetitiven transkraniellen Magnetstimulation (rTMS) handelt es sich um ein neues Verfahren, bei dem durch starke Magnetfelder gezielt bestimmte Bereiche des Gehirns gehemmt oder angeregt werden können. In der Forschung wird diese Technik derzeit zur Behandlung depressiver Erkrankungen und auch der Depersonalisations-Derealisationsstörung getestet. Es gibt bisher noch keine verlässlichen Hinweise auf die längerfristige Wirksamkeit dieser Technik bei der Depersonalisations-Derealisationsstörung. Mehrere Fallserien berichteten jedoch von positiven Effekten nach einer Behandlung über 3–10 Wochen (Mantovani et al. 2011, Jay et al. 2016). Bisher fehlen jedoch randomisiert kontrollierte Studien zur Wirksamkeit und Verträglichkeit. Die rTMS ist bisher keine Leistung der gesetzlichen Krankversicherung. Wie bei der Off-Label-Behandlung müsste vorab die Kostenübernahme mit der eigenen Krankenversicherung geklärt werden.

7.3.8 Elektrokrampftherapie

Die Elektrokrampftherapie (EKT) ist eine bewährte Behandlungsmethode in der Psychiatrie. Dabei wird in Narkose durch eine kurze elektrische Reizung des Gehirns ein Krampfanfall ausgelöst. Im Abstand von zwei bis drei Tagen werden acht bis zwölf EKT-Behandlungen durchgeführt. Die EKT gilt als sicheres und sehr hilfreiches Therapieverfahren bei schwersten Depressionen und schizo-affektiven Psychosen. Außerdem wird der Einsatz der EKT bei therapieresistenten Depressionen, Manien, und schizophrenen Erkrankungen empfohlen (vgl. Leitlinie »Unipolare Depression«). Es gibt keine Hinweise auf die Wirksamkeit dieser Technik bei einer Depersonalisations-Derealisationsstörung. Es scheint eher so zu sein, dass es bei DDS-Patienten zu einer Verschlechterung der Symptomatik durch die EKT kommt (Simeon et al. 2003).

7.4 Selbsthilfe – Die Einstellung zur Krankheit ändern

»Ich schaue diese grauenvollen Räume des Universums, die mich einschließen, und ich finde mich an eine Ecke dieses weiten Weltraums gefesselt, ohne dass ich wüsste, weshalb ich nun hier und nicht etwa dort bin, noch weshalb ich die wenige Zeit, die mir zum Leben gegeben ist, jetzt erhielt und an keinem anderen Zeitpunkt der Ewigkeit.«

7 Die Entfremdung überwinden

»Nur ein Schilfrohr, das zerbrechlichste in der Welt, ist der Mensch, aber ein Schilfrohr, das denkt. [...] Unsere ganze Würde besteht also im Denken, an ihm müssen wir uns aufrichten und nicht am Raum und an der Zeit, die wir doch nie ausschöpfen werden« (Blaise Pascal, 1623–1662).

Patienten mit einer Depersonalisations-Derealisationsstörung erleben sich sehr häufig ihrer Erkrankung ohnmächtig ausgeliefert. Sie haben den Eindruck, dass sich ihr Leben plötzlich in einen »Albtraum« verwandelt hat. Durch irgendetwas, sei es eine Substanz wie Cannabis, extreme Angst, ein anderes äußeres belastendes Ereignis, oder aber durch einen unglücklichen Zufall habe sich in ihrem Gehirn quasi ein Schalter umgelegt. Die Betroffenen erleben ständig gleichbleibende oder aber aus kaum nachvollziehbaren Gründen schwankende Depersonalisation und Unwirklichkeitsgefühle, ohne die Gründe hierfür zu verstehen. Die daraus folgende Ohnmacht verstärkt dabei die negative Wirkung der Symptomatik und führt in eine zunehmende Verzweiflung und nicht selten auch in eine Depression.

Der erste Schritt auf dem Weg, sich das eigene Leben anzueignen, stellt das Ringen um eine andere Einstellung gegenüber der Erkrankung dar. In Analogie zu der von Blaise Pascal (1623–1662) beschriebenen Situation des Menschen muss der Betroffene sich bewusstmachen, dass er weit mehr als die Erkrankung ist, deren Symptome er wahrnehmen kann und unter denen er so sehr leidet. Seine Person wird niemals vollständig von der Symptomatik beherrscht. Jeder Mensch ist fähig ein befreites und glückliches Leben zu führen. Die betroffene Person muss eine gewisse Geduld und Toleranz für das Kranksein aufbringen und sich um eine denkend-forscherische Einstellung gegenüber der Erkrankung und liebevoll-mitfühlende Haltung gegenüber dem eigenen Leben bemühen. **Entscheidend ist es, die Depersonalisations-Derealisationsstörung als eine seelische Erkrankung zu akzeptieren. Das heißt anzuerkennen, dass die Beschwerden auch eine Folge der eigenen Lebens- und Beziehungsgeschichte, des eigenen Verhaltens und der eigenen Vorstellungen über sich selbst und andere Menschen sind.** Man muss den Mut aufbringen, sich mit den Verhaltensweisen, Vorstellungen und unverarbeiteten Gefühlen zu beschäftigen, die die Entfremdung verursachen (Freud 1914). Man muss sich um ein liebevolles Interesse für die eigene Person, die eigenen Wünsche, Hemmungen und Ängste bemühen. Und man muss den Mut aufbringen, unangemessene Hemmungen, Ängste und falsche Vorstellungen, die die Entfremdung verursachen, als Probleme anzuerkennen, die man letztendlich besser lösen und überwinden kann.

> Gehen Sie nun in sich und prüfen Sie, in welchem Ausmaß die DP/DR-Symptomatik Ihr Leben dominiert. Nehmen Sie sich hierfür 15–20 Minuten Zeit und schreiben Sie für sich auf, wie diese Symptomatik (1) Ihre Alltagsgestaltung in Beruf und Freizeit, (2) Ihren Umgang mit anderen Menschen und (3) Ihre Einstellung sich selbst gegenüber dominiert. Zusätzlich geben Sie noch auf einer Skala von 0–100 das Ausmaß an, wie die Symptome bzw. die Angst davor Ihr Leben beherrschen (0 = hat keine Macht über mich, 100 = dominiert mich extrem, Muster siehe Zusatzmaterialien: Dominiert werden von der Symptomatik).

7.5 Die Bedeutung einer gesunden Lebensführung

Viele Patienten mit einer Depersonalisations-Derealisationsstörung leben ungesund. Dieser ungesunde Lebensstil kann direkt oder indirekt die Behandlung negativ beeinflussen. Mangel an körperlicher Aktivität, schlechte Ernährung, schlechter Schlaf und der Gebrauch schädlicher Substanzen wie Rauchen schädigen nicht nur die körperliche Gesundheit, sondern wirken sich auch negativ auf das seelische Befinden und den Verlauf seelischer Erkrankungen aus. Beispielsweise führt ein ungesunder Lebensstil dazu, dass man sich weniger energievoll fühlt, angespannter ist und schlechter mit Belastungen und anstrengenden emotionalen Situationen umgehen kann.

Außerdem ist eine ungesunde Lebensführung auch Zeichen eines Mangels an Selbstfürsorge. Für den Erfolg einer Behandlung ist es daher wichtig, dass Patienten mit solchen Problemen bereit sind, an einer Verbesserung ihres Lebensstils zu arbeiten. Die folgenden Aspekte der Lebensführung müssen dabei besonders berücksichtigt werden.

7.5.1 Schädlicher Gebrauch von Drogen, Alkohol und Nikotin

Solange Patienten abhängig von Alkohol, illegalen Drogen oder bestimmten Medikamenten sind, ist die Psychotherapie der Depersonalisations-Derealisationsstörung nicht sinnvoll. Diese Patienten müssen zuerst einen Entzug machen. Der Entzug erfolgt meist stationär in einer Klinik oder unter engmaschiger ambulanter ärztlicher Überwachung.

Weiterhin unterläuft jeder fortgesetzte, auch nur sporadische Gebrauch jeglicher Drogen wie Cannabis, Kokain, Amphetamine, Ketamin und so weiter den Sinn einer Psychotherapie. Ich nehme deshalb nur Patienten mit einer Selbstverpflichtung zur Abstinenz in Behandlung. Aber auch regelmäßiger Alkoholkonsum ist problematisch, selbst wenn er innerhalb der als nicht sehr schädlich geltenden Grenzen liegt (erwachsene Männer 20 g Alkohol pro Tag (= ca. 0,33–0,5 l Bier), Frauen 10 g Alkohol pro Tag (ca. 0,25 l Bier). Nicht nur, weil dies auf längere Sicht den Körper schädigt, sondern auch, weil mit Alkohol Symptome wie innere Unruhe, Ängste und schlechte Laune unterdrückt werden können, die eigentlich in der psychotherapeutischen Behandlung bearbeitet werden sollen. Außerdem beeinträchtigt übermäßiger Alkoholkonsum die Schlafqualität erheblich und beeinflusst somit die Symptomatik negativ. Ich vereinbare deshalb mit allen Patienten, dass sie in den ersten Monaten der Behandlung ganz auf Alkohol verzichten und später während der Behandlung nicht mehr trinken als wirklich gesund ist (d.h. am besten nicht mehr als 1–2 Drinks pro Woche, z. B. 1–2 Flaschen Bier oder 1–2 Gläser Wein).

Auch Rauchen widerspricht einer gesunden Lebensführung und erschwert die Behandlung seelischer Erkrankungen. Eine systematische Übersichtsarbeit konnte nachweisen, dass das Einstellen des Rauchens innerhalb von wenigen Wochen Depressivität und Ängste in einem Ausmaß reduziert, das mit der Einnahme von Antidepressiva vergleichbar ist (Taylor et al. 2014). Hinsichtlich der Bedeutung des Rauchens für die Depersonalisation liegt eine finnische Studie vor, die die Ursachen für die Chronifizierung dissoziativer Symptome untersuchte. Rauchen war einer der entscheidenden Faktoren, der die Chronifizierung der dissoziativen Beschwerden über einen Zeitraum von drei Jahren vorhersagte. **Rauchen erhöhte das Risiko für einen chronischen Verlauf dissoziativer Symptome um das Dreifache** (Maaranen et al. 2008). Ich empfehle deshalb allen Patienten, trotz der kurzfristigen Belastung durch den Nikotinentzug, während einer Psychotherapie mit dem Rauchen aufzuhören. Der Betreffende muss sich klarmachen, dass er sich mit jeder Zigarette etwas Schlechtes zufügt und dass der Gewinn durch das Rauchen der Zigarette (Unterdrückung von Müdigkeit, Förderung der Konzentration, Beruhigung durch Beseitigung der Entzugssymptome) in keinem Verhältnis zu dem Preis steht, den er dafür zahlt: Schädigung der Gesundheit, Beeinträchtigung des seelischen Befindens, Verkürzung der Lebenszeit und selbstschädigende Verschwendung finanzieller Mittel, die man besser anders ausgeben könnte.

7.5.2 Gesunder Schlaf

Viele DDS-Patienten leiden unter Schlafstörungen. Ihr Schlaf ist nicht erholsam, sei es, weil sie zu wenig Schlaf finden, der Schlafwachrhythmus durch unregelmäßige Schlafzeiten gestört ist oder aber die Schlafdauer übermäßig lang ist (z. B. bei Erwachsenen regelmäßig mehr als neun Stunden täglich). Dies ist problematisch, weil sowohl Schlafmangel, übermäßige Schlafdauer als auch ein gestörter Schlafwachrhythmus die Symptomatik der DDS verschlimmern können. Es ist deshalb für den Erfolg einer Behandlung wichtig, dass der Patient alles in seiner Macht stehende tut, um für einen erholsameren Schlaf zu sorgen. Dies ist oft schwer umzusetzen, weil die Fähigkeit, gut zu schlafen, krankheitsbedingt oft beeinträchtigt ist. Trotzdem können die meisten Patienten etwas dazu beitragen, die Bedingungen für einen potenziell erholsamen Schlaf zu verbessern. Folgende Schlafregeln haben sich dabei für Menschen bewährt, die unter chronischen Schlafstörungen leiden:

- Einhaltung eines regelmäßigen Schlafrhythmus, d.h. die Zubettgeh- und Aufstehzeiten sollten annähernd gleich sein bzw. von Tag zu Tag nicht mehr als 30 Minuten abweichen.
- Das Schlafzimmer sollte ruhig, angenehm kühl und gut gelüftet sein, das Bett und der Schlafanzug bequem.
- Das Bett sollte nur zum Schlafen benutzt werden, nicht jedoch zum Arbeiten, Essen (und Rauchen) oder Fernsehen.
- In den letzten drei Stunden vor dem Schlafengehen sollten keine stimulierenden Substanzen wie Kaffee, Cola oder Nikotin konsumiert werden. Ebenso können aufregende Filme, Videospiele oder belastende Gespräche das Einschlafen sehr erschweren.
- Ein zu leerer oder zu voller Magen oder zu viel Alkohol können das Einschlafen und die Erholsamkeit des Schlafs beeinträchtigen.
- Regelmäßige sportliche Aktivität, z. B. mindestens 30 Minuten schnelles Gehen täglich, fördert die Ausgeglichenheit und einen erholsamen Schlaf.
- Wenn man nach 20 Minuten nicht in den Schlaf gefallen ist, so ist es das Beste, das Bett wieder zu verlassen, anstatt sich frustriert hin und her zu wälzen. Man steht auf und beschäftigt sich in einem anderen Raum (z. B. mit Lesen, Meditieren, Musik hören) und geht erst dann wieder ins Bett, wenn man sich schläfrig fühlt. Entscheidend ist es dann, den verlorenen Schlaf nicht durch ein späteres Aufstehen oder einen Nachmittagsschlaf auszugleichen, weil sich sonst kein erholsamer Schlafwachrhythmus einstellen kann.

In der Anfangszeit kann die Befolgung dieser Regeln sehr anstrengend sein. Patienten, die für eine ambulante Psychotherapie geeignet sind, sollten aber in der Lage sein, diese Regeln in ihrem Alltag umzusetzen. Patienten, die mit der Umsetzung dieser Regeln komplett überfordert sind, benötigen meist eine stationäre psychosomatische oder psychiatrische Behandlung.

7.5.3 Körperliche Aktivität

Körperliche Inaktivität zählt zu den größten Gesundheitsrisiken in unserer Gesellschaft. Die körperliche Inaktivität erhöht nicht nur das Risiko für einen vorzeitigen Tod, sondern geht auch mit einer reduzierten Lebensqualität, einem geringeren Wohlbefinden und einem höheren Risiko für seelische Beschwerden einher. Die positive Wirkung von Ausdauersport auf die Reduzierung von Ängsten und depressiven Beschwerden ist vergleichbar stark wie die Einnahme von Antidepressiva.

Zur Unterstützung einer psychotherapeutischen Behandlung ist deshalb die Verbesserung der körperlichen Aktivität sehr wichtig. Eine Orientierung für das anzustrebende Ziel bieten hier die Mindestempfehlungen der Weltgesundheitsorganisation (WHO) für Erwachsene im Alter von 18–65 Jahren: Die WHO empfiehlt mindestens 150 Minuten moderates Ausdauertraining pro Woche; z. B. schnelles Gehen, welches zu leichtem Schwitzen und einem Pulsanstieg führt. Beim schnellen Gehen kann man sich gerade noch unterhalten, aber für Singen würde die Luft nicht mehr ausreichen. Alternativ kann man auch intensiveres Ausdauertraining wie Jogging machen, dann mindestens 75 Minuten pro Woche. Besser wären gemäß der WHO aber das Doppelte pro Woche sowie zusätzlich ein Training zur Stärkung der Muskulatur (z. B. Yoga, Liegestützen, Übungen mit einem Fitnessband usw.). Beim Ausdauertraining zählen Trainingseinheiten ab mindestens zehn Minuten Dauer, d. h. die 150 Minuten pro Woche könnten maximal auf fünfzehn Trainingseinheiten aufgeteilt werden.

Für das regelmäßige Ausdauertraining gilt, dass man sich realistische Ziele setzen sollte. Wenn man bisher kein Ausdauertraining gemacht hat, dann sind 150–300 Minuten pro Woche eine Überforderung. Besser ist es, mit kleinen Schritten zu beginnen. Zum Beispiel täglich 15 Minuten schnelles Gehen am Stück. Allmählich, aber stetig steigert man dann das Pensum auf mindestens 30 Minuten täglich. Wenn man untrainiert ist oder unter Erkrankungen des Herz-Kreislauf-Systems oder Bewegungsapparats leidet, empfiehlt es sich, vorab den Hausarzt zu konsultieren, um gesundheitliche Risiken, wie z. B. einen unbehandelten Bluthochdruck, auszuschließen. Sehr hilfreich sind meiner Erfahrung auch die Teilnahme an einem Yoga-Kurs oder der Anschluss an einen Sportverein. Manche Krankenkassen unterstützen finanziell die Teilnahme an solchen Kursen. Bei DDS-Patienten spricht eine mögliche vorübergehende Zunahme der Depersonalisation beim Sport nicht gegen eine körperliche Aktivierung. Nicht selten kommt es z. B. vor, dass beim Jogging die Symptomatik zunimmt. Dies kann z. b. daran liegen, weil das Joggen in der Öffentlichkeit Ängste vor einer negativen Bewertung durch andere Menschen hervorrufen kann. Das Problem ist dann aber nicht der Sport, sondern die übermäßige Angst vor einer negativen Bewertung durch andere Menschen. Hier wäre es wichtig, klar Position zu beziehen: also gegen die hemmende Angst und für die eigene Gesundheit und den Kampf um ein besseres Selbstwertgefühl. Ein anderer Grund für die Zunahme der DP/DR beim Sport kann darin liegen, dass der schnelle Herzschlag Erinnerungen an angstmachende Gefühlszustände hervorruft. Eine weitere Beobachtung betrifft Sportarten wie Tischtennis oder Klettern. Häufig habe ich von Betroffenen gehört, dass beim Tischtennis oder Klettern die DDS-Symptomatik ganz in den Hintergrund rückt. Meines Erachtens liegt dies daran, dass diese Sportarten die ganze Aufmerksamkeit beanspruchen. Dadurch bleiben keine Aufmerksamkeitskapazitäten für die maladaptive Selbstbeobachtung übrig mit der Folge einer vorübergehenden Reduktion der Symptomatik.

7.5.4 Medienkonsum und Verhaltenssüchte

Wenn man voller Angst ist und einem alles über den Kopf wächst, so kann manchmal Ablenkung Linderung verschaffen. Bis zu einem gewissen Grad ist dies vollkommen in Ordnung. Medienkonsum kann manchmal aber auch schädlich sein und dann zu einem Teil des Problems werden. Wer in seiner Freizeit regelmäßig mehr als drei Stunden vor dem Bildschirm verbringt, versäumt viele Gelegenheiten sich mit anderen Menschen zu treffen, und körperlich oder geistig aktiv zu sein. Überlanges Videospielen kann wie der Konsum bestimmter Drogen unmittelbar und direkt die DDS-Symptomatik verschlimmern. Für die Überwindung der Entfremdung ist es deshalb wichtig, beim Medienkonsum ein vernünftiges und ausgewogenes Maß anzustreben.

7.6 Die Symptome normalisieren

»Frequently, if the patient can tolerate the experience of unrealness for a time, he can make for himself a new reality which is more solidly grounded in his own needs and perceptions, and in a sense more »real« than his old compromises were, however comfortable and familiar they might have felt.« (Levy und Wachtel 1978, S. 298)

Die Symptome der Depersonalisations-Derealisationsstörung zu normalisieren, bedeutet, diese Symptome richtig einordnen und vernünftig damit umgehen zu können. Normalisieren bedeutet nicht, die Symptome zum Normalzustand zu erklären. Mehrere Aspekte dieser Art der Normalisierung möchte ich nachfolgend erläutern. Zuvor möchte ich aber noch auf das englische Zitat aus einem älteren psychoanalytischen Aufsatz eingehen, welches für das Thema der Normalisierung sehr hilfreich ist. Sinngemäß schreiben die beiden Psychotherapeuten, und dies ist auch meine Erfahrung, dass Patienten, wenn sie die Erfahrung der Unwirklichkeit eine Zeitlang wirklich tolerieren können, sie in eine neue Wirklichkeit vorstoßen, die weit mehr auf ihren eigenen, wahren, Bedürfnissen und Vorstellungen aufbaut, als dies früher der Fall war, wie vertraut sich das früher Leben auch angefühlt haben mag. Eine zentrale Voraussetzung dafür, die Symptomatik normalisieren zu können, ist die Bereitschaft, die Symptome als ein emotionales Problem des eigenen Lebens auszuhalten und anzunehmen.

Betroffene leiden zu Beginn ihrer Erkrankung nicht selten unter der Vorstellung, sie seien der einzige Mensch im Universum, der jemals so etwas durchmachen musste. Diese Vorstellung vermehrt oft die Hilf- und Hoffnungslosigkeit der Betroffenen und das Gefühl, von allen anderen Menschen isoliert zu sein. Die Informationen zum Krankheitsbild im ersten Teil des Ratgebers sollten diese Gedanken bereits entkräftet haben. Das Depersonalisations-Derealisationssyndrom ist keine seltene Erkrankung. Viele sind betroffen. Außerdem sind Depersonalisation und Derealisation normale menschliche Empfindungen, die, freilich in weit weniger intensiver Form, die meisten Menschen in ihrem Leben zumindest für kurze Zeit einmal haben werden. Gleichzeitig handelt es sich bei diesen Empfindungen auch um Erfahrungen, die häufig Fragen nach dem Sinn unseres Lebens aufwerfen: Was heißt es eigentlich, »da zu sein«? Was ist eigentlich die Wirklichkeit? Letztendlich Fragen, die eng mit unserer menschlichen Existenz zusammenhängen und auf die jeder eine Antwort finden sollte.

Die Beschäftigung mit Filmen oder Werken der Weltliteratur, in denen Menschen vorkommen, die diese Symptome erleben, kann die Normalisierung dieser Symptome fördern. Ein guter Einstieg ist zum Beispiel das Hollywooddrama »Numb – leicht daneben« (Erscheinungsjahr 2007, Regie Harris Goldberg). Der Regisseur Harris Goldberg weiß, wovon er redet. Er selbst litt über Jahre unter einer Depersonalisations-Derealisationsstörung, die er aber schließlich überwinden konnte[10]. Der Film beschreibt die Geschichte des Drehbuchautors Hudson Milbank. Hudson war ein Mensch, der eigentlich nur eines vom Leben wollte: glückliche und sorglose Gedanken. Eines Abends rauchte er mit seinen Freunden Marihuana. Es kam zu einer Panikattacke (»Ich sterbe.«) und einem dauerhaften Depersonalisations-Derealisationszustand. Der Film beschreibt anschaulich, wenn auch etwas überzeichnet, die typischen Behandlungserfahrungen der Betroffenen. Frustrierende Erfahrungen mit unterschiedlichen psychotherapeutischen Behandlungen und Psychopharmaka. Beispielsweise schläft sein erster Psychotherapeut während der Sitzung ein. Dies veranschaulicht drastisch eine gestörte therapeutische Beziehung, in der es nicht gelingt, echtes Interesse und tiefes Verständnis für die Probleme von Hudson zu entwickeln. Die darauffolgende zweite Psychotherapie beginnt sehr hoffnungsvoll, endet dann aber in einem kompletten Desaster. Der Film schließt damit, dass ein Weg angedeutet wird, wie Hudson die Entfremdung von seinen wahren Bedürfnissen und seinen Mitmenschen überwinden kann. Hudson, und darauf wies mich einer unserer stationären Patienten hin, beginnt nämlich, die Heilung nicht mehr nur von außen zu erwarten, sondern fängt an, mehr Verantwortung für sein Leben zu übernehmen. Er macht sich auf, seine Bedürfnisse nach Verbundenheit mit anderen Menschen ernst zu nehmen und diese in die Tat umzusetzen.

---

10 Unter Hilfreiche Weblinks der elektronischen Zusatzmaterialien findet sich der Verweis auf einen Artikel von Harris Goldberg über seine Erkrankung und seinen Film (Huffington Post, 18. April 2007).

7.6 Die Symptome normalisieren

Eine weitere gute Annährung an das Phänomen der Depersonalisation ermöglicht auch die Weltliteratur. Beispielsweise bringen die Romane des japanischen Autors und Nobelpreisanwärters Haruki Murakami (geboren 1949 in Kyoto, Japan), dem Leser Menschen nahe, die auf der Suche nach sich selbst und Verbundenheit mit anderen Menschen sind. Oder in den treffenden Worten der Autorin Sibylle Berg (in der Welt, 20.03.2004): »Murakamis Thema in Variationen ist die Gefahr, das falsche Leben zu führen, die falschen Entscheidungen zu treffen, sich falsch zu verhalten, die Liebe nicht zu erkennen, wenn sie neben einem steht, und aufzuwachen zu einem Zeitpunkt, da es fast zu spät ist. Fast, denn Murakami ist zwar ein Moralist, doch er ist kein Pessimist. Ein wenig glaubt er, so scheint es, noch an die Möglichkeit, dass alles gut wird, wenn man nur aufpasst«.

In Murakamis Roman »Sputnik Sweetheart« (dt. 2004, S. 82) beispielsweise beschreibt die junge Frau Sumire in einem Brief an den Protagonisten eine Episode flüchtiger Depersonalisation und Derealisation:

> »Ich schreibe diesen Brief in einem Straßencafé, während ich einen Espresso trinke, der dick ist wie Teufelsschweiß, und ich das sonderbare Gefühl habe, nicht ganz ich selbst zu sein ... Seit ich aus dem Flugzeug gestiegen bin, habe ich dieses sehr reale, aber doch abstrakte Gefühl, mich in einer Illusion zu bewegen«.

Wohingegen die zweite Hauptperson Miu sich in einem Gespräch dem Protagonisten des Romans mit folgenden Worten anvertraut:

> »Was Sie hier vor sich sehen, ist nicht mein wahres Ich. Seit vierzehn Jahren bin ich nur noch ein halber Mensch ... Ich war früher lebendig und bin es auch jetzt, während ich dir hier gegenübersitze und mit dir rede. Aber die Person, die du vor dir siehst, bin ich nicht. Sie ist nur ein Schatten meines früheren Ichs. Du lebst wirklich, ich nicht. Selbst meine Stimme, meine eigenen Worte hallen so dumpf in meinen Ohren, wie ein Echo ... «. (Murakami 2004, S. 56)

Miu erlitt vierzehn Jahre zuvor in einer dramatischen Lebenskrise einen seelischen Zusammenbruch mit der Folge einer chronischen Depersonalisations-Derealisationsstörung. Schließlich ist da noch der Protagonist des Romans selbst, der sich eine zutiefst menschliche Frage stellt »*Wer bin ich? ... Ich möchte begreifen, welchen Einfluss bestimmte Dinge und Menschen auf mein Inneres nehmen, wie ich sie integrieren und mich dennoch im Gleichgewicht halten kann*«. Eine Frage, die sich meiner Erfahrung nach bisher alle Patienten im Laufe ihre Genesung stellten. Auch in weiteren Romanen von

Haruki Murakami werden immer wieder Menschen dargestellt, die Depersonalisation und Derealisation erleben, z. B. in »Mister Aufziehvogel« oder »Die Pilgerjahre des farblosen Herrn Tazaki«. In letzteren Roman kommt es bei der Hauptfigur, Tsukuru Tazaki, mit Anfang 20 zu einem seelischen Zusammenbruch, nachdem sich aus für ihn nicht verstehbaren Gründen seine Freunde von ihm abwenden. In dem Telefonat, in dem ihm mitgeteilt wird, dass sie ihn nicht mehr sehen wollen, bemüht er sich möglichst »unbeeindruckt und kühl« zu bleiben. Er bemerkt dabei jedoch folgende Veränderung in seiner Selbstwahrnehmung, die vielen Betroffenen vertraut ist: »*... seine Stimme klang wie die eines Fremden*«. Bemerkenswert an dieser Szene ist, dass der Depersonalisation die Unterdrückung einer eigentlich angemessenen emotionalen Reaktion vorausging: »*Er bemühte sich möglichst unbeeindruckt und kühl zu bleiben*«. Mittlerweile 36 Jahre alt macht sich Tsukuru Tazaki auf die Suche nach dem Sinn der damaligen Ereignisse. Letztendlich erkennt Tsukuru Tazaki, dass die damaligen Ereignisse ihn emotional viel mehr berührt haben, als er es damals anerkennen wollte. Mit 16 Jahren Verzögerung beginnt er, sich seinen wahren Gefühlen zu stellen. Er sucht seine damaligen Freunde auf und beginnt, Fragen zu stellen und sich emotional zu öffnen. Sein Leben bekommt so erst seine Erfüllung.

Weitere Werke der Weltliteratur, die sich mit dem Phänomen der Depersonalisation und Entfremdung befassen, sind zum Beispiel: Sylvia Plaths »Die Glasglocke«; Fernando Pessoas »Das Buch der Unruhe«; Les Murrays »Freddy Neptune«; Jean-Paul Satres »Der Ekel«; Albert Camus' »Der Fremde«; Pascal Merciers »Perlmanns Schweigen«.

Ein weiterer Aspekt der Normalisierung kann es sein, sich wichtigen Bezugspersonen mit diesen Beschwerden anzuvertrauen. Nicht selten scheuen sich Betroffene, offen über ihre Symptomatik zu sprechen, aus Angst, sie könnten damit eine »*Lawine lostreten*«, möglicherweise für geistesgestört gehalten werden mit der Folge einer Zwangsbehandlung, oder dass sie von ihrem Partner und ihren Freunden verlassen werden. Diese Ängste führen dann beispielsweise dazu, dass sie, wenn sie überhaupt zum Arzt gehen, nicht mit der gebotenen Deutlichkeit über ihre befremdlichen Symptome sprechen, sondern nur äußern, dass sie sich irgendwie »komisch« oder »schwindelig« fühlen. Dies hat allerdings die negative Konsequenz, dass der Arzt kaum die Möglichkeit bekommt, das

7.6 Die Symptome normalisieren

Ausmaß der Beschwerden des Patienten nachzuvollziehen. Das Verschweigen der Beschwerden in der eigenen Partnerschaft kann auch fatale Konsequenzen haben. Manchmal scheuen sich Betroffene, selbst ihrem Intimpartner von diesen Beschwerden zu erzählen, aus Angst, dann in den Augen des Anderen weniger wert zu sein, abgelehnt oder verlassen zu werden. Dies ist aus mehreren Gründen problematisch. Erstens hält der Betroffene damit an seinen negativen Erwartungen fest, von anderen Menschen abgelehnt zu werden, wenn er sich authentisch mit dem zeigt, was er denkt, fühlt und erlebt. Zweitens führt dieses Verschweigen zu einer Entfremdung in der Beziehung zum Partner, weil bewusst etwas ganz Wesentliches in der Beziehung verschwiegen wird; nämlich die Angst, nicht angenommen zu sein und das eigene Leiden unter der Depersonalisation. Meiner Erfahrung nach berichteten alle Patienten, dass ihnen ein Stein vom Herzen fiel, als sie sich mit ihren Beschwerden jemanden anvertrauen konnten und dass dies oft der Wendepunkt für eine Vertiefung ihrer Partnerschaft war. Wenn man sich seinem Partner anvertraut, ist es wichtig, dies nicht auf eine quälerische Art zu tun, in dem man die Symptome zu wörtlich nimmt. Also z. B. dem Partner sagt, »du bist mir fremd, so als ob ich dich noch nie gesehen hätte, ich habe keine Gefühle mehr, auch nicht mehr für dich«. Was bei dieser Art der Mitteilung nämlich fehlt, ist das Leiden unter diesen Symptomen. Dem Partner wird auf diese Art und Weise nicht deutlich, dass hier jemand über die Symptome seiner Krankheit spricht, sondern versteht dies als Aussage über die Beziehung. Es wäre in solchen Fällen besser, sich etwa so auszudrücken: »Ich weiß, ich liebe dich sehr, deswegen möchte ich dir sagen, dass ich sehr unter dem Gefühl leide, nichts mehr zu fühlen und alles als unwirklich und fremd zu erleben.«

Für die Normalisierung der DDS-Symptomatik ist außerdem die richtige Einordung der Symptome hilfreich. Manche Patienten neigen dazu, alle ihre Beschwerden mit Depersonalisation/Derealisation gleichzusetzen. »Mir geht es nicht gut« wird dann gleichbedeutend mit »ich bin depersonalisiert«. Dies erschwert einen differenzierten Umgang mit den Beschwerden und damit auch die Behandlung der DDS. Für die bessere Abgrenzung der DDS von anderen Beschwerden und Krankheitssymptomen ist die Kenntnis der einzelnen Symptome unterschiedlicher seelischer Störungen hilfreich. Der Patient sollte in der Lage sein, typische Symptome

7 Die Entfremdung überwinden

einer Depression oder Angsterkrankung von den Symptomen einer Depersonalisations-Derealisationsstörung abzugrenzen. Hierzu kann es hilfreich sein, sich noch einmal mit den Ausführungen in ▶ Kap. 2 und der entsprechenden Übung in den elektronischen Zusatzmaterialien zu beschäftigen. Außerdem ist es wichtig, Ursache und Wirkung nicht zu verwechseln. Die Symptome der DDS sind nicht die Ursache der Erkrankung. Die Erkrankung geht auf emotionale Probleme und maladaptive Vorstellungen und Verhaltensweisen zurück. Selbstunsicherheit ist eine der Ursachen der Depersonalisations-Derealisationsstörung und nicht umgekehrt, auch wenn freilich die DDS-Symptomatik einen (selbstunsicheren) Menschen sehr verunsichern kann.

Zuletzt stellt ein weiterer wichtiger Aspekt des normalen Umgangs mit der Depersonalisations-Derealisationsstörung das Bemühen dar, sich nicht zu sehr durch die Symptomatik einschränken zu lassen. **Ungünstig ist es, wenn man sein Leben vor allem danach ausrichtet, eine Intensivierung der DDS-Symptomatik um jeden Preis zu vermeiden. Dies führt dazu, dass man zunehmend wichtige Bereiche des Lebens aufgibt.** Letztendlich führt dies mit der Zeit zu einer Verschlimmerung der Probleme. Stattdessen wäre es günstig, wenn man etwas Toleranz für diese unangenehmen Zustände aufbringen kann und man sich bei der Alltagsgestaltung vor allem daranhält, was man für sich als sinnvoll und vernünftig erachtet. Man sollte versuchen, der Angst vor der DDS-Symptomatik nicht zu viel Macht über sich einzuräumen. Es ist in der Regel vernünftig, weiterhin seine Beziehungen zu pflegen, etwas zu unternehmen, grundsätzlich angenehme Dinge zu machen und seiner Arbeit nachzugehen. Dies kann die Chancen verbessern, sich hin und wieder »vergessen« zu können und mehr Verbundenheit mit anderen Menschen zu erleben. Wenn man krankheitsbedingt aber bereits viele Bereiche des eigenen Lebens aufgeben musste, dann kann eine Normalisierung der DDS auch bedeuten, anzuerkennen wie schlecht es einem geht und sich in eine stationäre psychosomatisch-psychotherapeutische Behandlung zu begeben. Ziele der stationären Psychotherapie sind unter anderen die Symptomentlastung, der Aufbau von Hoffnung, das Finden von Ansatzpunkten für die Überwindung der Symptomatik und Überwindung der sozialen Isolation über die Gemeinschaft der Mitpatienten.

7.6.1 Achtsamkeit

Achtsamkeit steht für eine bestimmte innere Haltung, so Jon Kabat-Zinn, nämlich:

»[… auf eine] bestimmte Weise aufmerksam zu sein: bewusst, im gegenwärtigen Augenblick und ohne zu urteilen. Diese Art der Aufmerksamkeit steigert das Gewahrsein und fördert die Klarheit sowie die Fähigkeit, die Realität des gegenwärtigen Augenblicks zu akzeptieren« (Kabat-Zinn 2007, S. 18 ff.).

Achtsamkeit ist damit ein Bewusstseinszustand, der demjenigen der Depersonalisation/Derealisation genau entgegengesetzt ist (Allen 2005, Michal et al. 2007a). Diesen Gegensatz von Depersonalisation und Achtsamkeit kann man sich auf einem Kontinuum vorstellen (vgl. Allen 2005). Der eine Pol ist der Bewusstseinszustand der Achtsamkeit, gekennzeichnet durch das lebendige Gewahrsein für die äußere Welt und das eigene Selbst, ein Zustand der Präsenz. Bereits ein wenig abgelöster und weniger präsent können wir durch Absorption werden. Sei es, dass man ganz in eigenen Gedanken oder Grübeleien versunken ist, oder in seine Arbeit oder einen Film vertieft ist. Durch eine solche Absorption kann das lebendige Gewahrsein der äußeren und inneren Welt abnehmen. Man nimmt beispielsweise Umwelt und Körpersignale weniger intensiv war. Extremes Grübeln geht oft mit starker DP/DR einher. Eine noch weitere Entfernung von dem lebendigen Gewahrsein stellt dann die Depersonalisation dar. Auch die Depersonalisation kann in ihrer Intensität auf einem Kontinuum beschrieben werden, beginnend mit dem Gefühl »*nicht richtig da zu sein*« bis zur Wahrnehmung »*als ob alles unecht, wie in einem Film wäre*« oder »*als ob man nur noch aus Augen bestünde und sich ansonsten aufgelöst hätte*«.

Ziel der Achtsamkeitspraxis ist es, mit sich selbst und seiner Umwelt in einen lebendigen Kontakt zu kommen. Deshalb ist die Praxis der Achtsamkeitsmeditation besonders hilfreich, einen Zustand chronischer Depersonalisation und Derealisation zu überwinden.

Allen Menschen ist es möglich, durch die Praxis der Achtsamkeitsmeditation das eigene Bewusstsein zu pflegen. Durch die regelmäßige Achtsamkeitsmeditation wird die Selbstwahrnehmung verbessert. Es werden die Fähigkeiten der Aufmerksamkeitsfokussierung, Emotions- und Körperwahrnehmung trainiert. Mit Erfolg wurden bereits Programme für die

7 Die Entfremdung überwinden

Behandlung von psychosomatischen Erkrankungen wie Depressionen, Angststörungen, Schlafstörungen und chronische Schmerzen entwickelt und wissenschaftlich überprüft. Ganz besonders geeignet ist Achtsamkeitsmediation jedoch für Menschen mit einer chronischen Depersonalisations-Derealisationsstörung. Achtsamkeitsmeditation führt in aller Regel unmittelbar zu einer starken Symptomreduktion während der Achtsamkeitsübung (Michal et al. 2013). Die meisten Patienten berichten auf gezielte Nachfrage zu Beginn meistens ungläubig, dass während der Achtsamkeitsmeditation die DDS-Symptomatik stark im Hintergrund oder sogar kurzzeitig nicht wahrnehmbar war. Achtsamkeitsmediation beeinflusst gerade diejenigen Areale im Gehirn günstig, die im Zusammenhang mit der Depersonalisation eine Fehlfunktion aufweisen: zum Beispiel den cingulären Kortex, dem eine bedeutsame Rolle bei der Aufmerksamkeitsregulation zukommt, oder den somatosensorischen, insulären und temporo-parietalen Kortexarealen, die entscheidend für die Körper- und Gefühlswahrnehmung sind (Hölzel et al. 2011).

Wie funktioniert nun Achtsamkeitsmeditation? Eigentlich ist es ganz einfach. Ich empfehle meinen Patienten in der Regel zwei formelle Übungen, die Atemmeditation und den Body-Scan.

Bei der »Atemmeditation« soll sich der Übende seines Atems bzw. des Ein- und Ausatmens bewusst werden (▶ Kasten 7.1). Der Übende nimmt eine aufrecht sitzende, entspannte Körperhaltung ein, schließt die Augen und richtet seine Aufmerksamkeit auf das Ein- und Ausatmen bzw. auf die Stelle im Körper, wo er das Atmen am deutlichsten spürt. Dies können die Nasenflügel, der Brust- oder Bauchraum sein. Durch die Ausrichtung der Aufmerksamkeit auf den Atem wird eine Art von Erdung oder Verankerung im Körper hergestellt. Gleichzeitig bemerkt der Meditierende, wie Gedanken und Empfindungen auf der Oberfläche seines Bewusstseins auftauchen. Diese Gedanken und Empfindungen werden wahrgenommen und kurz benannt; zum Beispiel »ich spüre innere Unruhe« oder »ich merke, wie ich an die Arbeit denke« oder »ich merke, wie ich denke, es soll endlich zu Ende sein«, »ich merke wie ich denke, das bringt doch gar nichts« und so weiter. Dabei versucht der Meditierende, diese Gedanken nicht festzuhalten oder als »gut« oder »schlecht« zu bewerten, sondern er bleibt mit der Aufmerksamkeit beim Atmen bzw. er kehrt immer wieder dorthin zurück, wo er seinen Atem am besten spürt. Er kehrt immer wieder dorthin zurück und bemüht sich, kein Problem aus dem Abschweifen oder dem Inhalt seiner Gedanken und Empfindungen zu machen.

> **Kasten 7.1: Atemmeditation**
>
> 1. Setzen Sie sich hin und nehmen Sie eine bequeme und aufrecht sitzende Position ein (ohne sich anzulehnen) und stellen Sie die Füße flach auf den Boden.
> 2. Schließen Sie sanft Ihre Augen.
> 3. Lenken Sie Ihre Aufmerksamkeit auf Ihre körperlichen Empfindungen. Spüren Sie die Füße am Boden, das Gesäß auf dem Stuhl und so weiter. Wenn möglich lassen Sie Ihren Körper etwas entspannen und zur Ruhe kommen. Spüren Sie diesen Empfindungen für ein bis zwei Minuten nach.
> 4. Erinnern Sie sich, worum es bei der Achtsamkeitsmeditation geht: sich selbst so wahrzunehmen und anzunehmen, wie Sie im Augenblick sind; mit sich selbst in Beziehung zu treten. Bemühen Sie sich, eine liebevolle Haltung sich selbst gegenüber einzunehmen und Interesse und Neugier für sämtliche Ihrer Erfahrungen bei der Meditation aufzubringen.
> 5. Richten Sie dann Ihre Aufmerksamkeit auf die Körperempfindungen beim Atmen. Und zwar dorthin, wo Sie Ihr Atmen am besten spüren, zum Beispiel im Unterbauch, im Brustraum oder an den Nasenflügeln, wo der Atem ein- und ausströmt. Folgen Sie mit Ihrer Aufmerksamkeit den Körperempfindungen beim Ein- und Ausatmen.
> 6. Um Ihre Aufmerksamkeit zu unterstützen, können Sie sich still beim Einatmen sagen »ich atme ein« und beim Ausatmen »ich atme aus«.
> 7. Früher oder später werden Sie in der Regel bemerken, dass Sie mit Ihrer Aufmerksamkeit nicht mehr beim Atmen sind, sondern bei Gedanken, Plänen, Ängsten, Unruhe und anderen Dingen. Benennen Sie diese Dinge kurz, z. B. »ich merke, dass ich angespannt bin« oder »ich merke, dass ich den Gedanken habe, wann kann ich endlich Schluss machen«, und kehren Sie dann wieder mit der Aufmerksamkeit zu Ihrem Ein- und Ausatmen zurück, **ohne ein Problem daraus zu machen.**

> 8. Wenn Sie nach 10 Minuten die Übung beenden, dann gratulieren Sie sich für die Durchführung der Übung. Wenn Sie merken, dass Sie unzufrieden mit sich oder der Übung sind, dann machen Sie sich klar, dass es bei der Übung vor allem darum geht, die Übung gemacht zu haben (siehe auch Punkt 4).

Die zweite Übung ist der sogenannte Body-Scan. Bei dem Body-Scan wird über eine Dauer von 30–45 Minuten der gesamte Körper von den Zehenspitzen bis zum Scheitel mit der eigenen Aufmerksamkeit durchwandert. Diese Übung ist besonders geeignet, die Entfremdung vom eigenen Körper zu überwinden.

Um mit der Achtsamkeitsmeditation Sicherheit zu gewinnen, empfehle ich den Patienten meist folgende Literatur: 1.) »Der Angst den Schrecken nehmen: Achtsamkeit als Weg zur Befreiung von Ängsten« von Jeffrey Brantley (2006); 2.) »Der achtsame Weg durch die Depression« von Mark Williams (2009) oder 3.) »Im Alltag Ruhe finden. Meditationen für ein gelassenes Leben« von Jon Kabat-Zinn (2007). Die Beschäftigung mit dieser Literatur kann hilfreich für die Achtsamkeitspraxis sein.

> Unter den elektronischen Zusatzmaterialien finden Sie zwei Audiodateien mit Meditationsanleitungen (10 Minuten Atemmeditation, 30 Minuten Body-Scan). Bitte laden Sie sich diese herunter. Sie erleichtern den Einstieg in die regelmäßige Achtsamkeitspraxis.

7.6.2 Achtsamkeitstraining

Für die Überwindung der Depersonalisation und Derealisation kann regelmäßiges Achtsamkeitstraining hilfreich sein. Ich teile meinen Patienten mit, dass sie – wenn möglich – täglich mindestens zehn Minuten üben sollen. Für den Einstieg bietet sich die Atemmeditation an, später, sobald man Sicherheit mit dem Training gewonnen hat, sollte man mindestens einmal in der Woche auch den Body-Scan üben. Die Achtsamkeitsübungen können entspannend oder aber auch sehr anstrengend sein. Dies spielt keine Rolle für die Beurteilung ihrer Wirksamkeit. Es ist nur wichtig, die

Übungen regelmäßig zu machen. **Das primäre Ziel der Achtsamkeitsmeditation ist nicht die unmittelbare Erzeugung angenehmer Gefühle und Gedanken, sondern vielmehr mit sich selbst in einen authentischen und liebevollen Kontakt zu kommen. Es handelt sich eher um eine Art geistiges »Kung-Fu« als um ein passives »Wellness-Programm«.** Für den Übenden kann dies oft auch heißen, dass er während der Meditation auch mit schmerzlichen, unangenehmen oder ängstigenden Gefühlen und Vorstellungen in Kontakt kommen kann. In der Regel berichten die Betroffenen aber auf gezielte Nachfrage, dass die DDS-Symptomatik während des Trainings deutlich in den Hintergrund getreten ist oder sie kurzfristig gar symptomfrei waren. Nach einiger Zeit des Übens, spätestens nach acht Wochen, bemerken aber alle Übenden deutliche Effekte: beispielsweise, dass sie gelassener werden, sie insgesamt mehr bei sich sind und sie auch in Alltagssituationen die Achtsamkeitsübungen anwenden können (z. B. in Form einer kurzen Atem-Pause, um sich bewusst auf das Ein- und Ausatmen zu besinnen).

Die häufigste Schwierigkeit ist anfänglich vor allem der Eindruck, es funktioniere nicht, weil man bei der Übung starke innere Unruhe oder Anspannung verspürt, oder weil man sich einfach nicht konzentrieren könne oder man einfach »nichts« spüre. Diese unangenehmen Gefühle sind nicht ungewöhnlich, denn während der Übung spürt man einfach stärker, was vorhanden ist und das sind eben oft auch unangenehme Gefühle und Körperempfindungen. Typische unangenehme Körperempfindungen und Gedanken während der Achtsamkeitsmeditation sind Schwindelgefühle, »Angst vom Stuhl zu fallen«, Übelkeit, flaues Gefühl im Bauch, Beklemmungsgefühle, Kurzatmigkeit oder das »Gefühl, nicht richtig Luft zu bekommen«, Kopfdruck, Herzklopfen, Schweißausbrüche, Hitzegefühle, Anspannungsgefühle im Nacken oder ganzen Körper, Kribbeln auf der Haut, Gedanken wie »es funktioniert nicht; ich bin ständig abgelenkt, wusste ich doch, bei mir klappt das nicht«; »es hat keinen Sinn, ich kann es nicht«; »es passiert nichts, soll das alles gewesen sein«; ein irrationales Gefühl, bedroht zu sein. Bei den körperlichen Empfindungen handelt es sich typischerweise um Angstsymptome. Die gedanklichen Bewertungen spiegeln oft die Tendenz mancher Patienten wider, die eigenen Empfindungen abzulehnen. Das, was man empfindet, wird automatisch als »nicht normal«, »nicht gut« und »unzulänglich« bewertet. Ich spüre »nichts« bedeutet dann eigentlich, ich spüre nicht das, was ich spüren will oder was ich glaube das irgendwer von mir erwartet. Solche Gedanken sind letztendlich Ausdruck eines Mangels an Vertrauen in die eigenen Empfindungen. Manchmal spiegeln solche Bewertungen sogar auch eine Ablehnung bestimmter Aspekte der eigenen Person wider und widersprechen damit einer liebevollen und akzeptierenden Einstellung. Gleichzeitig machen diese Gedanken deutlich, wie schwer es fällt, das krankmachende Grübeln einzustellen. Es ist dann ein erster Schritt in Richtung Überwindung der DDS, sich bewusst zu werden, in welchem Ausmaß man Angst hat und in destruktiven Grübeleien gefangen ist, die einen Menschen in den eigenen Kopf einsperren und von sich selbst und anderen Menschen entfremden.

Für den Umgang mit starker Angst währen der Meditation empfiehlt Jeffrey Brantley (2006) Folgendes:

»Wenn Sie während Ihrer Meditation Angst bekommen, erinnern Sie sich also daran, dass Sie nichts falsch gemacht haben. Atmen Sie einfach in die Angst und in die Situation hinein, und machen Sie die Angsterfahrung selbst zum Objekt Ihrer Aufmerksamkeit und Ihrer Bewusstheit«. Und weiter schreibt er: »Um die Gefühle von Sorge, Angst und Panik zu meistern, muss man sie verstehen. Dies bedeutet nicht, dass man sich einfach nur mehr Gedanken über die Gefühle macht oder sich mehr Informationen darüber verschafft. Informationen sind notwendig, aber man muss die Erfahrung [der Angst, Depersonalisation, Derealisation usw. MM] auch bei ihrem Aufkommen und ihrer weiteren Entwicklung direkt von innen heraus verstehen. [...] Man lernt, was es bedeutet, mit dem aufgewühlten Geist zu arbeiten, indem man in solch einem Zustand mit gütiger, konzentrierter Bewusstheit präsent ist. Man lernt, die Reaktionsweise des eigenen Geistes angesichts solch intensiver Zustände wie Bekümmerung und Angst erkennen und ihr nicht mehr zum Opfer zu fallen« (Brantley 2006, S. 200).

Wenn man in einer mitfühlenden Haltung anerkennt, dass man voller Angst, Unruhe und Sorge ist, stellt dies bereits den ersten Schritt zur Überwindung dieser Probleme dar. Denn bevor man die Angst vor diesen Zuständen überwinden kann, muss man die damit verbundenen Symptome und ihre Ursachen erst besser kennenlernen. Mit der Zeit merkt man dann auch, dass diese Zustände veränderbar und nicht für die Ewigkeit in Beton gegossen sind. Bei manchen Patienten kann die zehnminütige Atemmeditation eine Überforderung darstellen. In diesen Fällen empfehle ich dann, zunächst Übungen zur Beruhigung starker Angst zu machen (z. B. Bauchatmung) und die Atemmeditation anfänglich auf 1–2 Minuten täglich zu begrenzen und diesen Zeitraum dann allmählich auszudehnen.

Die zweite Barriere für das regelmäßige Praktizieren von Achtsamkeitsmeditation ist Mangel an Hoffnung, Geduld und Ausdauer. Hilfreich können hier Menschen sein, die den Betroffenen zu den Übungen ermuntern oder gar gemeinsam mit ihm meditieren. Wenn man in einer Partnerschaft lebt, kann es sehr hilfreich sein, den Partner zu bitten, gemeinsam mit einem zu meditieren und die Erfahrungen auszutauschen. In manchen Städten gibt es auch Achtsamkeitsmeditationsgruppen, die von geschulten Therapeuten geleitet werden. Entsprechende Kurse können erfragt werden bei MBSR-Deutschland (MBSR, Mindfulness-Based-Stress-Reduction). Wenn der Anschluss an eine Gruppe nicht möglich ist, hilft manchmal das Führen eines Tagebuchs weiter, in dem man täglich kurz seine Erfahrungen mit der Meditation notiert. Mit der Zeit wird es dann möglich sein, eine Entwicklung zu verfolgen.

Eine dritte Barriere stellt der Mangel an liebevoller Selbstfürsorge dar. Betroffene scheitern hier an der Umsetzung des Achtsamkeitstrainings, weil es ihnen schwerfällt, gut mit sich umzugehen. Sie finden beispielsweise keine Zeit dafür, weil andere Dinge immer vorgehen.

Meist finden sich bei Betroffenen leider oft mehrere Barrieren, die die Umsetzung erschweren. Vielen Patienten gelingt es aber, diese Barrieren von sich aus oder zumindest mit psychotherapeutischer Unterstützung zu überwinden.

> Schreiben Sie nun möglichst konkret und spezifisch Ihre tatsächlichen Erfahrungen mit der Achtsamkeitsmeditation auf, indem Sie die letzte Atemmeditation noch einmal im Geiste ganz konkret durchgehen. Dann überprüfen Sie, welche der in ▶ Kap. 7.6.2 beschriebenen Probleme Sie bei sich wiedergefunden haben.

7.6.3 Achtsame Kommunikation

Sobald man mit der Achtsamkeitsmeditation vertraut geworden ist, sollte man versuchen, Achtsamkeit, die Konzentration auf die eigene innere Mitte über das Atmen, in zwischenmenschlichen Begegnungen bewusst einzusetzen. Ein Ort, der sich zum Üben besonders eignet, ist die eigene Psychotherapie. Nicht selten fällt es DDS-Patienten schwer, sich dem eigenen Psychotherapeuten gegenüber zu öffnen, d. h. zum Beispiel offen und ehrlich auch schwierige Dinge in der Beziehung zum Psychotherapeuten anzusprechen. Achtsamkeit kann helfen, die mit dieser Selbstöffnung verbundenen Ängste zu überwinden und die Beziehung zufriedenstellender zu gestalten. Folgende Hinweise können in solchen Gesprächssituationen hilfreich sein (siehe auch Frederick 2009):

1. Erlauben Sie es sich, sich über Ihren Atem (analog der Atemmeditation) in Ihrem Körper zu verankern und offen für Ihre körperlichen Empfindungen und Gefühle zu sein.
2. Während des Zuhörens und Sprechens versuchen Sie, weiterhin zu spüren, wie Sie ein- und ausatmen. Kommen Sie beim Hören und Sprechen immer wieder zu Ihren Empfindungen beim Ein- und Ausatmen zurück.
3. Sprechen Sie langsam und bleiben Sie beim Sprechen über Ihren Atem in Verbindung mit Ihren Empfindungen. Erlauben Sie es sich, alle Ihre wichtigen Gefühle und Gedanken auszusprechen, auch wenn Sie bemerken, dass Ihnen dies Angst macht.
4. Schauen Sie der anderen Person beim Sprechen in die Augen. Wenn Sie durch das, was Sie in den Augen der anderen Person sehen, verunsichert werden, dann sprechen Sie dies an und bitten um eine Klärung. Es ist wichtig, dass Sie überprüfen, ob Ihre Wahrnehmung richtig ist oder von Ängsten und negativen Erwartungen verzerrt wird, die möglicherweise auf frühere schlechte Erfahrungen zurückgehen.

Diese Art der Kommunikation ist emotional sehr intensiv und deshalb auch sehr fruchtbar. Es bietet sich an, diese Art der Kommunikation in der eigenen psychotherapeutischen Behandlung zu erproben und später dann auf andere zwischenmenschliche Begegnungen zu übertragen.

7.7 Die Angst beruhigen

Folgende Selbsthilfemaßnahmen haben sich für die Linderung einer akuten Verschlimmerung von Angst, Anspannung und DP/DR-Symptomatik bewährt.

7.7.1 Ruhiges Ein- und Ausatmen

Es ist möglich über bestimmte, dem Yoga entlehnte Atemtechniken Angst zu lindern. Wichtig ist auch hier das regelmäßige Üben. Angst führt automatisch zu einer schnellen flachen Atmung, die wiederum ganz biologisch Angst und Anspannung verstärkt. Über die tiefe Bauchatmung kann man dem bewusst entgegensteuern. Durch die tiefe Bauchatmung wird das parasympathische Nervensystem gestärkt. Das parasympathische Nervensystem bremst die Wirkung des sympathischen Nervensystems, welches für die biologischen Folgen der Stressreaktion verantwortlich ist (z. B. Herzrasen, Verspannung, Übelkeit, Schwindel, DP/DR). Derartige Atemübungen werden breit in der Psychotherapie eingesetzt und beispielsweise von Ronald Frederick (2009) in seinem empfehlenswerten Selbsthilfebuch »Living like you mean it« beschrieben.

1. Erkennen Sie an, dass es Ihnen gerade nicht gut geht. Akzeptieren Sie dies, ohne sich davon beherrschen zu lassen. Sie sind weit mehr als ein Gefühl der Angst.
2. Legen Sie Ihre Hand unter dem Rippenbogen auf den Bauch.
3. Atmen Sie langsam durch die Nase bis in den Bauch hinein ein, sodass Ihre Hand beim Einatmen leicht angehoben und beim Ausatmen leicht abgesenkt wird. Wenn sich ihre Hand langsam hebt und senkt, dann atmen Sie richtig ein und aus.
4. Machen Sie nach dem Ausatmen eine kleine Pause und atmen Sie anschließend wieder ruhig ein, sodass Ihre Hand angehoben wird. Die Häufigkeit der Atemzyklen sollte etwa 5–6 Zyklen pro Minute betragen. Dies erreicht man, wenn man 4 Sekunden einatmet,

2–7 Sekunden die Luft anhält und mindestens 4–8 Sekunden ausatmet. Das innere Mitzählen hilft dabei, sich auf die Atmung zu konzentrieren.
5. Bleiben Sie mit Ihrer Aufmerksamkeit bei Ihren körperlichen Empfindungen und Gefühlen, während Sie ein- und ausatmen.
6. Machen Sie die Übung ein paar Minuten, solange bis Sie sich wieder etwas ruhiger fühlen.

7.7.2 Beruhigender innerer Dialog

Diese Atemübung lässt sich mit einem ermutigenden inneren Dialog im Geiste der Achtsamkeit kombinieren. Ein solcher, innerer Dialog könnte etwa wie folgt lauten: »*Auch, wenn ich mich gerade extrem unwirklich fühle, Angst habe, komplett die Kontrolle über mich zu verlieren, und ich mich richtig elend fühle, so weiß ich doch, wer ich bin, dass ich hier in (Ort) bin, und dass ich gerade (Tätigkeit) mache. Ich werde jetzt das machen, was ich für vernünftig und sinnvoll halte, trotz meiner großen Angst.*«, oder: »*Ich weiß, dass ich nicht die Kontrolle über mich verliere und dass es nach einer Weile wieder erträglicher werden wird.*« Diese Art eines inneren ermutigenden Dialogs ist ganz sicher kein Wundermittel, aber er fördert mit zunehmender Anwendung die Fähigkeit, sich selbst beruhigen zu können. Und diese Art eines ermutigenden Dialogs ist bedeutend angemessener und hilfreicher als sich in katastrophisierenden Reden zu verlieren, wie zum Beispiel: »*Ich werde jetzt gleich verrückt werden ..., ... ich werde mein Leben nie auf die Reihe kriegen, ... ich werde nie wieder gesund; ... ich werde mich total blamieren.*«, und so weiter. Das Prinzip des ermutigenden inneren Dialogs besteht darin, dass ich einerseits meine Erkrankung und die akute Angst anerkenne, andererseits ich mich aber nicht darin verliere, sondern mir klarmache, dass ich als Person bedeutend mehr als dieser unangenehme Zustand bin, den ich wahrnehmen und dem gegenüber ich eine Position einnehmen kann. Das bewusste ruhige Atmen hilft dabei, stärker im Hier und Jetzt verankert zu bleiben, statt sich mit furchterregenden und lähmenden Gedankenspielen zu quälen.

7.7.3 Gute Erinnerungen zu Hilfe rufen

Eine weitere Möglichkeit, sich in belastenden Situationen zu beruhigen, ist unsere Fähigkeit, gute Erinnerungen oder Vorstellungen hervorzurufen, d. h. Vorstellungen in der Fantasie oder Erinnerungen, die von guten Gefühlen begleitet sind. Nehmen Sie hierzu eine Haltung wie beim ruhigen Ein- und Ausatmen ein: (1) Sie erkennen an, dass es Ihnen schlecht geht. (2) Sie atmen ruhig ein und aus, sodass sich die Hand über Ihrem Bauch ruhig hebt und senkt. (3) Sie rufen eine gute innere Vorstellung oder Erinnerung auf, die Sie mit Dankbarkeit erfüllt, und stellen sich vor, wie die guten Gefühle mit jedem Ein- und Ausatmen Ihre Not quasi wegspülen. In der Regel führt dies zu einer leichten Linderung der akuten Notsituation. Alle Menschen, die ich näher kennenlernen durfte, verfügten über ein, zwar oft verschüttetes, aber doch immer vorhandenes Reservoir an aufbauenden Erinnerungen. Es ist wichtig, dieses Reservoir über die Jahre immer wieder aufzufüllen. Die meisten Menschen können dieses Reservoir von sich aus auffüllen, indem sie ihre Aufmerksamkeit auf positive Erinnerungen und Erlebnisse richten, andere benötigen dazu therapeutische Unterstützung.

> **Übung zum Auffüllen des Reservoirs an guten Erinnerungen**
>
> Nehmen Sie sich für diese Übung nun 10–15 Minuten Zeit, um sich ein Erlebnis aus der Gegenwart oder Vergangenheit in Erinnerung zu rufen, das mit positiven Gefühlen verbunden war bzw. ist (Dankbarkeit, Liebe, Freude, Friede, Glück, Zufriedenheit, Geborgenheit) und verfahren Sie dabei wie folgt: (1) Geben Sie der Geschichte einen Titel wie z. B. (»Verstanden gefühlt« oder »Geliebt gefühlt«). (2) Beschreiben Sie so anschaulich wie möglich aus der Ich-Perspektive und in der Gegenwartsform, was Sie erlebt haben, sodass ein guter Filmemacher mit guten Schauspielern die Szene mit Ihrem Drehbuch originalgetreu nachdrehen könnte; d. h. anschließend würden Sie sich, die beteiligten Personen und den Ort im Film wiedererkennen. (3) Beschreiben Sie auch, wie Sie sich damals gefühlt haben, und (4) erlauben Sie es sich, alle Gefühle zu erleben, die ausgelöst werden, wenn Sie sich daran zurückerinnern.

7.7.4 Die 4–7–8-Atmung

Eine noch tiefere Entspannung kann man mit der sogenannten 4–7–8-Atmung erreichen: 4 Sekunden durch die Nase einatmen, 7 Sekunden Luft anhalten, 8 Sekunden durch den Mund ausatmen. Wichtiger als die exakten Sekunden ist, dass man gleichmäßig zählt und dass die Ausatmung doppelt so lange wie das Einatmen dauert. Die Übung kann im Sitzen oder Liegen durchgeführt werden. Dabei soll während der gesamten Atemübung die Zungenspitze sanft am oberen Gaumen kurz vor den Schneidezähnen anliegen.

- Ruhig durch die Nase einatmen und dabei innerlich bis vier zählen.
- Nach dem Einatmen die Luft anhalten und dabei innerlich bis sieben zählen.
- Dann folgt die langsame Ausatmung durch den leicht geöffneten Mund während man innerlich bis acht zählt.

Die Übung erleben manche zu Beginn oft als anstrengend. Am besten beginnt man mit kleinen Schritten, d.h. man macht zu Beginn zweimal täglich 4 Zyklen (entspricht ca. 76 Sekunden Übungsdauer) und später dann zweimal täglich 8–10 Zyklen. Die Übung ist für alle sehr zu empfehlen, die sich oft angespannt fühlen und unter Schlafstörungen leiden. Es ist sinnvoll die Übung täglich zu anzuwenden. Patienten, die bei der Achtsamkeitsmeditation sehr viel Angst erleben, können dem entgegenwirken, wenn sie zunächst diese Übung regelmäßig machen.

> Bevor Sie weiterlesen, machen Sie einmal kurz diese Atemübung über 4 Atemzyklen. Überprüfen Sie dann, wie Sie diese Übung in Ihren Alltag einbauen können.

7.7.5 Eiswürfel, Ammoniak, Riechsalz, Gummibänder usw.

Patienten mit anfallsweisen dissoziativen Zuständen wird häufig als Notfallmaßnahme eine starke sensorische Stimulation empfohlen, um wieder »zurück« zu kommen, bspw. die Anwendung von Riechsalz, das Einreiben mit Eiswürfeln, oder das Schnippen mit einem Gummiband am Handgelenk, um einen Schmerz (ohne Gewebeschädigung) zu erzeugen. Meiner Erfahrung nach sind solche Tricks bei Patienten mit einer Depersonalisations-Derealisationsstörung weniger hilfreich, weil bei diesen Patienten die Symptomatik dauernd vorhanden und weniger eindeutig mit anfallsartigen Zuständen massiver Anspannung verbunden ist. Patienten jedoch, die zur Selbstverletzung neigen, sollten diese Hilfsmittel gezielt einsetzen.

7.7.6 Andere Entspannungsverfahren

DDS-Patienten haben oft Schwierigkeiten mit Entspannungsverfahren wie der Progressiven Muskelrelaxation und dem Autogenen Training, die in vielen Kliniken routinemäßig angeboten werden. Nicht selten erleben Patienten eine deutliche Verstärkung der DP/DR während dieser Entspannungsverfahren. Eine Zunahme der DP/DR in solchen Situationen bedeutet meist, dass in dieser Situation Ängste zugenommen haben, die der DP/DR zugrunde liegen. Es wäre dann wichtig, Rücksprache mit dem Kursleiter zu halten und zu versuchen, mit einer anderen Einstellung der Verstärkung der Symptome zu begegnen. Wenn man diese Entspannungsverfahren macht, dann sollte man diese Übungen im Geiste der Achtsamkeit machen. Denn auch bei diesen Entspannungsverfahren geht es nicht primär um Entspannung, sondern darum, mit sich und der Welt in einen besseren Kontakt zu kommen.

7.8 Die maladaptive Selbstbeobachtung überwinden

»Wir stoßen auf die paradoxe Tatsache, dass wir umso mehr Ich selbst sind, je rückhaltloser wir uns den Gegenständen zuwenden und in ihnen aufgehen. Wir sind dann am meisten Ich, wenn wir dem Ich und seinen Handlungen unsere Aufmerksamkeit nicht zuwenden. Das erste Zeichen der Depersonalisation ist quälender Selbstbeobachtungszwang« (Paul Schilder 1914).

Nach dem Ausbruch der Depersonalisation liegt Hudson, der Held aus dem Hollywooddrama »Numb – leicht daneben«, in der Badewanne und betrachtet nachdenklich seine Hand von allen Seiten wie einen fremden Gegenstand. Dies ist eine ganz typische Szene für Menschen mit einer Depersonalisations-Derealisationsstörung.

Die maladaptive Selbstbeobachtung spielt in verhaltenstherapeutischen (kognitiv-behavioralen) und psychodynamischen Modellen der Entstehung und Aufrechterhaltung der Depersonalisations-Derealisationsstörung eine entscheidende Rolle. Neurowissenschaftliche Studien konnten zeigen, dass die Schwere der DDS-Symptomatik eng mit der Aktivität und Größe eines Hirnareals assoziiert ist, das immer dann besonders aktiv wird, wenn unsere Aufmerksamkeit auf uns selbst gerichtet ist, und das deaktiviert wird, wenn wir uns der Wahrnehmung der Außenwelt oder unserer Empfindungen hingeben. Paul Schilder (1914) beschreibt das Problem der maladaptiven Selbstbeobachtung bei den Betroffenen so: »*Das Individuum geht nicht voll auf in der Wahrnehmung, im Denken, im Urteilen, im Erinnern und Vorstellen.*« An anderer Stelle führt er aus, dass die Betroffenen »*beobachten, statt zu erleben*«, oder wie es eine Patientin ausdrückte: »*Seit ich mich und alles um mich herum als unwirklich erlebe, so als ob alles nur ein Traum ist, kreisen meine Gedanken nur noch um mich selbst*«.

Dieser enge Zusammenhang der DDS-Symptomatik mit der Ausrichtung der eigenen Aufmerksamkeit bedeutet nicht, dass die Symptome sich einfach durch Vorsatz dauerhaft abstellen lassen könnten. Um zu veranschaulichen, wie schwer es sein kann, Kontrolle über die eigene Wahrnehmung zu erreichen, möchte ich einen Patienten zu Wort kommen lassen, bei dem in seiner Studienzeit eine Depersonalisations-Derealisati-

7.8 Die maladaptive Selbstbeobachtung überwinden

onsstörung auftrat. Seinen Zustand beschrieb er vor fast 100 Jahren so (zitiert nach Störring 1933, S. 484):

> »Damals erschien mir alles Körperliche so fremd, dass ich an meiner Realität zu zweifeln anfing und die Gegenstände um mich her und mich selbst zuweilen betastete, um mich von ihrer und meiner körperlichen Existenz zu überzeugen«.

Dieser Zustand selbst ging einher mit dem Aufkommen einer krankhaften Selbstbeobachtung:

> »… so entwickelte sich jene verhängnisvolle Selbstbeobachtung und Selbstkontrolle, die mich an den Rand der Verzweiflung gebracht hat. Sie war nicht mit einem Mal da, sondern steigerte sich von Monat zu Monat und von Jahr zu Jahr. Ich bin mitunter wie wahnsinnig herumgelaufen, weil ich mich vor mir selbst nicht retten konnte. Immer nur ich und meine eigenen seelischen Funktionen. Eine Ablenkung war nicht möglich. Denn sobald ich zu lesen, zu hören, zu beobachten, mich zu unterhalten anfing, setzte die Selbstkontrolle in verstärktem Maße ein«.

Auch wenn es nicht einfach ist, die Ausrichtung der eigenen Aufmerksamkeit zu kontrollieren, so gibt es doch spezifische Übungen, durch die Betroffene wieder etwas mehr Einfluss auf ihre Aufmerksamkeit gewinnen können. Dadurch erreichen Betroffene meist eine Abnahme der Selbstbeobachtung und der DDS-Symptomatik. Dies sind Gründe genug, warum die Beschäftigung mit dem Thema Aufmerksamkeit eine besondere Rolle bei der Selbsthilfe einnehmen sollte.

Was ist eigentlich genau mit maladaptiver Selbstbeobachtung gemeint? An dem Beispiel mit Hudson aus dem Film »Numb« lässt sich ein Aspekt dieser maladaptiven Beschäftigung mit sich selbst näher beschreiben. Hudson sieht nicht einfach seine Hand an, sondern er ist ganz damit beschäftigt, »wie« er seine Hand wahrnimmt. Dabei hört man ihn fast murmeln, »ist das wirklich meine Hand«, während er sie wie einen fremden Gegenstand betrachtet. Dadurch ist er nicht mit der unmittelbaren Wahrnehmung der Hand befasst wie dies beispielsweise beim Body-Scan geschieht, sondern damit, auf welche Art und Weise er die Hand wie von außen betrachtet wahrnimmt. Dadurch geht der unmittelbare Bezug zu seiner Hand verloren. Ich weiß, das klingt kompliziert. Ich versuche, es noch einmal an einem anderen Beispiel zu erläutern. Viele Betroffene beklagen eine Veränderung ihrer visuellen Wahrnehmung, z. B. dass alles flach, kulissenhaft, wie in einem Film oder hinter dickem Glas wirke. Bei der genaueren Betrachtung zeigt sich, dass die Betroffenen nicht einfach sehen, in ihrer Wahrnehmung aufgehen und sich ihren Empfindungen und Seheindrücken überlassen. Sie sind stattdessen vielmehr damit beschäftigt, »wie« sie sehen als mit dem, »was« sie sehen. Sie stellen sich quasi wie neben sich und beschäftigen sich mehr mit dem Schleier oder der unsichtbaren Glaswand als mit dem Objekt, das sie eigentlich anschauen. Selbst bei den meisten Gesunden lassen sich durch eine so veränderte Wahrnehmungseinstellung Symptome von Depersonalisation und Derealisation erzeugen. Paul Schilder (1914, S. 69) hat vor hundert Jahren diese Vorgänge so beschrieben:

> »Trotz der Willensanstrengung ist die Wahrnehmung eine unbefriedigende und dieses Unbefriedigende fesselt die Zuwendung und verhindert ein weiteres Fortschreiten der Wahrnehmung. Es ist zweierlei nachweisbar: Die Unvollständigkeit des Erlebens und die ständige Richtung des inneren Blicks auf diese Unvollständigkeit«.

Das heißt, Betroffene können sich nur schwer von dem »Schleier« oder der »Glaswand« lösen, die ihre Wahrnehmung so befremdlich, unwirklich und »unvollständig« machen. Dadurch, dass sie ständig mit dieser »*Unvollständigkeit*« beschäftigt sind, können sie sich aber nicht voll dem zuwenden, was sie eigentlich betrachten wollen.

Eine ähnlich ungünstige Wirkung hat auch das ständige Vergleichen. Ständig vergleichen oder messen die Depersonalisierten in den Worten von Paul Schilder (1924, S. 258) »*ihr gegenwärtiges Mit-sich-zerfallen-Sein an ihrem früheren Mit-sich-eins-Sein*«. Aber Paul Schilder (1914) führt weiter aus:

> »Gelingt durch Überrumpelung eine Durchbrechung dieses Circulus vitiosus[11], so nehmen die Patienten sehr gut wahr und leben in den Wahrnehmungsobjekten, die sie nicht erfassen können, wenn Sie sich direkt auf das Erlebnis richten«.

---

11 Circulus vitiosus ist der lateinische Ausdruck für Teufelskreis oder Abwärtsspirale.

7.8 Die maladaptive Selbstbeobachtung überwinden

Ich habe es oft erlebt, dass Patienten, wenn sie einmal spontan sein konnten, ganz perplex erzählten, dass sich für Sekunden der Schleier komplett lichtete.

Eine andere maladaptive Form der Selbstbeobachtung betrifft vor allem soziale Situationen. Menschen mit sozialen Ängsten und sehr viele DDS-Patienten, sind in sozialen Kontakten oft sehr damit beschäftigt, wie andere sie wahrnehmen könnten. Sie treten dabei quasi aus sich heraus und versuchen, zu rekonstruieren, wie sie wohl von außen betrachtet aussehen mögen. Auch hier geht der unmittelbare Bezug zu sich selbst und zum anderen verloren und man gerät automatisch in einen Zustand der Depersonalisation und Derealisation. Paul Schilder (2014, S. 211) beschrieb diesen Vorgang so: »*Trete ich in eine Gesellschaft, und habe ich ein brennendes Interesse an meinem Verhalten, so stelle ich mich nicht etwa selbst vor, sondern rekonstruiere mir mein Bild aus dem, was ich in den Augen der anderen wahrnehme*« bzw. wahrzunehmen glaube oder befürchte, müsste man ergänzen. Und an anderer Stelle führt er weiter aus (Schilder 1924, S. 259), dass bei der DDS »*alles nur im Hinblick auf die eigene Person und nicht im Hinblick auf die Sache selbst erlebt wird*«. Das heißt, dass Betroffene, auch wenn sie allein sind, trotzdem sehr davon eingenommen sein können, was andere von ihnen denken usw., sodass sie letztendlich, auch wenn sie allein sind, sie sich weit weg von ihrer inneren Mitte befinden.

Eine weitere Möglichkeit durch eine veränderte Wahrnehmungseinstellung Unwirklichkeitsgefühle zu erzeugen, stellt die längere Fixation eines Punktes mit den Augen dar. Dies wird zum Beispiel bei der Einleitung einer Hypnose angewendet. Der Proband soll hierzu einen Punkt unverwandt fixieren bis seine Augen müde werden. Experimentell kann durch eine solche Blickfixation Depersonalisation und Derealisation bei Gesunden oder Patienten erzeugt werden (Michal et al. 2007). Ein Patient erzählte mir hierzu, dass er früher seine Unsicherheit in Zweiersituationen zu verbergen versuchte, indem er seinem Gegenüber immer »zwischen« statt in die Augen schaute. Wegen seiner Selbstunsicherheit wollte er es eigentlich vermeiden, anderen Menschen in die Augen zu blicken. Gleichzeitig war es ihm aber auch wichtig zu verbergen, dass er sich unsicher fühlt. Als Notlösung entdeckte er dabei diese von ihm sogenannte »Entrückungsstrategie«. Letztendlich und ohne dass es ihm richtig bewusst war, verstärkte er in sozialen Situationen durch seine »Entrückungsstrategie« die DDS-Symptomatik.

Umgekehrt tritt die DDS-Symptomatik regelhaft ganz stark in den Hintergrund (oder löst sich gar auf), wenn die Betroffenen sich einmal ganz vergessen können, sie ganz in ihren Empfindungen aufgehen und sie sich diesen spontan überlassen können. Selbst bei Patienten mit einer sehr schweren DDS lassen sich meist kurze Momente der Symptomfreiheit finden, bspw. wenn Betroffene sich bei angenehmen Dingen wie einem guten Film, beim Musizieren, Sex, Sport oder auch im Schulunterricht einmal ganz vergessen können und sie ganz bei der »Sache« sind. Eine Patientin formulierte dies so: »*Wenn ich beim Musikhören mit meinen Gefühlen in Verbindung bin, bin ich natürlich nicht mit meiner* Wahrnehmung *beschäftigt.*« Das heißt, wenn es gelingt ganz im Hören der Musik aufzugehen und sich den eigenen Empfindungen zu überlassen, dann nehme ich die Symptome der DDS nicht wahr, weil sie dann auch nicht da sind.

> Nehmen Sie sich nun 10–15 Minuten Zeit und schreiben Sie anschaulich mit eigenen Worten auf, welche Formen der ungesunden Selbstbeobachtung Sie bei sich wiedererkannt haben und wieviel Zeit Sie heute bereits mit dieser ungesunden Selbstbeobachtung verbracht haben.

7.9 Aufmerksamkeitstraining

Eine Art, seine Aufmerksamkeit zu trainieren, haben wir schon kennengelernt, nämlich die Achtsamkeitsmeditation. Es gibt aber noch andere Arten des Aufmerksamkeitstrainings.

Um den Zusammenhang von Aufmerksamkeit und DDS-Symptomatik zu veranschaulichen, möchte ich Ihnen aber zunächst vorschlagen, ein kleines Experiment zu wiederholen, das unter Studienbedingungen zuverlässig die DDS-Symptomatik kurzfristig stark reduzierte (Hunter et al. 2014). Das Experiment besteht darin, eine anspruchsvolle Kopfrechenaufgabe durchzuführen:

- Schätzen Sie nun die augenblickliche Intensität der DDS-Symptomatik auf einer Skala von 0–100 ein und notieren sie die Intensität auf einem Zettel.
- Und jetzt versuchen Sie sich in einer anstrengenden Kopfrechenaufgabe mit geschlossenen Augen: Ziehen Sie von 250 jeweils 7 ab, also 243, 236 usw., bis eine Zahl kleiner Null herauskommen würde.
- Schätzen Sie dann ein, wie stark die DDS-Symptomatik während der Kopfrechenaufgabe war.

Die allermeisten Patienten werden berichten, dass die Symptomatik weit in den Hintergrund rückte bzw. stark reduziert war.

Ähnliche Aufmerksamkeitsmechanismen, wie sie bei der Kopfrechenaufgabe vorkommen, werden bei dem sogenannten Aufmerksamkeitstraining gezielt eingeübt. Diese Übung wurde von dem Psychologen Adrian Wells (2011) in die Behandlung unterschiedlicher seelischer Erkrankungen eingeführt. Dieses Aufmerksamkeitstraining ähnelt der Achtsamkeitsmeditation. Im Gegensatz zur Achtsamkeitsmeditation steht dabei aber nicht die Verbesserung der Selbstwahrnehmung im Vordergrund, sondern das Training der Kontrolle über die Ausrichtung der Aufmerksamkeit. Man kann sich unsere Aufmerksamkeit als den Lichtkegel einer Taschenlampe vorstellen. Wie der Lichtkegel so ist auch die Kapazität unserer Aufmerksamkeit begrenzt. Nur eine begrenzte Zahl von Gegengeständen (Gefühle, Dinge, Gedanken usw.) können gleichzeitig beleuchtet werden. Der Rest bleibt im Dunkeln und wird nicht oder kaum wahrgenommen.

Die nun folgende Übung zur Kontrolle der Aufmerksamkeit hat sich ebenfalls als wirksam in der unmittelbaren Reduktion von DDS-Symptomen erwiesen (Hunter et al. 2014). Ich selbst mache diese Übung am liebsten bei Spaziergängen. Das Prinzip ist, dass man sich in seiner Umgebung drei bis fünf Geräusche in unterschiedlicher Entfernung aussucht und dann die Aufmerksamkeit abwechselnd jeweils auf eines der drei (oder fünf) verschiedenen Geräusche lenkt. Beim Spazierengehen im Park lenke ich zunächst meine Aufmerksamkeit auf meinen Atem, bis ich spüre, wie ich ein- und ausatme. Dann richte ich meine Aufmerksamkeit auf das Geräusch meiner Schritte, anschließend auf das Zwitschern der Vögel und sodann auf die Geräusche des Straßenverkehrs oder das Rauschen der Blätter im Wind. Sobald ich eines der Geräusche klar mit meiner Aufmerksamkeit erfasst habe, gehe ich mit meiner Aufmerksamkeit zum nächsten Geräusch über: Ein- und Ausatmen → eigene Schritte → Zwitschern der Vögel → Straßenverkehr → Ein- und Ausatmen spüren → eigene Schritte → Vogelzwitschern → Straßenverkehr → und so weiter. Am Ende versuche ich, alle drei bis fünf Geräusche gleichzeitig in den Blick zu nehmen. Besser noch wäre es aber, wenn man die Übung im Sitzen, Liegen oder Stehen durchführt. Die Art der Geräusche ist nicht so wichtig. Bedeutsam ist vor allem, dass man seine Aufmerksamkeit auf mindestens drei Geräusche in unterschiedlicher Entfernung fokussieren kann. Für das Üben dieser Art des Aufmerksamkeitstrainings sollten man mindestens fünf bis zehn Minuten täglich aufbringen. Diese Übungen ersetzen nicht die Achtsamkeitsmeditation, sind aber eine wertvolle Ergänzung, die im Alltag leicht eingebaut werden kann. Bei manchen Betroffenen wirkt diese Übung auch angst- und spannungslösend. Wenn man diese Übung regelmäßig macht, wird es einem besser gelingen, sich aus der ständigen Qual der Selbstbeobachtung und des Grübelns zu befreien.

> Probieren Sie diese Form des Aufmerksamkeitstrainings einmal aus. In den elektronischen Zusatzmaterialien finden Sie unter Hilfreiche Weblinks entsprechende Internetquellen.

7.10 Das Symptomtagebuch: Den Sinn hinter den Symptomen finden

Die der Depersonalisations-Derealisationsstörung zugrunde liegenden seelischen Probleme sind den Betroffenen häufig zunächst nicht klar. Sie

7.10 Das Symptomtagebuch: Den Sinn hinter den Symptomen finden

können sich kein seelisches Problem vorstellen, dass eine so gravierende Veränderung in ihrem Leben bewirken soll. Viele suchen deshalb zu Beginn der Erkrankung zunächst Augen- oder andere Fachärzte auf, weil sie glauben, etwas stimme mit ihrem Körper nicht. Oft verharren Betroffene dabei in einer Art verzweifelter Warteschleife, indem sie das Ganze als eine Art »Albtraum« betrachten, der, so wie er ohne ihr Zutun gekommen ist, auch wieder verschwinden soll. Eine solche Einstellung ist allerdings für die Überwindung der DDS schädlich. Letztendlich schreibt diese Einstellung den »Alb-Traumzustand« der Depersonalisation fort, indem man sich letztendlich weigert, die Entfremdung als ein Problem des eigenen Lebens zu betrachten.

Wenn Patienten sich noch nicht über die emotionalen Probleme im Klaren sind, die der DDS zugrunde liegen, oder sie keine relevanten Symptomschwankungen wahrnehmen können, hat sich die Arbeit mit einem Symptomtagebuch bewährt. Der Patient wird aufgefordert, jeden Abend kurz für ein paar Minuten den Tag Revue passieren zu lassen und in sein Symptomtagebuch den Moment mit der schlimmsten und denjenigen mit der geringsten Symptomausprägung zu notieren. Um sich besser auf den Tag besinnen zu können, lohnt es sich, vor dem Eintrag eine kurze Atemübung zu machen (ruhig ein- und ausatmen, sodass sich die Hand über ihrem Bauch ruhig hebt und senkt). Im Symptomtagebuch wird die Intensität der Symptomausprägung auf einer Skala von 0–100 eingeschätzt. 100 von 100 bedeutet dabei die denkbar schlimmste Depersonalisation/Derealisation und 0 von 100 keine. Dabei ist es wichtig sich klarzumachen, dass 100 das absolute Maximum ist und Steigerungen über 100 nicht möglich sind. Es gibt nämlich manchmal Patienten, die so voller Angst sind, dass sie den Eindruck haben, die Depersonalisation sei heute immer unerträglicher als gestern, sodass auf die 100 eine 150 und immer so weiter folgen muss. Die Angst wäre demnach unermesslich und nur nach oben hin offen. Wieder andere nehmen es mit der Einschätzung allzu genau, sodass sie am liebsten Kommastellen einführen möchten, z. B. so, dass die Depersonalisation mal zwischen 80,40 und 80,46 schwankt. Beide Verhaltensweisen sind kontraproduktiv, führen dazu, sich im angsterfüllten Starren auf die Symptome zu verlieren. Im Symptomtagebuch sollte das nicht vorkommen. Zusätzlich zu der Einschätzung der Intensität der Symptomatik werden Situation und Uhrzeit kurz notiert. Wenn man sich bereits in psychotherapeutischer Behandlung befindet, so kann man dann mit Unterstützung des Psychotherapeuten die Situationen weiter analysieren. Meist geschieht dies derart, dass man sich gemeinsam eine Situation mit der stärksten (und ggf. auch eine mit der geringsten Symptomausprägung) genauer betrachtet.

Tab. 7.2: Symptomtagebuch (Beispiel)

Datum	Montag, 03.05.	Dienstag, 04.05.
Schlimmste DP (0–100)	99	
Wann?	*Vormittags*	
Wo?	*Supermarkt in Magdeburg*	
Wer/Was?	*Treffe J. aus der Schulzeit*	
Erträglichste DP (0–100)	50	
Wann?	*Nachmittags*	
Wo?	*Beim Duschen*	
Wer/Was?	*Haarewaschen*	
Durchschnittliche Stärke der DP am Tag (0–100)	70	

Der Psychotherapeut lässt sich die äußere Situation und Vorkommnisse und das Erleben des Patienten, seine Gedanken, Empfindungen, Befürchtungen anschaulich schildern. Mit der Unterstützung des Psychotherapeuten entwickelt sich dann allmählich eine forscherische Einstellung gegenüber den eigenen Symptomen. Ich habe es bisher nie erlebt, dass es nicht möglich war, auch bei Patienten, die zunächst ganz felsenfest davon überzeugt waren, die Symptomatik sei immer gleich stark, erstens Schwankungen in der Intensität der Symptome zu entdecken und zweitens die zugrunde liegenden Mechanismen zu identifizieren. Sehr schnell er-

7.10 Das Symptomtagebuch: Den Sinn hinter den Symptomen finden

kennen Patienten dann meist, dass, wenn sie abgelenkt sind beziehungsweise sich einmal vergessen können, die Symptomatik deutlich in den Hintergrund rückt. Auch wenn dies manchen Patienten zunächst banal erscheinen mag, so ist dies in meinen Augen immer ein sehr wichtiger Fortschritt auf dem Weg der Überwindung der Erkrankung. Denn damit wird dem Patienten bewusst, dass seine Erkrankung etwas mit der Ausrichtung seiner Aufmerksamkeit zu tun hat und dass sie grundsätzlich überwindbar ist. Im weiteren Verlauf werden sich Patienten dann meist zunehmend bewusster, welche Ängste, konflikthaften Gefühle und Vorstellungen hinter ihren Symptomen liegen.

Ganz typisch ist zum Beispiel die Erkenntnis, dass bestimmte soziale Situationen zu einer Zunahme der Depersonalisation führen, insbesondere Situationen, in denen der Patient eine negative Bewertung durch andere Menschen befürchtet. An dem Beispiel eines Patienten sei dies veranschaulicht. Herr K. berichtete, dass es bei einem Besuch in seiner Heimat zu einer massiven Zunahme seiner Depersonalisation auf 99/100 kam (Symptomtagebuch ▶ Tab. 7.2). Bei der weiteren Befragung erzählte er, dass er im Supermarkt den ehemaligen Klassenkameraden J. sah, kurz bevor die DP/DR-Symptome so extrem wurden (»ich fühle mich wie ein Roboter«; »ich löse mich auf, wie als ob ich nicht da bin«; »wie im Traum, wie in einem Film«). Die Zunahme der Symptome führte dann dazu, dass er Angst bekam, »verrückt zu werden« und in eine absolut für ihn unbeherrschbare Situation zu geraten. Im weiteren Gespräch zeigte sich, dass die Begegnung mit dem Klassenkameraden belastende Erinnerungen und Gefühle an seine Schulzeit auslöste. Er nahm jedoch nicht die ausgelösten Gefühle wahr, sondern nur die Zunahme der DDS-Symptomatik und die damit verbundenen Ängste. Er versuchte diese Ängste dann dadurch unter Kontrolle zu bringen, indem er sich äußerlich »cool« gab und gleichzeitig sehr darauf bedacht war, wie er, von außen betrachtet, auf den Klassenkameraden wirkt. Er litt in seiner Kindheit sehr darunter, dass er in der Schule massiv gemobbt wurde. Gleichzeitig scheute er damals davor zurück, sich seinen Eltern anzuvertrauen, weil er sich für das Gemobbtwerden auch vor seinen Eltern schämte. Außerdem befürchtete er, seine Eltern würden durch ihr ungeschicktes Verhalten alles nur noch schlimmer machen. So träumte er vor Ausbruch der DDS eigentlich immer davon, am liebsten »unsichtbar zu sein«, um so dem Spott und der Häme seiner

Mitschüler zu entgehen. An der weiteren Bearbeitung dieser Erinnerung konnten wir erkennen, dass er sich auch heute noch aus Sorge vor Beschämung und Zurückweisung im übertragenen Sinne in vielen Beziehungen oft »unsichtbar« macht, in dem er sich zum Beispiel selbst nahestehenden Personen kaum anvertrauen kann. So kostete es ihm eine immense Überwindung, seiner langjährigen Partnerin von seiner Depersonalisation zu erzählen, weil er befürchte, sie könne ihn dafür verachten und verlassen. In diesem Sinne lebte der Patient auch in seiner Partnerschaft weiterhin in einem »Albtraum«, nämlich in der dauernden Erwartung, von Personen, die man nah an sich herankommen lässt, angegriffen und verletzt zu werden. Ein weiterer wichtiger Aspekt bei der Bearbeitung dieser Erinnerung war folgender: Es stellte sich heraus, dass er selbst nicht entschieden zu sich stehen und sich als wertvollen Menschen anerkennen konnte. Stattdessen verachtete er sich damals noch für seine Lebensgeschichte und seine Gefühle. Letztendlich gab es einen Teil in ihm, der daran glaubte, dass er zu Recht gemobbt wurde, weil er im Grunde genommen wertlos sei. Zu sehen, dass dieser Teil ihn selbst ständig durch Entwertung verletzt, und dass er das, was dieser Teil mit ihm selbst macht, auch auf andere projiziert, löste erstmals Betroffenheit bei ihm aus. Dies stärkte seine Fähigkeit, sich von diesen selbstentwertenden und -verletzenden Tendenzen befreien. Ziel der weiteren Behandlung war es dann, ein gesünderes Selbstbild aufzubauen, das sich durch Mitgefühl für sich selbst, gesundes Selbstvertrauen und ein robustes Selbstwertgefühl auszeichnet. Hierzu war es wichtig, noch tiefere Schichten seines inneren Erlebens aufzudecken, die bereits in dieser kurzen Szene anklangen. Dies war vor allem die Enttäuschung von seinen Eltern, die komplexe Gefühle in ihm zurückließ und die er lange in sich begraben hatte. Diese komplexen Gefühle waren aber letztendlich entscheidend für das Verständnis dafür, warum er in der Supermarktsituation eine solch starke DP/DR entwickelte.

Ein anderes Beispiel ist Herr Z., bei dem sowohl bestimmte soziale Situationen als auch alle Situationen, die mit »Aufregung« einhergingen, zu einer Verstärkung der Depersonalisation führten. Beispielsweise zeigte sich im Symptomtagebuch immer wieder, dass es beim Jogging nach einer Weile zu einer Zunahme der Depersonalisation kam. In der Bearbeitung dieser Situation stellte sich heraus, dass einer der Auslöser bereits die Tat-

7.10 Das Symptomtagebuch: Den Sinn hinter den Symptomen finden

sache war, die körperliche Anstrengung zu spüren (also einen schnellen Puls zu haben und so weiter). Vor dem Hintergrund seines perfektionistischen Anspruches an sich selbst bedeutete dies für ihn zu spüren, schwach und damit emotional bedroht zu sein. In der Behandlung konnte er allmählich seinen Perfektionismus mildern und ein menschlicheres Selbstbild aufbauen.

Andere typische Trigger für eine Zunahme der Depersonalisation können auch unspezifische Bedingungen betreffen, die mit einem ungesunden Lebensstil zusammenhängen (z. B. zu viel Alkohol, schlechter Schlaf, Überarbeitung und zu langes Video-/PC-Spielen). Letztere Ursachen für eine Verschlimmerung der Depersonalisation sind wesentlich leichter in den Griff zu bekommen als die oben beschriebenen Nachwirkungen früherer seelischer Verwundungen.

> Gehen Sie bitte zu den elektronischen Zusatzmaterialien und laden Sie sich das Symptomtagebuch herunter.

Falls man sich noch nicht in psychotherapeutischer Behandlung befindet, so ist die vertiefende Untersuchung der symptomverschlimmernden Situationen mühsamer und meist nicht so gut möglich wie mit der Hilfe eines Psychotherapeuten. Das Führen des Symptomtagebuches ermöglicht aber das Entdecken von Schwankungen in der Symptomatik und oft auch das Aufspüren von spezifischen Situationen, die mit einer Symptomverstärkung oder Linderung verbunden sind. Wie man auch selbst solche Situationen näher analysieren kann, zeige ich im Kapitel »Schreiben als Selbsthilfe« (▶ Kap. 7.13).

7.11 Die zugrunde liegenden seelischen Probleme erkennen lernen

An dem Beispiel von Herrn K. versuchte ich zu zeigen, wie hilfreich die Arbeit mit dem Symptomtagebuch ist, die Ursachen für die Depersonalisations-Derealisationsstörung aufzuklären. Letztendlich liegen den Symptomen der DDS unverarbeitete komplexe Gefühle und Vorstellungen zugrunde, die aus emotionalen Verletzungen in der Kindheit stammen. Zu der oben beschriebenen Situation von Herrn K. kann man sich folgende Frage stellen: Was fehlt ihm eigentlich, um durch die zufällige Begegnung mit einem ehemaligen Klassenkammeraden, der ihn früher gemobbt hat, nicht so stark unter Druck zu geraten? Erstens ist es offensichtlich, dass ihm ein gesundes Selbstwertgefühl und Selbstvertrauen fehlt. Dies hätte sich in positiven Gefühlen dem eigenen Selbst gegenüber geäußert (z. B. Mitgefühl, Liebe, Stolz, Zuversicht usw.). Zweitens wird deutlich, dass er befürchtet, von der anderen Person beschämt oder auf eine andere Art und Weise in seinem Selbstwertgefühl angegriffen zu werden. Das heißt, dass er von Erwartungen beherrscht wird, die vermutlich unangemessen negativ sind. Es ist sehr unwahrscheinlich, von einem ehemaligen Klassenkameraden, der einen damals mit anderen Mitschülern gemobbt hat, bei einer Begegnung 12 Jahre später gleich wieder angegriffen zu werden. Herr K. war sich eigentlich auch bewusst, dass dies keine realistische Erwartung ist. Aber es »fühlte sich ganz stark so an«, so als ob etwas aus seinem Unbewussten sich zwischen ihn und die Realität schob und er wieder in einem »Albtraum« aus seinen Kindertagen, der eigentlich noch nie richtig aufgehört hatte, gelandet war. Auf einer noch tieferen Schicht hatte die Begegnung mit dem ehemaligen Klassenkameraden aber nicht nur die schmerzlichen Erinnerungen an seine Schulzeit wachgerufen, sondern auch noch tiefergehende unverarbeitete Verletzungen, die aus der Beziehung zu seinen Eltern herrührten, die für ihn damals (und auch früher) emotional nicht ausreichend verfügbar gewesen waren. Diese Verletzungen hatten starke Wutgefühle in ihm hervorgerufen. Vor allem diese Wutgefühle gegenüber den Eltern, auf die er als Kind ganz angewiesen war und die er auch liebte, machten ihm aber sehr viel Angst, sodass er diese

7.11 Die zugrunde liegenden seelischen Probleme erkennen lernen

Gefühle in sich begraben musste. Um die Beziehung zu seinen Eltern nicht zu gefährden, wendete er deshalb die Aggression gegen sich. Dies hinterließ dann ihm eine Art destruktiver Instanz, die ihn selbst ständig angriff, abwertete und kleinmachte. Damit bestrafte er sich gleichzeitig auch für seine Wut auf die Eltern. Aber dies ist keine gesunde Lösung. Diese untergräbt ständig das eigene Selbstbewusstsein und schreibt letztendlich die einst erfahrenen Verletzungen fort. Weiter führt dies dazu, dass diese Instanz nicht nur ihn selbst ständig angreift, sondern dass er auch mehr oder weniger davon überzeugt ist, er werde von anderen angegriffen und entwertet. Dies führt dazu, dass ihm die Begegnung mit anderen Menschen automatisch Angst macht. Daraus folgen dann Sicherheitsmaßnahmen, wie die Vermeidung von emotionaler Nähe. Dies wiederum führt zu einem quälenden Gefühl der Isolation und verhindert, dass er neue korrigierende Beziehungserfahrungen machen kann.

Die Begegnung mit dem Klassenkameraden setzte also **auf einer zunächst noch unbewussten Ebene eine emotionale Kettenreaktion** in Gang. Die DP/DR-Symptome »ich fühle mich wie ein Roboter, wie als ob ich nicht da bin« ermöglichten es Herrn K., von diesen heftigen Gefühlen nicht überflutet zu werden. Gleichzeitig zeigten ihm die Symptome »wie im Traum, wie in einem Film«, dass er tatsächlich nicht im Hier und Jetzt ist, sondern von unverarbeiteten Gefühlen aus seiner Kindheit heimgesucht wird. Die weitere Eskalation bestand dann darin, dass er sich mit furchterregenden Gedanken quälte, derart, dass man ihm ansehen könne, dass er DP/DR habe oder sich komisch verhalte und deshalb nichts wert sei. Eine gesündere Reaktion hätte für ihn wie folgt aussehen können: Herr K. hätte beispielsweise anlässlich der Begegnung mit dem ehemaligen Klassenkameraden seelischen Schmerz, Trauer über die leidvollen Jahre und Zorn wegen des damaligen Unrechts fühlen können. Ein adaptiver innerer Dialog hätte damals in dieser Situation lauten können: »Ich merke, wie sehr mich die damalige Zeit noch schmerzt. Mir wurde damals Unrecht getan, ich fühlte mich damals furchtbar einsam und hatte niemanden mit dem ich über meine Gefühle sprechen konnte, sodass mir nichts anderes übrigblieb als mich ›unsichtbar‹ zu machen. Es macht mich traurig, dass ich in meiner Jugend so viel gelitten habe. Und ich spüre eine Wut in mir. Eine Wut auf ihn und die Klassenkameraden, eine Wut auf meine Lehrer, die mir nicht geholfen haben, und eine Wut auf meine Eltern, die immer nur mit sich beschäftigt und keine Unterstützung für mich waren. Ich merke, wie groß die Wut in mir ist, aber ich weiß auch, dass ich diese Wut niemals destruktiv einsetzen werde. Ich fühle aber wie mich diese Wut durchströmt und stark macht.« Weil ihm diese Fähigkeit aber noch nicht zur Verfügung stand, versuchte er wie damals in seiner frühen Jugend, sich wieder »unsichtbar« zu machen, anstatt sich seinen Gefühlen zuzuwenden. Aus der dieser Geschichte lässt sich folgendes Schema für die Analyse ableiten: **In bestimmten Situationen werden konflikthafte Gefühle getriggert, die Angst machen und dann verschiedene Mechanismen auslösen, die letztendlich zur DDS-Symptomatik und den anderen Krankheitssymptomen (Niedergeschlagenheit, Minderwertigkeitsgefühle) führen.**

7.11.1 Die Bedeutung der Emotionen

Ein typisches Symptom der Depersonalisations-Derealisationsstörung ist das Gefühl, nichts mehr zu fühlen. Dies bedeutet aber nicht, dass die Betroffenen keine Emotionen mehr hätten, sondern nur, dass die Betroffenen Probleme mit der Wahrnehmung ihrer eigenen Emotionen haben. Dies konnte wiederholt in apparativen Studien gezeigt werden (Michal et al. 2013). Ein zentrales Merkmal psychischer Gesundheit ist die Fähigkeit, die gesamte Bandbreite der Emotionalität wahrnehmen, aushalten und gesund ausdrücken zu können (DSM-5, APA). **Wieder einen Zugang zu den eigenen Emotionen zu finden, ist entscheidend für die Überwindung der Depersonalisations-Derealisationsstörung.** DDS-Patienten sind fähig dazu, auch wenn sie hierfür meist psychotherapeutische Unterstützung benötigen und oft durch die Wahrnehmung ihrer Gefühle sehr verunsichert sind. Die Patienten haben häufig große Schwierigkeiten, ihre Gefühle anzuerkennen, diese zu nutzen und auszudrücken. Sehr oft erfahre ich, dass sie sich für ihre spontanen Impulse und Gefühle schämen. In solchen Fällen ist es notwendig, in der Psychotherapie die Einstellung zu sich, die inneren Bewertungsmaßstäbe, das Selbstbild und die Vorstellungen von anderen Menschen zu korrigieren.

In der Emotionsforschung werden die Begriffe Affekt, Emotion und Gefühl weitestgehend synonym gebraucht. Der Begriff Affekt wird dabei

7.11 Die zugrunde liegenden seelischen Probleme erkennen lernen

eher verwendet, wenn man das angeborene »Gefühlsprogramm« meint. Emotionen stehen für komplexere Gefühlserfahrungen, die durch die persönliche Lebensgeschichte und umgebende Kultur angereichert wurden. Im Wort Gefühl liegt der Schwerpunkt auf dem bewussten Fühlen bzw. Wahrnehmen der Emotionen (Tomkins 2008).

Emotionen sind das primäre Motivationssystem des Menschen. Wir alle sind von Geburt an umfassend mit Affekten ausgestattet. Bei den Affekten handelt es sich um ein biologisch angelegtes Set psychischer, körperlicher, mimischer und hormoneller Reaktionen, die uns jeweils zu spezifischen Verhaltensweisen motivieren. Als angeborene Affekte gelten in der Regel Interesse, Freude, Ärger, Trauer, Furcht, Scham und Verachtung (McCullough 2003, 2019). Emotionen sind bereits bei Geburt vorhanden, lange bevor wir sprechen können. Über den Ausdruck unserer Gefühle stellen wir – in einer Phase unseres Lebens, in dem wir vollkommen von anderen Menschen abhängig sind – Verbundenheit mit unseren Betreuungspersonen her. Emotionen entstehen fortwährend und automatisch in Reaktion auf unsere Umwelt oder innere Ereignisse wie Erinnerungen oder gedankliche Szenarien. Unsere Emotionen sind entscheidend dafür, dass wir uns lebendig fühlen, sie geben uns Orientierung über unsere Bedürfnisse und sind konstitutiv für die Ausbildung unserer Identität (Selbstwert, Selbstbewusstsein).

Für die seelische Gesundheit ist die Befriedigung bestimmter Grundbedürfnisse entscheidend (Rudolf 2006). Die Befriedigung dieser Grundbedürfnisse gelingt nur, wenn eine Person einen Zugang zu ihren Gefühlen hat und diese angemessen ausdrücken kann. Die zentralen Grundbedürfnisse sind (1) das Bedürfnis nach Beziehung, Austausch und Kommunikation; (2) das Bedürfnis nach Bindung, Sicherheit, Geborgenheit und Versorgtwerden durch Andere; (3) das Bedürfnis nach Freiheit, Autonomie, selbstbestimmtem Handeln und Durchsetzung eigener Interessen und (4) das Grundbedürfnis nach Selbstwert und einer Identität, der Übereinstimmung mit den eigenen Werten, und den eigenen sexuellen und sozialen Vorstellungen.

Die Emotionsforschung geht davon aus, dass Affekte jeweils eine bestimmte Funktion haben. Die nachfolgende Liste stellt eine Bearbeitung der angeborenen Grundaffekte und der damit verbundenen Verhaltensweisen dar (nach McCullough 2003, 2019). Es ist für das Verständnis emotionaler Probleme sehr hilfreich, sich damit vertraut zu machen:

> Nehmen Sie sich nun bitte 10–15 Minuten Zeit und prüfen Sie für sich selbst, welche dieser Grundbedürfnisse, in welchem Ausmaß und auf welche Weise, Sie derzeit in Ihrem Leben befriedigen können und wo Sie Probleme sehen. Schreiben Sie sich dies auf (siehe elektronische Zusatzmaterialien: Befriedigung menschlicher Grundbedürfnisse).

Affekte	Funktion
Ärger, Wut	Dieser Affekt ist notwendig, um eigene Bedürfnisse geltend zu machen, Grenzen zu ziehen, für sich einzutreten, sich selbst zu behaupten und auf sich aufmerksam zu machen.
Trauer	Trauer ist ein Gefühl, das notwendig ist, um einen Verlust zu verarbeiten, loszulassen. Weinen dient dem Ruf nach sozialer Unterstützung und der Linderung emotionalen Schmerzes.
Angst	Angst signalisiert eine Gefahr und bewegt uns, uns in Sicherheit zu bringen oder ein Verhalten einzustellen, das als gefährlich bewertet wird. Angst kann aber auch gesunde Verhaltensweise blockieren, weshalb dieser Affekt später noch ausführlicher besprochen wird.
Freude	Freude (Zufriedenheit usw.) beruhigen und besänftigen Seele und Körper, weshalb man bestrebt ist derartige Gefühle immer wieder zu erleben. Sie führen zu einer Entspannung, helfen loszulassen und gelassen zu werden.
Interesse, Begeisterung	Diese Gefühle setzen das Erkundungsverhalten in Gang, unsere Aufmerksamkeit wird fokussiert und blendet andere Dinge aus.
Nähe	In dem Begriff Nähe werden positive Gefühle zusammengefasst (Zärtlichkeit, Fürsorge, Mitgefühl, Liebe), wie sie anderen Menschen gegenüber erlebt werden. Diese Emotionen motivieren uns fürsorglich anderen gegenüber zu sein, offen zu sein, anderen zu vertrauen, Nähe herzustellen, zu halten, zu berühren, auf andere einzugehen, berühr- und verletzbar zu sein.

7.11 Die zugrunde liegenden seelischen Probleme erkennen lernen

Affekte	Funktion
Positive Selbstgefühle	Unter positiven Selbstgefühlen versteht man die o. g. positiven Gefühle, die man sich selbst entgegenbringt. Positive Selbstgefühle dienen der Aufrechterhaltung der Selbstachtung, dem Schutz der Integrität und der Selbstfürsorge. Positive Selbstgefühle haben eine außerordentlich hohe Bedeutung für die seelische Gesundheit.
Sexualität	Es handelt sich hierbei weniger um ein Gefühl als einen Trieb, der sexuelles Verhalten motiviert. Dieser Trieb spielt eine wichtige Rolle in der Liebe und auch bei vielen seelischen Erkrankungen.
Scham	Scham hemmt jedes Verhalten, das für die Selbstvorstellung nicht annehmbar ist (peinlich usw.). Scham kann gesund oder krankhaft sein.
Schuld	Schuld hemmt jedes Verhalten, das für die kulturellen oder gesellschaftlichen Regeln oder Gesetze untragbar ist. Krankhafte Schuldgefühle, sind eigentlich keine Schuldgefühle, sondern eine Mischung aus Selbstvorwürfen und Angst. Echte Schuldgefühle hingegen stellen eine Anerkennung des anderen dar, führen zu Reue und Wiedergutmachung von Unrecht und stärken so das Gefühl der Verbundenheit, Liebe und des Selbstwerts.
Emotionaler Schmerz	Emotionaler Schmerz kann Verhalten hemmen, das Leid verursacht. Oft ist emotionaler Schmerz verbunden mit komplexen, gemischten Gefühlen.
Verachtung/ Ekel	Diese Gefühle hemmen Nähe zu anderen Menschen. Sie sind eine Variation der Angst.

7.11.2 Unterscheidung adaptiver und maladaptiver Affekte

Für den gesunden Umgang mit den eigenen Gefühlen ist es wichtig, sich erstens bewusst zu sein, dass es **immer wichtig ist, die eigenen Affekte wahrzunehmen**, und zweitens, dass es gleichzeitig notwendig ist, zu prüfen, ob der Affekt und der Ausdruck des Affekts adaptiv oder maladaptiv sind, bevor man sich von einem Gefühl zu einer Handlung bewegen lässt. Adaptiv bedeutet die Emotion ist hilfreich für die betreffende Person und ggf. auch seine Umwelt; maladaptiv bedeutet der Affekt ist letztendlich schädlich (McCullough 2003, 2019, Lammers 2011). Am Beispiel der Affekte Ärger und Angst sei dies näher veranschaulicht. Ärger ist ein Gefühl, das wichtig ist, um für sich einzutreten, Grenzen zu setzen und eigene Interessen und Bedürfnisse zu behaupten. Ärger, auch berechtigter, kann aber auch auf zerstörerische Weise ausgedrückt werden und wäre dann maladaptiv. Oder Ärger tritt in Situationen auf, wo er eigentlich unangemessen ist. Das heißt, der Ärger an sich oder das Ausmaß des Ärgers passt nicht zu der auslösenden Situation. Der Ausdruck dieses Ärgers hätte dann schädliche Folgen, d. h., dieser Ärger ist maladaptiv. Trotzdem ist es wichtig, auch diesen »unangemessenen« Ärger wahrzunehmen und ihm gut zuzuhören. Denn dieser »unangemessene Ärger« rührt meist aus alten, bisher noch nicht verarbeiteten Verletzungen her. Wenn man diesen Ärger dann psychotherapeutisch untersucht, werden diese alten Verletzungen sichtbar und es entsteht die Möglichkeit, diese zu heilen.

Angst kann uns vor einer Gefahr warnen und uns motivieren, uns zu schützen, zu verstecken oder zu fliehen. Eine gefährliche Situation, beispielsweise überhöhte Geschwindigkeit auf der Autobahn, sollte Angst auslösen, damit man sein Verhalten entsprechend danach ausrichten kann. In unserem Beispiel also signalisiert die Angst, dass man das Tempo drosseln soll, um sich und andere nicht zu gefährden. Das Aufkommen von Angst wäre in diesem Fall adaptiv. Angst hingegen, die auftritt, wenn man eine stabile und sichere Brücke überqueren möchte, ist maladaptiv, weil sie ein eigentlich sinnvolles Verhalten blockieren kann, wenn der Betroffene seine Angst nicht überwindet.

Adaptive und maladaptive Emotionen fühlen sich unterschiedlich an. Der gelungene Ausdruck adaptiver Affekte wirkt befreiend und stellt Verbundenheit mit anderen Menschen her (wenn der Empfänger über eine entsprechende Aufnahmefähigkeit verfügt). Maladaptive Affekte hingegen fühlen sich oft einengend, verkrampft, verzweifelt und irgendwie destruktiv an.

7.11.3 Unterscheidung zwischen Erleben und Ausleben

Es ist immer wichtig, sich seiner Affekte bewusst zu sein, d. h. die eigenen Emotionen zu fühlen, richtig einzuordnen und zu wissen, mit welchen Handlungsimpulsen sie verbunden sind. Das bedeutet, fähig zu sein, die eigenen Gefühle zu erleben und auch sinnvoll mit ihnen umgehen zu können. Ohne dass man die eigenen Gefühle in ihrer ganzen Tiefe wahrnimmt, kann man sie auch nicht regulieren. Die Fähigkeit, die eigenen Gefühle voll zu erleben, darf nicht verwechselt werden mit dem Ausleben oder Ausagieren der eigenen Gefühle. Hier muss man immer überprüfen, ob es gesund ist, die Gefühle auszuleben, und wenn ja, wie und auf welche Weise, oder ob das Ausleben für einen selbst oder andere schädlich ist. Falls ja, so ist es wichtig, die eigenen Gefühle in sich halten zu können.

7.11.4 Angst

Weil Angst bei allen seelischen Erkrankungen eine zentrale Rolle spielt, wird auf diesen Affekt hier noch einmal ausführlicher eingegangen. Unter Angst versteht man ein unangenehmes Gefühl, das mit spezifischen körperlichen Empfindungen einhergeht. Der Betroffene kann seine Angst wahrnehmen. Aber auch ohne, dass er seine Angst wahrnimmt, kann diese in ihm aktiv sein. Angst wird automatisch hervorgerufen, wenn das Abwehrsystems aktiviert wird (LeDoux 2016). Das Abwehrsystem registriert sehr schnell die unterschiedlichsten Bedrohungen. Ein Reh wittert ein Raubtier. Dies aktiviert automatisch, ohne dass das Raubtier bereits vom Reh bewusst wahrgenommen wird, das Abwehrsystem und die damit verbundenen Verhaltensprogramme – Kampf, Flucht oder Tarnen (Ruhigstellen, Verschmelzen mit der Umgebung, Totstellen usw.). Diese Aktivierung geschieht über bestimmte Nervenbahnen (z. B. das sympathische Nervensystem) und Botenstoff (z. B. Adrenalin), die den Körper auf die bevorstehenden Aufgaben vorbereiten sollen. Adrenalin führt beispielsweise zu einer Beschleunigung der Herzfrequenz und einer Weitstellung der Pupillen mit der Folge einer erhöhten Lichtempfindlichkeit. Die Folgen dieser Veränderungen im Körper kann man dann als Angst im Körper fühlen. Typische Angstsymptome sind muskuläre Anspannung bis hin zu schmerzlicher Verspannung, Kälte- und Hitzeschauer, Schwitzen, Zittern, Kurzatmigkeit und Luftnot, Druckgefühl auf der Brust, Beklemmungsgefühl, Herzklopfen bis hin zu Herzrasen, Übelkeit, Durchfall, Harndrang, Schwindelgefühle, Gangunsicherheit, Muskelschwäche, Lichtempfindlichkeit, Tunnelblick, Seh- und Hörstörungen. Patienten haben meist keine Probleme, diese Symptome wahrzunehmen, sie können diese dann aber nicht als Angst einordnen, weil sie die Ursache ihrer Angst nicht sehen. Die Ursache der Angst ist nämlich unbewusst, weil sie in der Vergangenheit gelernt wurde. Das Abwehrsystem ist nämlich lernfähig, denn nur so können sich Lebewesen möglichst gut an ihre Umwelt anpassen. Die Ängste der Menschen heute drehen sich im Gegensatz zu den Ängsten von Tieren in freier Wildbahn nicht mehr darum, gefressen zu werden. Das Abwehrsystem des Menschen wird vor allem von den Lebenserfahrungen in der frühen und frühesten Kindheit geprägt (auch wenn es natürlich lebenslang lernfähig bleibt). Das für Menschen bedrohlichste in der Kindheit, ist der Verlust der Zuneigung der Eltern, weil Menschen sehr lange sehr abhängig von ihren Betreuungspersonen sind, da sie nicht für sich allein sorgen können. Deshalb führt alles, was die Beziehung zu den Betreuungspersonen bedroht zu einem Angstsignal. Patienten mit seelischen Erkrankungen haben häufig »gelernt«, dass der Ausdruck bestimmter oder auch aller Gefühle unangenehme Folgen hatte. Sei es, dass sie mit dem Gefühl auf schmerzliche Weise allein blieben oder dass darauf abweisend und bestrafend reagiert wurde. Dies prägt sich dann tief in das unbewusste System ein, sodass das Aufkommen der betreffenden Gefühle später automatisch Angst auslöst und das Abwehrsystem in Gang setzt. In Bezug auf den wichtigen Affekt »Ärger« (= Selbstbehauptung) heißt dies beispielsweise, dass die betroffene Person in Zukunft automatisch das Aufkommen des vermeintlich bedrohlichen Ärgers abwehrt, auch wenn dies heute gar nicht mehr notwendig wäre, sondern im Gegenteil eine gesundheitsförderliche Reaktion. Die betroffene Person merkt dann vielleicht nicht einmal mehr, dass sie sich ärgert, sondern nimmt nur die Folgen der Abwehr zur Kenntnis wie z.B. Anspannung, Nervosität und plötzlich einsetzende Selbstkritik. Auch wenn die Abwehr des Ärgers damals in der Kindheit sinnvoll war, um schmerzliche Reaktionen der Bereuungspersonen zu vermeiden, so hat dies im weiteren Verlauf des Lebens

7.11 Die zugrunde liegenden seelischen Probleme erkennen lernen

häufig schädliche Konsequenzen für die Person. Denn Ärger ist ein lebensnotwendiges Gefühl, das wir benötigen, um für unsere Interessen und Bedürfnisse eintreten zu können. Wenn wir unseren Ärger nicht bewusst wahrnehmen und angemessen ausdrücken können, dann werden wir uns zunehmend hilf- und wertlos vorkommen, mit entsprechend schädlichen Konsequenzen für unser Selbstbild und die Qualität unserer Beziehungen. Da Affekte kontinuierlich in Reaktion auf die Wahrnehmung der inneren und äußeren Welt entstehen und abgewehrte emotionale Reaktionen quasi in einem feststecken, ist das Abwehrsystem in Abhängigkeit vom Ausmaß der Affektphobie mehr oder weniger kontinuierlich und massiv am Werk. Dies führt dann beispielsweise auch dazu, dass die DP/DR-Symptomatik praktisch andauernd da ist, weil ein Teil des Gehirns der betroffenen Person unbewusst dauernd damit beschäftigt ist, das Aufkommen bestimmter Gefühle abzuwehren. Dies kostet sehr viel Energie, was die Betroffenen zusätzlich zur DP/DR-Symptomatik oft auch deutlich wahrnehmen.

Ausbreitungswege der Angst	Typische Symptome und damit verbundene mögliche Krankheitsbilder oder Beschwerden (nach Abbass 2015)
Anspannung der Willkürmuskulatur	Muskuläre Verspannungszustände wie Nackenschmerzen, Spannungskopfschmerzen, Rückenschmerzen, Brustschmerzen, Verkrampfungen der Bauchwand, Fibromyalgie, Verspannungen im Kiefergelenk, Globusgefühl, Tremor, Nervosität, motorische Unruhe, Seufzen. Schwitzen, Herzklopfen und Herzrasen, Mundtrockenheit, trockene Augen.
Anspannung der glatten Muskulatur	Kontraktionen der glatten Muskulatur des Darms, der Gefäße, der Harnblase mit entsprechenden Beschwerden: Übelkeit, Bauchkrämpfe, übermäßiger Harndrang oder Durchfälle, Sodbrennen, Asthma, kalte Gliedmaßen. Hyperventilation (Atemnot, Kribbelmissempfindungen, Muskelkrämpfe, Gefäßspasmen, Ohnmacht). Weiche Knie, Kraftlosigkeit in den Armen und Beinen.

Ausbreitungswege der Angst	Typische Symptome und damit verbundene mögliche Krankheitsbilder oder Beschwerden (nach Abbass 2015)
Denk- und Wahrnehmungsstörungen	Ohrensausen, Tinnitus, Schwindelgefühle. Dissoziative Symptome wie Erstarren, Weggetreten sein. Nicht-mehr-klar-Denken können (Blackout, Verwirrtheit). Verschwommensehen. Halluzinationen, paranoide Vorstellungen (verfolgt zu werden, angegriffen zu werden).

Es handelt sich hier um eine grobe näherungsweise Einordnung möglicher und häufiger Angstsymptome (nach Abbass 2015). Das Zustandekommen der Angstsymptome ist weit komplexer als es hier dargestellt wird. Die Aktivierung des Angst-Abwehr-Systems geht mit ganz komplexen physiologischen Veränderungen im Körper einher. Außerdem können alle Symptome auch andere Ursachen haben. Verwirrtheit beispielsweise kann Folge einer Medikamentenvergiftung sein oder eben eine Reaktion auf extremen Stress (= Angst). Im klinischen Alltag eines Psychotherapeuten sind diese Symptome jedoch meistens Angstkorrelate. Angstsymptome der Kategorie 2 und 3 sind problematischer als diejenigen der Kategorie 1, weil sie eine Überforderung anzeigen. Die Betroffenen benötigen dann Unterstützung bei der Bewältigung ihrer Angst. In Psychotherapiesitzungen sollte verhindert werden, dass Patienten längere Zeit so viel Angst haben, dass sie nicht mehr klar denken können oder massiv durch Angst gequält sind.

> Es ist sehr wichtig, Angstsymptome wahrnehmen zu können. Denn nur was man bewusst wahrnimmt, kann man auch in den Griff bekommen. Prüfen Sie nun, welche der oben beschrieben Angstsymptome Sie kennen (Stift und Papier). Prüfen Sie, wann Sie zuletzt besonders viel Angst hatten.

7.11.5 Angst vor Gefühlen

Diese Angst vor den eigenen Gefühlen nennt man auch Affektphobie. So wie Menschen eine höllische Angst entwickeln können einen Fahrstuhl zu benutzen, so können sie auch nach dem oben beschrieben Muster Ängste von ihren eigenen Gefühlen entwickeln (McCullough et al. 2003, 2019).

7.11 Die zugrunde liegenden seelischen Probleme erkennen lernen

Die häufigsten Gefühle oder emotionalen Situationen, die Patienten mit chronischer Depersonalisation/Derealisation Angst machen, sind positive Gefühle für das eigene Selbst (Stolz, Selbstvertrauen), emotionale Nähe zu anderen Menschen, Ärger (Selbstbehauptung), Trauer und echte Schuldgefühle. Nicht selten sind aber bei den Patienten der Ausdruck und die Wahrnehmung fast aller authentischen Gefühle angstbesetzt. Es ist wichtig, sich darüber klar zu sein, dass diese Affektphobien in der frühen Kindheit entstanden. Der Affektforscher Sylvan Tomkins (1911–1991) beschrieb wie unter dem Einfluss der frühen Umwelt sogenannte Gefühlsdrehbücher entstehen, die im ungünstigen Fall dadurch gekennzeichnet sind, dass viele Emotionen Angst hervorrufen und das Abwehrsystem aktivieren (Tomkins 2008). Die gute Nachricht ist aber, dass diese Gefühlsdrehbücher umgeschrieben werden können.

> Nehmen Sie sich Stift und Papier und schreiben Sie sich auf, wie Sie normalerweise mit Ihren Gefühlen umgehen. Wie gut gelingt es Ihnen in wichtigen Beziehungen, Ärger auf eine gesunde Weise Ausdruck zu verleihen? Wie gut gelingt es Ihnen, Wut und Trauer zu fühlen und auszudrücken? Wie gehen Sie mit Ihren Gefühlen um, wenn Sie enttäuscht oder verletzt wurden?

7.11.6 Meine Vorstellung von mir und anderen Menschen

Für eine seelische Erkrankung wie die Depersonalisations-Derealisationsstörung spielen maladaptive Vorstellungen über sich selbst und andere Menschen eine große Rolle. Typischerweise leiden Patienten mit einer Depersonalisations-Derealisationsstörung unter Selbstunsicherheit bis hin zu Minderwertigkeitsgefühlen bzw. starker Ablehnung bestimmter Aspekte ihrer Person. Diese negativen Selbstbilder sind nicht naturgegeben und nicht unveränderbar. Natürlich wären Selbstvertrauen und eine positive Einstellung sich selbst gegenüber. Oft konnten Betroffene diese Einstellung aber nicht erwerben. Sehr häufig konnten DDS-Patienten als Kinder von ihren Eltern nicht Sicherheit im Umgang mit den eigenen

Gefühlen und Empfindungen erwerben. Dieses Selbstvertrauen erwirbt man in der Regel dadurch, dass Eltern auf die Erfahrungen und Verhaltensweisen des Kindes so eingehen, dass es sich gesehen, verstanden und geborgen fühlt. Dies vermittelt dem Kind Sicherheit gegenüber dem eigenen Erleben, das Vertrauen in den Wert der eigenen Gefühle und die Fähigkeit, diese angemessen und authentisch ausdrücken zu können. Machen Kinder jedoch chronisch die Erfahrung, dass die eigenen Empfindungen und Verhaltensweisen von der Umwelt entweder nicht ausreichend gesehen oder gar als unpassend und schlecht bewertet werden, so beginnen die Betroffenen sich selbst für die eigenen Gefühle zu verurteilen, sich selbst zu schämen und allmählich von sich selbst zu entfremden. Vor allem als Kinder (aber auch noch später im Leben) sind wir auf Menschen angewiesen, deren Reaktionen es uns ermöglichen, uns gesehen und angenommen zu fühlen. Bei Patienten mit einer Depersonalisations-Derealisationsstörung findet sich meist ein Mangel an solchen Erfahrungen. Dieser Mangel entsteht oft durch ein Missverhältnis zwischen der Schwere der Belastungen, denen man ausgesetzt ist, und der meist hohen Sensibilität der Betroffenen einerseits sowie der emotionalen Verfügbarkeit der Eltern andererseits. Im Laufe einer psychotherapeutischen Behandlung werden die lebensgeschichtlich verstehbaren maladaptiven Aspekte der Vorstellungen über sich selbst und andere Menschen in Frage gestellt und verändert. Dies ist eine wichtige Arbeit auf dem Weg zur Überwindung der Depersonalisations-Derealisationsstörung. Typische Beispiele für maladaptive Selbstbilder und Beziehungserwartungen werden in den Kapiteln »Typische Persönlichkeitseigenschaften« (▶ Kap. 6.5) und »Persönlichkeitsstörungen« (▶ Kap. 2.2.5) beschrieben.

7.12 Seelische Probleme analysieren

Psychotherapeuten sind Experten für seelische Erkrankungen. Sie sind geschult, die die Beschwerden verursachenden Krankheitsmechanismen zu identifizieren. Hierzu beobachten sie das Verhalten des Patienten und hören den Erzählungen des Patienten aufmerksam zu. Um die maladaptiven Verhaltensmuster des Patienten zu erkennen, wenden Psychotherapeuten unterschiedliche Strategien an. Ich selbst arbeite mit dem sogenannten Konflikt-Dreieck (▶ Abb. 7.1), das in der psychodynamischen Psychotherapie verwendet wird (McCullough 2003, 2019, Abbass 2015). Rechts im Konflikt-Dreieck finden sich Ängste [**A**, engl. **Anxiety**], die gesundes und adaptives Verhalten (Gefühle, Handlungsimpulse, Vorstellungen usw.) hemmen, und ein maladaptives Verhalten in Gang setzen (z. B. Vermeidungsverhalten, krankhafte Selbstbeobachtung). Das gehemmte adaptive Verhalten [**I/F**, engl. **Impulse/Feeling**] betrifft sehr oft den angemessenen und sinnvollen Ausdruck von Ärger, Selbstbehauptung und Abgrenzung, den Ausdruck von Trauer oder Freude, die Verwirklichung von Wünschen nach Nähe, Vertrautheit und Intimität und eine liebevolle und fürsorgliche Einstellung sich selbst gegenüber. Das maladaptive Verhalten [**D**, engl. **Defense**, deutsch Abwehr] ist dadurch gekennzeichnet, dass es verhindert, dass das adaptive Verhalten (Gefühl, Gedanke usw.) wahrgenommen und realisiert wird.

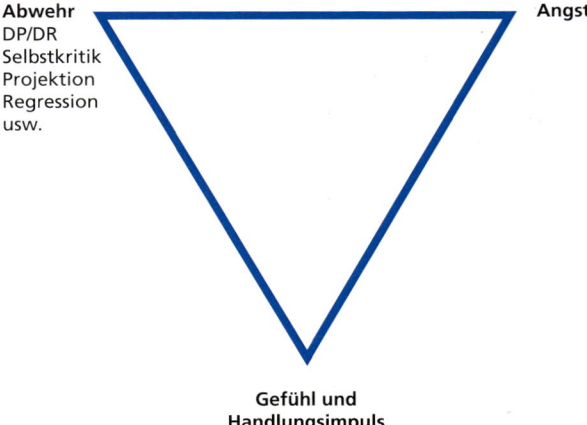

Abb. 7.1: Konflikt-Dreieck (modifiziert nach Malan 1979, Fig. 1, S. 80)

Das Konflikt-Dreieck wird ergänzt durch das sogenannte »Dreieck der Personen« mit den Eckpunkten (1) Beziehung zu wichtigen frühen Bezugspersonen, (2) aktuelle Bezugspersonen und (3) die Beziehung zum Psychotherapeuten. Der Hintergrund für dieses Analyseschema ist, dass maladaptives Verhalten in der Regel in der Auseinandersetzung mit frühen Bezugspersonen entstand und in den aktuellen Beziehungen aufrechterhalten wird, indem der Patient unbewusst bzw. automatisch seine früheren Erfahrungen auf seine aktuellen Beziehungen überträgt. Dies geschieht auch in der Beziehung zum Psychotherapeuten. In der psychotherapeutischen Behandlung, so die Hoffnung, kann dieses maladaptive Verhalten jedoch untersucht, bearbeitet und aufgelöst werden (McCullough et al. 2003, 2019, Abbass 2015).

Um die unterdrückten adaptiven Gefühle, Verhaltensweisen und Einstellungen zu identifizieren [**I/F**, engl. **Impulse/Feeling**], stelle ich mir (und dem Patienten) folgende Fragen (vgl. McCullough 2003, 2019):

- Welche Gefühle vermeidet der Patient, die ihn zu einem gesünderen Verhalten bewegen könnten?
- Welches Verhalten würde in dieser Situation eine bessere Lösung für den Patienten darstellen?
- Welches Verhalten (Gefühle, Gedanken) würde ihn seinen wahren Bedürfnissen näherbringen?
- Welches Verhalten (Gedanken, Gefühle) wäre Ausdruck einer selbstfürsorglichen und selbstbewussten Einstellung gewesen?
- Empfindet der Patient in einer bestimmten Situation zu wenig Angst, d. h. empfindet er eine Angst nicht, die ihn sinnvollerweise vor Gefahren warnen und zu einem entsprechenden selbstfürsorglichen Verhalten motivieren könnte?

Um das ungesunde, schädliche, maladaptive Verhalten besser zu erfassen [**D**, engl. **Defense**], stelle ich mir (und dem Patienten) Fragen wie die folgenden (vgl. McCullough 2003, 2019):

- Was an dem Verhalten des Patienten (seinen Gedanken, Gefühlen und Handlungen) war keine gesunde Reaktion?
- Wirkt etwas an dem Verhalten (Gedanken und Gefühlen) des Patienten übertrieben, unangemessen, so als ob er etwas Wichtiges auslässt oder vom Thema ablenkt?

- Verhält er sich so, als ob es keine Hoffnung gäbe, als ob er sowieso nichts machen könnte, als ob er keinerlei Einfluss auf das Geschehen hätte?
- Vermeidet der Patient durch sein Verhalten die Wahrnehmung oder den Ausdruck einer angemessenen Emotion?

Das Thema des maladaptiven Verhaltens wird unter der Überschrift Abwehrmechanismen (engl. Defense mechanism) weiter unten noch einmal vertiefend behandelt.

Für die Herausarbeitung der Ängste und der damit verbundenen Abwehrmechanismen des Patienten [**A**, engl. **Anxiety**] sind weiterhin die folgenden Fragen hilfreich (vgl. McCullough 2003, 2019):

- Was könnte im schlimmsten Fall passieren, wenn Sie das adaptive Gefühl verwirklichen würden (z. B. Ihren Ärger ausdrücken, sich der anderen Person anvertrauen, die Brücke betreten usw.)?
- Lässt sich der Patient von maladaptiven Scham- oder Schuldgefühlen oder gar Selbsthass leiten?
- Lässt sich der Patient von unangemessenen Ängsten beherrschen?
- Wie wirkt sich die Angst auf den Patienten körperlich aus, wie empfindet er Angst (z. B. als muskuläre Anspannung oder kommt es zu Übelkeit und Denkstörungen?)

Sobald man die drei Pole des Konflikt-Dreiecks identifiziert hat, bekommt man einen Hinweis auf die der Erkrankung zugrunde liegenden emotionalen Konflikte. In unserem Beispiel aus dem Symptomtagebuch von Herrn K. könnten die Ecken des Dreiecks etwa wie folgt lauten:

[**I/F** = Die Begegnung mit dem Klassenkameraden hat Schmerz/Trauer und in Folge auch Wut gegenüber dem Klassenkameraden und auf einer tieferen Schicht die gleichen Gefühle gegenüber den Eltern ausgelöst.]

[**A** = Die mobilisierten Gefühle rufen Angst hervor, die K. aber noch nicht richtig wahrnimmt. Stattdessen erlebt er Angst vor seinen ausgedachten Horrorszenarien.]

[**D** = Die DP/DR stellt eine Abwehr der mobilisierten Gefühle dar, indem K. sich von seinen Gefühlen und der Umwelt massiv distanziert (»ich löse mich auf, wie als ob ich nicht da bin«; »wie im Traum, wie in einem Film«). Die aufkommenden Wutgefühle werden sowohl gegen sich selbst gerichtet in Form von Selbstabwertung und auch auf den anderen projiziert (der andere wird mich angreifen und emotional erneut verletzten). Wie in seiner Kindheit versucht er der Notlage dadurch zu entkommen, dass er sich quasi »unsichtbar« macht, sich ganz »cool« und unberührt gibt, vor allem darauf achtet, wie der andere ihn wahrnehmen könnte, anstatt bei sich und seinen echten Gefühlen zu bleiben (= Depersonalisation/Derealisation).]

Weil es wichtig ist, sich selbst besser zu verstehen, üben wir nun noch einmal gemeinsam an einem Beispiel die Anwendung der Methode des Konflikt-Dreiecks. Das Beispiel stammt aus dem Roman »Die Pilgerjahre des farblosen Herrn Tazaki« von Haruki Murakami (dt. 2014). In Kapitel 2 des Romans wird die Szene geschildert, wo Tsukuru Tazaki mit Anfang 20 erfährt, dass seine Freunde, die für ihn die bisher wichtigsten Menschen auf der Welt waren, nichts mehr mit ihm zu haben wollen. Der Grund hierfür war für ihn vollkommen unverständlich. Zur Vorgeschichte von Tsukuru Tazaki hat der Leser bereits erfahren, dass Tsukuru mutterlos bei seinem Vater aufwuchs, weil die Mutter schon sehr früh seinen Vater und ihn verlassen hatte und nie wieder Kontakt mit ihnen aufnahm. Seine Kindheit war karg. Sein Vater war Gebühreneintreiber für den öffentlichen Rundfunk. Bis er groß genug war, um allein zuhause zu bleiben, musste er seinen Vater auf den trostlosen Gängen durch die Stadt begleiten, an den Türen klingeln und die Rundfunkgebühr eintreiben. Dies alles hat mit dazu geführt, dass er sich eher als Außenseiter erlebte. Gerade deshalb waren seine Freunde so ungeheuer wichtig für ihn gewesen. Viele Jahre später erinnert er sich in einem Gespräch mit Sara, einer jungen Frau, an das damalige Telefongespräch mit seinem Freund Ao:

> »Es tut mir leid, aber ich muss dich bitten, nicht mehr anzurufen. Keinen von uns«, sagte Ao übergangslos. Kein »Hallo«, kein »Wie geht's?«, kein »Lange nicht gesehen«. Die Einleitung war nur eine Floskel.
> Tsukuru schluckte, wiederholte den Satz im Kopf und überlegte hastig. Er versuchte, eine Gefühlsregung aus Aos Tonfall herauszuhören. Doch was er sagte, klang nicht anders als eine offizielle Bekanntmachung und bot nicht den geringsten Zugang zu seiner Gefühlslage.
> »Wenn ihr nicht wollt, dass ich euch anrufe, werde ich es natürlich nicht mehr tun«, erwiderte Tsukuru *fast automatisch* [Hervorhebungen im Zitat durch Autor]. Er hatte es *unbeeindruckt und kühl* sagen wollen, aber *seine Stimme klang wie die eines Fremden*. Die Stimme von jemandem, der irgendwo in einer fernen Stadt

lebte und dem er noch nie begegnet war (und auch nie begegnen würde).
»Wir bitten darum«, sagte Ao.
»Ich habe nicht die Absicht, mich aufzudrängen«, sagte Tsukuru.
Ao gab weder einen Seufzer noch einen zustimmenden Laut von sich.
»Ich will nur den Grund wissen.«
»Den wirst du von mir nicht erfahren«, sagte Ao.
»Von wem dann?«
Auf der anderen Seite der Leitung herrschte kurz Schweigen. Ein Schweigen wie eine dicke Mauer. Ein leichtes Schnauben ertönte. Tsukuru wartete, während er Aos flache, fleischige Nase vor sich sah.
»Kannst du dir den Grund nicht selbst denken?«, fragte dieser endlich.
Tsukuru war einen Moment lang sprachlos. Was redete Ao da? Was sollte er sich selbst denken? Was denn noch denken? *Er war ja vor lauter Grübeln schon kaum noch er selbst.*
»Schade, dass es so gekommen ist«, sagte Ao.
»Sind alle dieser Meinung?«
»Ja, alle finden das schade.«
»Komm schon, sag, was war los?«, fragte Tsukuru.
»Frag dich doch mal selbst«, sagte Ao. Seine Stimme zitterte leicht vor Zorn und Traurigkeit. Aber das dauerte nur einen Moment. Tsukuru legte auf, bevor ihm eine Antwort einfiel.
»Und mehr hat er nicht gesagt?«, fragte Sara.
»Es war ein ganz kurzes Gespräch. Genauer kann ich es nicht widergeben«, sagte Tsukuru.
Sie saßen an einem kleinen Bartisch. »Konntest du danach noch mal mit ihm oder einem von den anderen sprechen?«, fragte Sara. Tsukuru schüttelte den Kopf.
»Nein.« Sara blickte ihm forschend ins Gesicht. Als bemühe sie sich, etwas zu erkunden, das nicht den Gesetzen der Vernunft entsprach. »Mit gar keinem?«
»Ich habe keinen von ihnen je wiedergesehen.«
»Aber wolltest du denn nicht wissen, warum sie dich so plötzlich aus der Gruppe ausgestoßen haben?«
»Tja, wie soll ich sagen, damals war mir alles ziemlich egal. Sie haben mir die Tür vor der Nase zugeschlagen, und ich durfte nicht mehr rein. Den Grund dafür haben sie mir nicht gesagt. Was konnte ich schon tun, wenn sie es alle so wollten?«
»Das verstehe ich nicht«, sagte Sara, und man sah es ihr an. »Es kann doch ein Missverständnis gewesen sein. Womöglich hättest du es sogar aufklären können. Hast du das nicht bedauert? Deine besten Freunde zu verlieren, vielleicht wegen irgendeiner Lappalie?«

(Haruki Murakami, »Die Pilgerjahre des farblosen Herrn Tazaki«. Aus dem Japanischen von Ursula Gräfe © 2014 für die deutsche Ausgabe: DuMont Buchverlag Köln, S. 33–35. Die Originalausgabe erschien 2013 unter dem Titel *Shikisai*

7 Die Entfremdung überwinden

wo motanai Tazaki Tsukuru to, kare no junrei no toshi bei Bungeishunju, Tokio. Abdruck mit freundlicher Genehmigung.)

> Bevor Sie eine Analyse dieser Szene im nachfolgenden Absatz lesen, möchte ich Sie bitten, diese Szene selbständig für sich oder mit Freunden zu analysieren:
>
> - Blättern Sie hierzu noch einmal zurück und lesen Sie noch einmal die Ausführungen zum Konflikt-Dreieck, denn dieses Schema benötigen Sie für die Untersuchung.
> - Holen Sie sich nun Stift und Papier und schreiben Sie für sich auf, (1) was die Symptome und das maladaptive Verhalten von Tsukuru waren, (2) wie eine gesunde Reaktion von Tsukuru hätte aussehen können und (3) welche Ängste ihn möglicherweise daran gehindert haben, gesund zu reagieren. Nehmen Sie sich dafür 15 Minuten Zeit.

Tsukuru erfährt plötzlich auf überhaupt nicht nachvollziehbare Weise, dass die für ihn wichtigsten Menschen nichts mehr mit ihm zu tun haben wollen. Für alle Menschen wäre dies ein Schock, der eine entsprechende starke emotionale Reaktion hervorrufen sollte. Beispielsweise könnte Tsukuru seine Erschütterung und seinen überwältigenden Schmerz ausdrücken: Ich kann nicht glauben, was du sagst, ich fühle mich zutiefst verletzt und verwirrt. Meine ganze Liebe und Freundschaft, die ich für euch empfinde, sollen nicht existieren? Wie könnt ihr mich so verletzen? Stattdessen, und dies ist nun das maladaptive Verhalten [**D**], verhält er sich offensichtlich »unbeeindruckt und kühl« mit der Folge, dass seine Stimme wie die eines Fremden klingt [= Depersonalisation]. Er macht alles mit sich selbst aus, »grübelt« mit der Folge, dass er »schon kaum noch er selbst ist« [= Depersonalisation]. Welche Ängste können nun dazu geführt haben, dass er die offensichtlich gesunde Reaktion vermied? Eine Gruppe von DDS-Patienten, die an einer psychoedukativen Gruppe teilnahm, äußerte hierzu, dass Tsukuru seine echten Gefühle unterdrückte, weil er Angst hatte, noch mehr verletzt zu werden, wenn er sie zeigen würde. Er gab sich quasi stolz und unbeeindruckt, um sich keine Blöße zu geben, keine Schwäche zu zeigen. Letztendlich führte also falsche Scham dazu, eine gesunde Reaktion zu vermeiden. Ein weiterer Grund könnte auch sein, so die Gruppe, dass Tsukuru die tatsächliche Bedeutung dieses Ereignisses auch für sich selbst herunterspielen musste, aus Angst von seinen eigenen schmerzlichen Gefühlen überwältigt zu werden und aus Mangel an Hoffnung, dass jemand ihn trösten und annehmen wird. Es gehört zu den schlimmsten Ängsten von Menschen »sich psychisch allein, unerwünscht, von seinen Mitmenschen nicht geschätzt und nicht anerkannt« zu erfahren, quasi in einer Art Vakuum zu existieren ohne jeden Halt und ohne jede Verbindung (Guntrip 1972). Demnach haben Angst vor Beschämung [A] und eine existenzielle Angst [A] oder mangelndes Urvertrauen, Tsukuru bewegt, seine Gefühle und deren Ausdruck zu unterdrücken. Was ihm also vor allem fehlt, sind positive Gefühle sich selbst gegenüber und ein Vertrauen in die eigene Person [I/F], die ihn befähigt hätten, mehr zu sich zu stehen und sich auszudrücken (also Ärger in Form von Empörung erleben zu können). Die knappen Informationen zu seiner Kindheit können vielleicht erklären, warum er so wenig Selbstvertrauen und so viel Angst vor dem Ausdruck seiner Gefühle hat. Sein Vater scheint emotional wenig erreichbar gewesen zu sein, durch Armut war er sozial benachteiligt und ein Außenseiter als Schüler. Das fehlende Interesse seiner Mutter an seiner Existenz mag er als Beweis für seine Wertlosigkeit verstanden haben. Auch der Verlust der Mutter, auch wenn er keine Erinnerungen an sie hat, wird ihn sehr geschmerzt und komplexe Gefühle in ihm ausgelöst haben wie Wut und Trauer, die er wahrscheinlich bis heute noch nicht verarbeitet hat.

7.12.1 Typische Abwehrmechanismen

Unter Abwehr (engl. Defense) versteht man in der psychodynamischen Psychotherapie alle Mechanismen und Verhaltensweisen, die dazu dienen, Gefühle und Angst vom Bewusstsein fernzuhalten. Letzteres – also das Fernhalten der Angst – gelingt allerdings nicht immer wie viele Patienten bestätigten können. Es handelt sich bei diesen psychischen Mechanismen um automatisch ablaufende Prozesse, die nicht selten früher der psychischen Anpassung an eine bestimmte Umwelt dienten. Diese Verhaltensmuster, die häufig früh im Leben erlernt wurden und sich im Zusammenhang mit der Erkrankung noch zuspitzten, können bewusstgemacht und wieder verlernt bzw. eingestellt werden. In der Behandlung konzentriert man sich auf die wirklich krankhaften und krankmachenden (maladaptiven) Abwehrmechanismen (Defense Pol im Konflikt-Dreieck). Häufige maladaptive Abwehrmechanismen von DDS-Patienten werden nachfolgend beschrieben:

Grübeln kann man in diesem Sinne als Abwehr verstehen, weil Grübeln, also das ständige, meist sorgenvolle bis selbstquälerische Nachdenken und Gedankenkreisen, dazu führt, dass man während des Grübelns ängstlich angespannt ist und keinen Zugang zu den eigentlichen Gefühlen bekommt. Tsukuru beispielsweise grübelt während er mit Ao spricht vermutlich darüber nach, was bloß los ist und wie er einen Ausweg finden kann, sperrt sich aber so gegen seine Gefühle, die ihn dazu bewegt hätten, seine Empörung und sein Entsetzen deutlich auszudrücken mit der Möglichkeit so zu »Ao« durchzudringen. Hätte er das Grübeln einstellen können und sich seine Gefühle erlaubt, dann wäre er »er selbst« gewesen. Sehr viele DDS-Patienten machen es genauso wie Tsukuru, sie sind wie in ihrem Kopf eingesperrt und dadurch von ihrer eigenen Lebendigkeit und der Verbundenheit mit anderen Menschen ausgesperrt. Oft fällt es Patienten sogar schwer, dieses Grübeln in der psychotherapeutischen Sitzung einzustellen, so wenn ein Patient sich angestrengt fragt, was der Therapeut von ihm hören möchte, anstatt auf die eigenen Gefühle zu hören. Andere Formen des Grübelns sind letztendlich auch die ständige Symptombeobachtung (»Wie ist es gerade? Wie war es früher? Wie müsste es richtig sein?«), das ständige Erwarten von Katastrophen (»Ich werde verrückt, es wird nie wieder besser« und die ständige innere Selbstkritik oder das sich Verlieren in »Was-Wäre-Wenn-Szenarien«. Wenn Patienten merken, dass sie gerade in der Grübelfalle festsitzen, dann ist das schon ein erster Schritt zu deren Überwindung. Denn ohne sich bewusst zu werden, dass man in der Grübelfalle sitzt, kann man sich nicht entscheiden, sich dagegen zu stellen und die Grübelfalle zu verlassen. Das geht nicht auf Knopfdruck. Aber es gibt Möglichkeiten. Beispielsweise kann man durch eine Atemübung die Aufmerksamkeit auf die eigenen Gefühle im Körper lenken. Oder, wenn das gerade nicht geht, bemüht man sich, die Energie sinnvollen Aufgaben zu widmen (z. B. aufräumen im Achtsamkeitsmodus, Sport, Kochen usw.).

7.12 Seelische Probleme analysieren

Selbstkritik – sich kritisch in Frage stellen zu können ist gesund. DDS-Patienten neigen jedoch oft zu ungesunder Selbstkritik, sie greifen sich regelrecht ständig an, entwerten sich, machen sich klein und gehen dabei sehr ungerecht mit sich um, wie sie es niemals mit anderen Menschen machen würden. Dieser Art der Selbstkritik ist ein Abwehrmechanismus, der das eigene Selbstwertgefühl ständig untergräbt. Diese Kritik an sich selbst stellt eine Art Aggression dar, weshalb dieser Abwehrmechanismus »Wendung der Aggression gegen das Selbst« genannt wird. Anstatt andere zu kritisieren, anstatt also den Ärger gegen andere zu wenden, »schlägt man sich selbst nieder«. Dieser Abwehrmechanismus spielt eine besonders zentrale Rolle bei der Depression. Wenn man sich gerade mit Selbstkritik quält, dann kann es manchmal hilfreich sein, sich um einen Perspektivenwechsel zu bemühen. Das heißt, man überlegt, wie man auf einen Freund oder eine andere Person, der man liebevoll zugeneigt ist, in dieser Situation emotional reagieren würde. Die meisten Patienten sind dann in der Lage zu erkennen, wie ungerecht sie mit sich selbst umgehen. Dies ist ein erster Schritt, die ungerechte und destruktive Selbstkritik zu überwinden. Ein zweiter Schritt kann es dann sein, die eigentliche Wut unter der Selbstkritik kennenzulernen, also zu begreifen, wem die Aggression eigentlich gilt, wenn man sie nicht mehr gegen sich wendet.

Projektion – beschreibt den Vorgang, wenn sich etwas, das in einem selbst passiert als Bild über die tatsächliche Realität legt, so wie ein Projektor (Beamer) ein Bild an die Wand wirft, das aber nicht identisch mit der Wand ist. Oft handelt es sich dabei um die Projektion einer selbstkritischen Einstellung. Beispielsweise befürchtet dann der Patient, die andere Person würde genauso kritisch und lieblos mit ihm bzw. ihr umgehen, wie der Patient mit sich umgeht. Wenn die Projektion sehr ausgeprägt ist, kann dies dazu führen, dass der Patient sich regelrecht vor anderen Personen fürchtet, weil er nur noch ein schreckliches verfolgendes Zerrbild in den anderen Personen sieht und ständig erwartet von den anderen Menschen kritisiert, gedemütigt, verhöhnt, verletzt oder sonst wie angegriffen zu werden. Hilfreich ist hier für die meisten Patienten die Überprüfung der Realität, beispielsweise indem man den anderen Menschen bewusst anschaut und überlegt, ob es für das Bild, das man sich gemacht hat, irgendeine Evidenz gibt. Auch in psychotherapeutischen Sitzungen projizieren Patienten nicht selten ihre negativen Erwartungen oder angstmachenden Gefühle auf den Psychotherapeuten, leiden deshalb in den Sitzungen unter starker Anspannung (Angst) und haben Probleme, wirklich offen und authentisch zu sein. Es ist dann wichtig, dieses Thema offen anzusprechen und in der Sitzung gemeinsam zu untersuchen, um eine Lösung dafür zu finden.

Spaltung – ist das Gegenteil von Integration. Ein integriertes Bild von sich und anderen Menschen, zeichnet sich dadurch aus, dass man Menschen realistisch mit ihren Stärken, Schwächen, sympathischen und unsympathischen Seiten sehen kann. Wenn Menschen sich selbst oder andere, beispielsweise in Reaktion auf Enttäuschungen, plötzlich ganz anders betrachten, das innere Bild von sich selbst oder anderen plötzlich von wertvoll ins wertlose wechselt, dann ist meistens Spaltung am Werk. Dies ist meist mit sehr viel Stress verbunden und macht es sehr schwer, langfristig Beziehungen pflegen zu können, weil diese immer wieder und sehr schnell zerbrechen.

Affektisolierung – bezeichnet eine Abwehr gegen das volle Erleben der Gefühle. Das Gefühl ist zwar als Gedanke vorhanden, aber quasi im Kopf eingesperrt. Das Gefühl wird dabei nicht voll im Körper erlebt mit der Folge, dass dieses Gefühl nicht die eigene Lebendigkeit mehrt und dass es nur schlecht für adaptive Handlungen genutzt werden kann. Möglichkeiten diese Abwehr gegen die eigenen Gefühle zu überwinden, sind die Achtsamkeitsmeditation und alle Handlungen, die das tatsächliche volle Erleben der eigenen Gefühle fördern. Es benötigt oft viele kleine Schritte, bis Patienten es sich erlauben können, Ihre Gefühle voll zuzulassen.

Regression – bezeichnet ein sich klein machen auf unterschiedliche Art und Weise, mit der Folge, dass man sich klein, hilflos und unfähig fühlt, obwohl man es eigentlich gar nicht ist, weil man mittlerweile als Erwachsener eigentlich nicht mehr so abhängig von anderen Menschen ist und einem die eigene Vernunft zur Verfügung steht, um die Realität und Angemessenheit der eigenen Gedanken, Gefühle und Verhaltensweisen zu überprüfen und eigenständig Entscheidungen zu treffen.

Abwehr von Nähe – bezeichnet eine Gruppe von angelernten Verhaltensweisen, die dazu dienen, Gefühle im Zusammenhang mit zwischenmenschlicher Nähe abzuwehren. Durch diese Verhaltensweisen errichtet der Betroffene eine Mauer zwischen sich und anderen Menschen. Typische Verhaltensweisen sind die Vermeidung des Blickkontaktes; das Überspielen

7.12 Seelische Probleme analysieren

von Gefühlen durch Lächeln; der Wechsel des Gesprächsthemas, sobald das Thema emotional bedeutsam wird; und eine distanzierende Erzählweise, indem man alles allgemein und vage hält. In einer psychotherapeutischen Behandlung ist es außerordentlich wichtig, dem Patienten zu helfen, diese Abwehrmechanismen einzustellen, weil sonst seine Isolation aufrechterhalten wird.

Konversion – bezeichnet die Umwandlung eines psychischen Konfliktes in ein körperliches Krankheitsgeschehen. Die Konversion kann zentraler Krankheitsmechanismus bestimmter Krankheitsbilder sein. Beispielsweise gibt es Personen, die nach einem psychischen Trauma das Bild einer Querschnittslähmung entwickeln, ohne dass die Nervenbahnen geschädigt wurden. Die Betroffenen haben aber keine Kontrolle mehr über ihre Beine und können sich nur noch im Rollstuhl fortbewegen. Sie werden dann in die Neurologie eigenwiesen, wo man dann keine organische Ursache für die Lähmung findet. Die Therapie ist Psychotherapie. Meist sind diese Konversionslähmungen aber weit weniger dramatisch und weit flüchtiger. In Psychotherapiesitzungen kann man häufig beobachten, wie beim Ansprechen bestimmter emotionaler Themen, Patienten ein kurzzeitiges, leicht zu übersehendes Schwächegefühl in den Armen bemerken, so als ob jemand gerade den Stecker gezogen hätte. Oft stellt sich heraus, dass in diesen Augenblicken, Wut mobilisiert wurde. Die Lähmung zeigt dann die Angst des Patienten vor den eigenen Wutimpulsen an.

Depersonalisation/Derealisation – werden in der psychodynamischen Psychotherapie als ein Abwehrmechanismus gegen jedes emotionale Erleben verstanden, der immer dann einsetzt, wenn die individuelle Affekttoleranz überschritten wird.

Nehmen Sie sich nun 15 Minuten Zeit und schreiben Sie auf, (1) welche dieser Abwehrmechanismen (außer DP/DR) Sie an sich bereits kennengelernt haben, (2) wie häufig es dazu kommt und (3) zuletzt in welchen Situationen innerhalb der letzten 24 Stunden diese Mechanismen vorkamen.

7.13 Schreiben als Selbsthilfe

»Gebt eurem Schmerz Worte: ein stummer Schmerz presst seine Klagen in das Herz zurück, und macht es brechen« (Shakespeare, Macbeth, 6. Szene, 4. Aufzug).

Schreiben kann eine gute Methode sein, sich über die eigenen emotionalen Erfahrungen klarer zu werden und diese dann auch besser mit anderen Menschen teilen zu können. Expressives Schreiben hat sich in vielen Studien als wirksame Selbsthilfestrategie für unterschiedliche Lebenssituationen und Erkrankungen erwiesen (Pennebaker 2010).

Für die Selbsthilfe bei der Überwindung der Depersonalisations-Derealisationsstörung bietet sich das expressive Schreiben über mindestens vier Themen an: (1) zur Vertiefung der Erfahrungen in der psychotherapeutischen Behandlung; (2) zur Analyse der symptomverschlimmernden Situationen; (3) zur Reflexion der Erfahrungen mit der Achtsamkeitsmeditation oder (4) als freies expressives Schreiben über alles, was auch immer einen Menschen belastet oder wichtig ist.

Pennebaker (2010), der Pionier der wissenschaftlichen Untersuchung der expressiven Schreibtherapie, hat einige allgemeine Grundsätze aufgestellt, die beim expressiven Schreiben berücksichtigt werden sollten:

1. Nehmen Sie sich, in Abhängigkeit von der Aufgabe, mindestens 20 Minuten Zeit, in der Sie frei von Störungen und Ablenkung sind. Nach dem Schreiben sollten Sie noch ein wenig Zeit für sich zum Nachdenken und Nachfühlen haben, also nicht sofort funktionieren müssen.
2. Sie können mit der Hand oder am Computer schreiben (oder auch, wenn Schreiben nicht möglich ist, ihre Gedanken auf Band sprechen).
3. Lassen Sie sich in Ihrem Schreibfluss keinesfalls durch Gedanken an Grammatik, Zeichensetzung oder Rechtschreibung usw. hemmen.
4. Machen Sie sich klar, dass Sie ausschließlich für sich selbst schreiben. Absolute Offenheit und Ehrlichkeit sich selbst gegenüber sind notwendig, damit das expressive Schreiben hilfreich sein kann.
5. Wenn Sie sich Sorgen machen, Ihr Text könnte in falsche Hände geraten, so vernichten Sie den Text nach dem Schreiben. Der Text soll nur

für Sie bestimmt sein. Die Wirkung des expressiven Schreibens hängt wesentlich davon ab, wie offen und ehrlich Sie beim expressiven Schreiben sein können.
6. Wenn man den Text bereits vor Beginn des Schreibens fertig im Kopf hat und man diesen einfach wiederkäut, ohne sich spontanen Einfällen hingeben zu können, profitiert man meist nicht vom expressiven Schreiben. Das expressive Schreiben wirkt besser, wenn es gelingt, offen zu sein und emotional berührt zu werden.
7. Nach dem Niederschreiben schätzen Sie für sich auf einer Skala von 0–100 ein, a) wie gut es Ihnen gelang, Ihre tiefsten Gedanken und Gefühle offen auszudrücken (0 überhaupt nicht offen, 100 sehr offen), b) wie emotional berührt Sie waren (0–100) und c) wie bedeutsam das Schreiben für Sie war (0–100).
8. Ähnlich wie bei der Achtsamkeitsmeditation oder in einer psychotherapeutischen Behandlung kann die Beschäftigung mit emotionalen Erfahrungen schmerzliche oder belastende Gefühle auslösen. Falls Sie den Eindruck haben, diese Gefühle seien nicht auszuhalten, dann lassen Sie die Übung einfach sein und beschäftigen sich mit etwas Anderem bzw. holen sich Hilfe. Pennebaker (2010) nennt dies die »Anti-Ausflipp-Regel«.

Nach Pennebaker (2010) kann man mit dem expressiven Schreiben die besten Effekte erzielen, wenn man sich einer Schreibübung für mindestens 20 Minuten an mindestens vier aufeinanderfolgenden Tagen widmet.

7.13.1 Expressives Schreiben über die Achtsamkeitsmeditation

Die persönlichen Erfahrungen mit der Achtsamkeitsmeditation können durch das expressive Schreiben vertieft werden. Dies ist insbesondere sinnvoll, wenn Betroffene Schwierigkeiten mit der regelmäßigen Achtsamkeitsmeditation haben. Hierfür nimmt man sich nach der Achtsamkeitsmeditation mindestens zwanzig Minuten Zeit, um nach der Methode des themenzentrierten Bewusstseinsstroms alles aufzuschreiben, was einem hinsichtlich der Achtsamkeitsübung durch den Kopf geht. Die Instruktion für diese Methode lautet, alles, was Ihnen zu Ihrer heutigen Achtsamkeitsübung spontan durch den Kopf geht (Gedanken, Gefühle, Empfindungen), aufzuschreiben, ohne viel nachzudenken oder gar zu zensieren. Wichtig ist nur, dass Sie beim Thema bleiben und noch wichtiger, dass Sie die allgemeinen Regeln berücksichtigen (▶ Kap. 7.13): Das heißt, Sie schreiben nur für sich selbst, Sie bemühen sich um Offenheit und Ehrlichkeit und lassen sich durch Gedanken an Rechtschreibung usw. nicht hemmen. Wenn die Zeit herum ist, so können Sie das Geschriebene noch einmal lesen und dann wieder vernichten, sodass es kein anderer als Sie lesen kann. Falls es zu einer Schreibblockade kommen sollte, dann hilft es manchmal, so zu beginnen: »Ich sitze hier und will über die Achtsamkeitsübung schreiben und ich merke, es geht nicht … «. Die Antworten auf die weiteren Fragen könnten dann ggf. weiterhelfen: Wie fühlt sich das an, dass es nicht geht? … Welche Gedanken und Empfindungen nehme ich gerade wahr?

7.13.2 Expressives Schreiben über die psychotherapeutische Behandlung

Um Ihre Erfahrungen mit der psychotherapeutischen Behandlung zu vertiefen, kann es hilfreich sein, jeden Abend nach einer psychotherapeutischen Sitzung gemäß der Methode des themenzentrierten Bewusstseinsstroms alles aufzuschreiben, was Ihnen mit Blick auf die jüngst zurückliegende psychotherapeutische Sitzung in den Sinn kommt. Sie sollten sich hierfür mindestens 20 Minuten Zeit nehmen. Sehr wichtig ist wieder, dass Sie versuchen, sich dem spontanen Lauf Ihres Bewusstseinsstroms zu überlassen. Sie sollen es sich selbst erlauben, Ihre tiefsten Gefühle und Gedanken im Hinblick auf die psychotherapeutische Sitzung zuzulassen, diese aufzuschreiben, und zwar unabhängig davon, ob diese Gedanken und Gefühle Ihnen peinlich oder unangenehm sind. Nach der Niederschrift können Sie Ihren Text noch einmal lesen. Anschließend können Sie ihn vernichten, sodass sichergestellt ist, dass Ihr Text nur von Ihnen gelesen wird. Durch diese Art der Beschäftigung mit der psychotherapeutischen Behandlung kann Ihnen beispielsweise klarer werden, wie sich die Behandlung entwickelt, ob Sie sich von Ihrem Psychotherapeuten auch wirklich verstanden fühlen und ob Sie auch wirklich alle wichtigen Dinge in der Behandlung ansprechen.

7.13.3 Schreibtherapie am Beispiel des Symptomtagebuchs

Man kann die Methode des expressiven Schreibens auch verwenden, um eine besonders belastende Situation aus der vorangegangenen Woche näher zu untersuchen. Hierfür sollte man sich mindestens 20 Minuten Zeit nehmen und die o. g. Grundsätze von Pennebaker (2010) befolgen. Zusätzlich können die folgenden Anregungen für die Analyse der symptomverschlimmernden Situation hilfreich sein: Zunächst kann man sich fragen, ob man die Situation aus der Ich-Perspektive oder aus der Perspektive der dritten Person (er, sie) darstellen will. Wenn die Erinnerung an die Situation ziemlich belastend ist, dann fällt eine Schilderung aus der dritten Person oft leichter. Erst wenn man durch die Erinnerung an solche Situationen weniger gestresst ist, geht man dazu über, das Geschehene aus dem Blickwinkel der ersten Person zu beschreiben. Die Schilderung der symptomverstärkenden Situation sollte so detailliert sein wie ein Drehbuch. Das heißt, die Beschreibung der äußeren und inneren Vorgänge soll so anschaulich sein, dass ein guter Regisseur mit guten Schauspielern die emotionale Situation exakt so nachspielen könnte, wie Sie es erlebt haben.

1. Beschreiben Sie die äußere Situation (Wann? Wo? Wer war anwesend?) und zwar beginnend in dem Moment, kurz bevor Sie die Zunahme der Symptomatik bemerkten, bis dahin, wo die Symptomatik wieder etwas nachgelassen hat.
2. Beschreiben Sie, was Sie in der Situation taten, dachten und fühlten (Gefühle, körperliche Empfindungen, Verhalten).
3. Wenn andere Personen anwesend waren, so beschreiben Sie auch, was die anderen Menschen taten.
4. Nachdem Sie das Drehbuch erstellt haben, beginnt der zweite Teil. Sie analysieren nun das Verhalten der Hauptperson in dieser kurzen Szene, in dem Sie sich die entsprechenden Fragen aus dem Kapitel »Seelische

Probleme analysieren« (▶ Kap. 7.12) stellen und versuchen, die drei Pole des Konflikt-Dreiecks zu identifizieren.

7.13.4 Gefühlsdrehbücher

Wie weiter vorne beschrieben, haben wir alle in unserer Kindheit bestimmte Gefühlsregeln verinnerlicht. Bei Menschen mit schwerer DP/DR sind diese meist dadurch gekennzeichnet, dass Patienten keinen freien Umgang mit den eigenen Emotionen erlenen konnten. Für die Überwindung dieser einengenden Regeln ist es wichtig, sich dieser verinnerlichten Regeln bewusst zu werden. Hierbei kann eine expressive Schreibübung helfen. Schreiben Sie mit Hilfe der Pennebaker-Methode (2010) darüber, wie wichtige Bezugspersonen mit Ihnen umgingen, wenn Sie beispielsweise Angst hatten, wütend waren oder sich nach Nähe sehnten.

> Nehmen Sie sich nun gemäß der Pennebaker-Methode (2010) 20 Minuten Zeit. Erinnern Sie sich daran, wie Ihre Bezugspersonen in der Kindheit mit Ihren Gefühlen umgingen und welche Gefühlsdrehbücher Sie verinnerlicht haben. Sie können hierzu mit einem bestimmten Gefühl beginnen wie beispielsweise Wut, Trauer oder Angst.

7.14 Die psychotherapeutische Behandlung

Für die Überwindung einer Depersonalisations-Derealisationsstörung ist in aller Regel eine psychotherapeutische Behandlung notwendig. Die erforderliche Behandlungsdauer hängt von dem Ausmaß der Probleme ab. Patienten, die bereits seit mehreren Jahren an einem Depersonalisations-Derealisationssyndrom leiden, benötigen zur Überwindung der Entfremdung meist eine Langzeitpsychotherapie mit einem Umfang von 50–100 Stunden über einundhalb bis vier Jahre. Manchmal sind auch mehrere

Behandlungsepisoden notwendig, um Symptomfreiheit zu erreichen. Bei Patienten, bei denen die DDS erst weniger als sechs Monate besteht, die im Leben ansonsten gut zurechtkommen und die keine weiteren seelischen Erkrankungen aufweisen, kann auch eine kürzere Behandlung mit einem Umfang von 25 Sitzungen ausreichend sein.

7.14.1 Ambulante Psychotherapie und typischer Verlauf

Ziel der Behandlung ist die vollständige Überwindung der Depersonalisation und Derealisation. In der Regel löst sich die Symptomatik dauerhaft nicht von einer zu anderen Sekunde auf. Allerdings kann es, sobald die Symptomatik beginnt, sich etwas aufzulockern, sehr wohl auch zu kurzen Momenten vollkommener Symptomfreiheit kommen. Patienten berichten, dass sie für wenige Sekunden oder Minuten plötzlich alles ganz real wahrgenommen haben. Das wird von Patienten nicht selten als erschreckend erlebt. Mit dem weiteren Verlauf der Behandlung bemerken Patienten dann, dass sie immer häufiger längere Zeiträume ohne Depersonalisation und Derealisation erfahren. Beispielsweise fällt dem Patienten auf, dass er oft nicht mehr daran denkt oder dass die DDS-Symptomatik immer öfter und für längere Zeit ganz in den Hintergrund rückt. Am Ende treten Symptome von Depersonalisation und Derealisation nur noch sporadisch im Zusammenhang mit unspezifischen Auslösern auf (z. B. Schlafmangel, Jetlag, Erschöpfung) und nicht mehr als eine automatisierte Reaktion auf angstmachende Gefühle.

Besonders wichtig für den Erfolg einer psychotherapeutischen Behandlung ist die Anfangsphase. Sie dient erstens dem Aufbau einer vertrauensvollen Beziehung zwischen Patient und Psychotherapeut und zweitens der Vermittlung von Einsicht in die der Depersonalisations-Derealisationsstörung zugrunde liegenden seelischen Probleme und Krankheitsmechanismen. Durch die gemeinsame Arbeit sollte der Patient zunehmend erkennen, wie die Symptomatik der DDS mit eigenen maladaptiven Denk-, Fühl-, und Verhaltensweisen zusammenhängt und welche Ängste der DDS zugrunde liegen. Eine echte partnerschaftliche gemeinsame Arbeit ist nur in einer Beziehung auf Augenhöhe möglich.

Patienten sollen deshalb immer wieder für sich überprüfen, ob sie sich ihrem Therapeuten gegenüber auf Augenhöhe fühlen. Augenhöhe bedeutet, dass man sich ebenbürtig und genauso wertvoll wie das Gegenüber erlebt. Natürlich existieren in der Behandlung Rollenunterschiede, aber diese bedingen kein mehr oder weniger an Würde und Wert. Falls sich Patienten nicht auf Augenhöhe fühlen, so sollten sie dies unbedingt ansprechen, damit man gemeinsam an einer Lösung arbeiten kann. Psychotherapie ist Teamarbeit, sie kann nur gelingen, wenn Psychotherapeut und Patient gemeinsam an einem Strang ziehen.

Im weiteren Verlauf der Behandlung kommt es nicht selten vor, dass Patienten mit einem Rückgang der DDS-Symptomatik eine Zunahme von körperlichen Angstgefühlen erleben (z. B. Herzklopfen, Beklemmungsgefühl). In der Regel bedeutet dies, dass der Patient Ängste nun wieder bewusster wahrnimmt, die ehedem unter der DDS-Symptomatik verborgen waren. Patienten erleben dies üblicherweise als Fortschritt, weil sie erstens erfahren dürfen, dass selbst eine über Jahrzehnte unverändert fortbestehende Symptomatik veränderbar ist, und sie zweitens zunehmend verstehen, was eigentlich mit ihnen los ist. Damit erleben die Patienten sich wieder mehr als Autoren ihres eigenen Lebens.

Gegen Ende der Behandlung, wenn die betroffenen Personen die Realität ihrer Existenz deutlich spüren, kommen bei den Patienten nicht selten existenzielle Fragen auf. Ein Patient beschrieb dies mir gegenüber einmal so: Es sei ihm irgendwie unheimlich, die Realität plötzlich so intensiv zu spüren, sich bewusst zu sein, dass er sich hier an diesem Ort auf diesem Planeten befindet, einem kleinen Ort im Weltall. Es stellt einen weiteren wichtigen Fortschritt dar, wenn der Patient beginnt, sich entschiedener seinen Lebenszielen zuzuwenden. Also wenn er sich fragt, wer er hier auf der Welt sein will, was er für wichtig, wahr und gut hält und wie er dies in seinem Leben verwirklichen will. Er beginnt dann, die Entfremdung zu überwinden und sich selbst zu verwirklichen. Es geht dann, so die Sozialphilosophin Rahel Jaeggi (2005, S. 251), *»insgesamt um Präsenz im Leben und um Interesse an dem, was man tut – um eine selbstbestimmt-authentische Weise der Auseinandersetzung mit der Welt«* und, so möchte ich ergänzen, der Verbundenheit mit ihr. Überhaupt erkennt man im Verlauf einer längeren psychotherapeutischen Behandlung eigentlich immer, dass Patienten mit einer DDS auch in einem nicht-medizinischen Sinne unter Selbstentfremdung leiden bzw. gelitten haben.

7.14.2 Stationäre Psychotherapie

Patienten in schweren Krisen oder Patienten, die wegen ihrer psychischen Beschwerden so stark beeinträchtigt sind, dass sie sich sozial zurückziehen, nicht mehr arbeitsfähig sind, oder bei denen wegen anderer Umstände eine ambulante Behandlung nicht ausreicht oder nicht verfügbar ist, oder die durch eine ambulante Behandlung keine Besserung erfahren, benötigen meist zusätzlich eine stationäre psychotherapeutische Behandlung im Umfang von meist 4–12 Wochen. Im Rahmen einer 4–12-wöchigen stationären psychosomatisch-psychotherapeutischen Behandlung ist es realistisch, zu erwarten, dass sich nach der Behandlung die Einstellung zur DDS geändert hat. Man fühlt sich der Symptomatik nicht mehr so ohnmächtig ausgeliefert, nimmt Symptomschwankungen und gegebenenfalls kürzere symptomfreie Phasen wahr und versteht besser, mit welchen krankmachenden Mechanismen und Verhaltensweisen die DDS zusammenhängt. Außerdem kann in der Regel ein deutlicher Rückgang der allgemeinen seelischen Belastung erreicht werden. Ein Patient, der bereits mehrere Jahre unter einer Depersonalisations-Derealisationsstörung litt, und zuvor unter der falschen Diagnose einer paranoiden Schizophrenie drei Jahre lang mit Antipsychotika behandelt wurde, beschrieb die Wirkung der stationären psychosomatisch-psychotherapeutischen Behandlung so: »*Erst durch die gezielte Behandlung meiner Symptome konnte ich in meinem Kopf etwas Ordnung schaffen und diese Krankheit heute kontrollieren, aber auch als Teil meines Ich akzeptieren*« (Michal et al. 2012). Wobei er mit den letzten fünf Worten meinte, dass er nach der stationären Behandlung akzeptieren konnte, dass seine Neigung, mit DP/DR auf bestimmte Situationen zu reagieren, etwas mit Ängsten und inneren Konflikten zu tun hat. Kein Mensch muss sich damit abfinden, dass er dauerhaft in einem Zustand der Depersonalisation/Derealisation lebt.

7.14.3 Allgemeine Informationen zur Psychotherapie

Weil es sehr wichtig ist, als Patient über die Möglichkeiten und Bedingungen der psychotherapeutischen Versorgung gut Bescheid zu wissen, sollten Sie sich jetzt mit diesen Themen noch intensiver vertraut machen:

> Bitte lesen Sie nun die allgemeinen Informationen zum Thema ambulante und stationäre Psychotherapie, die Sie bei den elektronischen Zusatzmaterialien finden.

7.14.4 Wie wirkt Psychotherapie?

Allen psychotherapeutischen Verfahren sind allgemeine Wirkfaktoren gemeinsam. Je besser diese Wirkfaktoren in einer Psychotherapie verwirklicht werden, desto größer ist die Wahrscheinlichkeit eines Behandlungserfolgs. Auf drei wichtige Wirkfaktoren (therapeutische Beziehung, Förderung der Selbstwahrnehmung und Restrukturierung) möchte ich nachfolgend genauer eingehen.

Wirkfaktor: Therapeutische Beziehung

> »Wenn wir uns sichtbar fühlen, haben wir das Gefühl, dass wir uns mit der anderen Person in der gleichen Realität befinden, im gleichen Universum, um es metaphorisch auszudrücken. Wenn dieses Gefühl fehlt, haben wir den Eindruck, wir befänden uns in verschiedenen Realitäten« (Branden 2009, S. 203).

Einer der wichtigsten psychotherapeutischen Wirkfaktoren ist die Qualität der therapeutischen Beziehung (Orlinsky et al. 2004). Eine gute therapeutische Beziehung ist dadurch gekennzeichnet, dass der Patient, sich von seinem Psychotherapeuten respektiert, gesehen und verstanden fühlt und er das Vertrauen gewonnen hat, dass der Psychotherapeut sich für die Lösung seiner Probleme einsetzt. Ohne dieses Vertrauen und das Gefühl vom Psychotherapeuten richtig gesehen und verstanden zu werden, kann eine Psychotherapie nicht erfolgreich sein. Psychotherapeut und Patient müssen deshalb alles dafür tun, damit eine gute psychotherapeutische Arbeitsbeziehung entstehen kann.

Wirkfaktor: Förderung der Selbstwahrnehmung

Psychotherapeuten helfen Patienten, ihre Selbstwahrnehmung zu erweitern und das Verständnis für ihre Lebenssituation zu verbessern. Hierzu unterstützen sie den Patienten auf vielfältige Weise, seine Erfahrungen in Worte zu fassen und sich mitzuteilen. Dabei ist es wichtig, anhand von konkreten Beispielen das Erleben und den Handlungsspielraum des Patienten zu beleuchten. Ein besonderer Schwerpunkt der Arbeit muss dabei auf das emotionale Erleben des Patienten gelegt werden. Der Psychotherapeut fragt konkret nach den Emotionen in spezifischen Situationen außerhalb und innerhalb der Sitzung (»Welche Gefühle hat das in Ihnen ausgelöst?«). Dabei lenkt er die Aufmerksamkeit des Patienten auch auf das konkrete körperliche Empfinden: »Was spüren Sie gerade in Ihrem Körper? Wie fühlt sich dies an?« Diese Fragen sind wichtig, weil Gefühle sich primär körperlich bemerkbar machen und Patienten lernen sollen, wieder mehr mit ihrem tatsächlichen emotionalen Leben in Verbindung zu kommen. Jedes Gefühl hat seine eigene körperliche Signatur. Angst fühlt sich anders an als Wut oder Trauer. Patienten werden sich dessen aber oft erst in der psychotherapeutischen Behandlung bewusst und lernen in der Behandlung, ihre Gefühle korrekt zu benennen und die damit verbundenen Handlungsimpulse mit Worten auszudrücken.

Sinnvoll ist es auch, Symptomverstärkungen innerhalb der Sitzung gemeinsam zu untersuchen. Besonders hilfreich ist es, wenn die Probleme des Patienten in der der Therapiesitzung fassbar werden. Deshalb müssen in einer psychotherapeutischen Sitzung auch die Ängste des Patienten aktiviert werden, was vorübergehend dann auch zu einer Symptomverstärkung führen kann. Dies stellt eine sehr gute Gelegenheit dar, im Hier und Jetzt die emotionalen Probleme gemeinsam näher zu untersuchen. Bei der gemeinsamen psychotherapeutischen Arbeit werden all die Fragen gestellt, die Sie bereits aus dem Kapitel »Seelische Probleme analysieren« (▶ Kap. 7.12) kennen. Ein Patient sollte bereits nach den ersten Sitzungen das Gefühl bekommen, sich selbst und seine Probleme etwas besser zu verstehen. Ganz entscheidend für die Verbesserung der Selbstwahrnehmung ist die Bereitschaft des Patienten, sich gegenüber dem Psychotherapeuten mit all seinen Gedanken und Gefühlen zu öffnen. Ohne diese Bereitschaft, auch wenn dies vor allem zu Beginn Angst macht, kann Psychotherapie nicht funktionieren.

Wirkfaktor: Umstrukturierung

Das Wort Umstrukturierung beschreibt in der Psychotherapie Veränderungsprozesse, bei denen es darum geht, nachhaltig gesündere Einstellungen und Verhaltensweisen im Umgang mit sich und anderen Menschen aufzubauen. Oft stellt bereits die Tatsache, eine Psychotherapie zu machen, einen ersten Schritt der Umstrukturierung dar, weil der Patient durch die Überwindung der damit verbundenen Ängste lernt, dass es möglich ist, sich einem anderen Menschen anzuvertrauen und verstanden zu werden. Dies ist eine wichtige Erfahrung, die auch auf andere Beziehungen übertragen werden kann, bspw. indem man lernt, auch in anderen Beziehungen seine Gefühle auf angemessene Weise spontaner auszudrücken. Entscheidend für den Aufbau gesünderer Verhaltensweisen und Einstellungen ist es, diejenigen Ängste zu überwinden, die das adaptive Verhalten hemmen. Der Psychotherapeut wird deshalb den Patienten ermutigen und auffordern, sich seinen Ängsten zu stellen und neue Schritte in seinem Leben zu wagen. Durch die Konfrontation mit diesen Ängsten werden diese Schritt für Schritt dauerhaft aufgelöst. In der Verhaltenstherapie wird dieses Prinzip als Konfrontationstherapie oder systematische Desensibilisierung bezeichnet.

7.14.5 Aufgaben des Psychotherapeuten

Zu den wichtigen Aufgaben des Psychotherapeuten zählt es, dem Patienten zu helfen, Vertrauen in die Behandlung zu fassen, die Erstellung eines Behandlungsplans und die Festlegung der Therapieziele. Die Therapieziele sollten gemeinsam mit dem Patienten bestimmt werden und konkret und überprüfbar sein. Ein Psychotherapeut sollte dem Patienten seine Diagnosen mitteilen und erklären, wie er die Probleme des Patienten versteht und was getan werden muss, um eine Besserung des Befindens des Patienten zu erreichen. In der Regel werden ein bis drei Therapieziele formuliert. Ein Therapieziel könnte beispielsweise wie folgt lauten:»Therapieziel 1: Ich will die Depersonalisation und Derealisation überwinden. Dazu muss ich es wagen, in meinen Beziehungen präsenter zu sein, bei mir und meinen Gefühlen zu bleiben, anstatt mich ganz danach zu richten, wie andere mich sehen, wie ich auf andere wirke oder was andere von mir erwarten könnten, um unangemessene Ängste (z. B. vor Beschämung und Alleinsein) in Schach zu halten«. Im Verlauf sollte der Psychotherapeut dann immer wieder gemeinsam mit dem Patienten überprüfen, ob die Behandlung Fortschritte macht. Hierzu kann es z. B. sinnvoll sein, alle drei Monate die Beschwerden zu erfassen und zu prüfen, was aus den Therapiezielen geworden ist. Falls in der Bilanz keine Fortschritte festgestellt werden, sollte der Psychotherapeut gemeinsam mit dem Patienten überlegen, welche Ursachen dies haben könnte und die erforderlichen Konsequenzen daraus ziehen (Überdenken der Behandlungsstrategie, stationäre psychosomatisch-psychotherapeutische Krankenhausbehandlung).

7.14.6 Aufgaben des Patienten

Der Patient ist mitverantwortlich für den Verlauf der Behandlung. Psychotherapie ist keine Magie. 100 Stunden Psychotherapie über drei Jahre mag sich lang anhören. Ohne die aktive Mitarbeit des Patienten in den Sitzungen – und vor allem auch dazwischen – ist ein nachhaltiger Fortschritt nicht möglich. Folgende Aufgaben sollten Patienten besonders ernst nehmen:

Verstanden werden

Verstanden werden ist eine grundlegende Voraussetzung für den Erfolg der Behandlung. Deshalb sollte der Patient, soweit es in seiner Macht steht, die Verantwortung dafür übernehmen, verstanden zu werden. Folgende Fragen sollte er sich deshalb immer wieder stellen: Bin ich offen und authentisch gegenüber meinem Psychotherapeuten? Spreche ich bewusst bestimmte Dinge aus der Sorge heraus nicht an, dann möglicherweise von meinem Psychotherapeuten abgelehnt oder kritisiert zu werden? Fühle ich mich meinem Psychotherapeuten gegenüber auf Augenhöhe? Ich vereinbare deshalb mit Patienten, alles, was sie beschäftigt, offen und ehrlich in den Sitzungen anzusprechen (auch wenn es ihnen unangenehm oder nicht zur Sache gehörig vorkommt). Psychotherapie ist eine partnerschaftliche Arbeit. Ohne dass Patient und Therapeut sich auf Augenhöhe begegnen kann die Behandlung nicht funktionieren. Außerdem fordere ich Patienten auf, eine Zunahme der DDS-Symptomatik während der Sitzung mitzuteilen, damit wir diese dann gemeinsam untersuchen können.

Therapie-Logbuch

Die Psychotherapie eines Patienten mit einer DDS dauert in der Regel mehrere Jahre. In einer solchen Situation kann das Führen eines Logbuchs hilfreich sein, um das Bewusstsein für den Verlauf der Behandlung zu schärfen. Das Logbuch sollte nach jeder Psychotherapiesitzung einen Eintrag erhalten. Folgende Einträge sollten in dem Logbuch unbedingt vorkommen: Datum, Sitzungsnummer (z. B. 12. Sitzung von insgesamt 50 Sitzungen; 12/50), ein paar Stichworte zum Thema der Sitzung, eine allgemeine Einschätzung des eigenen psychischen Gesundheitszustandes (0 = schlimmster, 100 = bester denkbarer psychischer Gesundheitsstand) und der Zufriedenheit mit der Therapiesitzung (0 = überhaupt nicht zufrieden, 10 = absolut zufrieden). Etwa alle 10–12 Wochen sollte man Rückschau auf den bisherigen Verlauf der Behandlung halten. Im Rahmen einer solchen Bilanz ist auch ein Eintrag zur Schwere der Depression, Angst und Depersonalisation anhand von Fragebögen sinnvoll. Anders als beim expressiven Schreiben sollte das Logbuch aufgehoben werden.

> Eine Mustervorlage, die gerne abgewandelt werden kann, finden Sie bei den elektronischen Zusatzmaterialien.

7.14.7 Typische Probleme mit der Psychotherapie

Patienten mit einer Depersonalisations-Derealisationsstörung haben leider nicht selten negative Vorerfahrungen in zurückliegenden psychotherapeutischen Behandlungen gemacht. Die häufigsten Behandlungsprobleme und mögliche Gegenmittel möchte ich nachfolgend kurz aufführen:

Mein Psychotherapeut kennt sich nicht aus

Betroffene haben oft Sorge, niemanden zu finden, der sich mit der Behandlung einer Depersonalisations-Derealisationsstörung auskennt. Ich antworte darauf, dass es vor allem wichtig ist, jemanden zu finden, der sich für ihre Person und ihre Probleme wirklich interessiert. Der Behandler muss kein Experte für die Depersonalisations-Derealisationsstörung sein. Jeder Psychotherapeut sollte allerdings die Symptome richtig einordnen können und über ausreichend Krankheitswissen verfügen. Interesse für den Patienten bedeutet auch, dass der Psychotherapeut die Bereitschaft aufbringt, sich das möglicherweise fehlende Fachwissen anzueignen. In einem solchen Fall müsste man dem Psychotherapeuten etwa Folgendes sagen: »*Wenn Sie sagen, dass Sie sich mit der Depersonalisations-Derealisationsstörung nicht auskennen, dann verunsichert mich das und ich mache mir Sorgen, ob mir eine Behandlung bei Ihnen helfen kann. Ich wünsche mir, dass Sie mit dem Krankheitsbild vertraut machen, z. B. ein Fachbuch über diese Erkrankung lesen. Das würde mir mehr Sicherheit geben.*« Entsprechende Fachliteratur ist mittlerweile leicht verfügbar: Januar 2015 wurde von der **A**rbeitsgemeinschaft der **W**issenschaftlichen **M**edizinischen **F**achgesellschaften (AWMF) die Leitlinie »Depersonalisations-Derealisationssyndrom« veröffentlicht. Diese Leitlinie stellt Informationen für die Diagnostik und Therapie des Depersonalisations-Derealisationssyndroms zur Verfügung und gibt konkrete Behandlungsempfehlungen. Außerdem gibt es mehrere gute Fachbücher zu diesem Krankheitsbild (z. B. Sierra 2009, Simeon und Abugel 2008, David 2007). Und zuletzt kann auch noch dieser Ratgeber hilfreich sein. Weil der Ratgeber auch zunehmend von Psychotherapeuten gelesen wird, wurde der Ratgeber seit der 3. Auflage um ein Kapitel speziell für Psychotherapeuten erweitert.

Manchmal verbirgt sich hinter dem hier beschriebenen Problem auch ein allgemeines Misstrauen gegenüber dem Psychotherapeuten, sei es aufgrund von negativen Behandlungsvorerfahrungen oder sei es, weil es dem Patienten allgemein schwerfällt, sich anderen Menschen anzuvertrauen. Es ist dann wichtig, dies offen mit dem Psychotherapeuten anzusprechen und gemeinsam zu untersuchen.

Mein Psychotherapeut versteht mich nicht

Zunächst einmal ist es sehr wichtig, dass der Psychotherapeut eine deutliche Rückmeldung von Ihnen erhält. Sie müssen klar und deutlich aussprechen, was Sie unzufrieden macht. Es wäre fatal, wenn Sie als Patient bei diesem Thema eine Vogel-Strauß-Politik betreiben, den Kopf in den Sand stecken, sich einreden, es werde sich schon bessern usw., und Sie die Klärung der Grundlage einer erfolgreichen Behandlung aufschieben. Wenn Sie unzufrieden sind oder Zweifel an der Behandlung haben, so sollten Sie dies in Ihrer Psychotherapie sofort ansprechen. Es geht dabei nicht ums Recht haben, nicht darum, wessen Perspektive richtig ist. Es geht dabei um den Erfolg der Behandlung des Patienten. Denn ohne, dass der Patient seine Sichtweise einbringt, ist eine Klärung der Probleme und Psychotherapie allgemein, überhaupt nicht möglich. Die Behandlung wäre dann zum Scheitern verurteilt. Manchmal haben Patienten Angst, solche Dinge offen anzusprechen. In solchen Fällen kann es hilfreich sein, alle wichtigen Punkte in einem Brief an den Psychotherapeuten aufzuschreiben und diesen Brief in der Sitzung vorzulesen oder, wenn man selbst davor Angst hat, ihn beim Psychotherapeuten abzugeben. Letztendlich ist es wichtig, dass die Behandlung auf Augenhöhe erfolgt, sonst kann Psychotherapie nicht erfolgreich sein. Sobald der Patient Probleme in der Sitzung offen anspricht, kann man partnerschaftlich an deren Lösung arbeiten. Zunächst ist es wichtig die Realität zu klären. Gibt es tatsächliche Verletzungen, die man klären kann? Oft verbergen sich hinter der Unzufriedenheit mit dem Psychotherapeuten wichtige Gefühle, die eigentlich anderen Menschen gelten. In einer Beziehung auf Augenhöhe kann man gemeinsam mit dem Psychotherapeuten das eigene Erleben untersuchen, ohne dass es nur darum geht, ob die Gefühle gerechtfertigt sind. Gefühle sind erst einmal

Gefühle und als solche immer wichtig für die Behandlung. Psychotherapeut und Patient können dann gemeinsam untersuchen, welche Gefühle die Situation »Nicht-verstanden-worden-zu-sein« im Patienten dem Psychotherapeuten gegenüber ausgelöst hat.

> Nehmen Sie sich nun 20 Minuten Zeit für eine Schreibübung. Überlegen Sie, wann Sie sich zuletzt nicht verstanden gefühlt haben? Welche Gefühle hat das in Ihnen und in der anderen Person gegenüber ausgelöst? Überprüfen Sie, ob Sie einen Zugang zu den Gefühlen finden können? Prüfen Sie für sich, welche Abwehrmechanismen zwischen Ihnen und Ihren Gefühlen stehen?

Übertragung

Übertragung ist ein Begriff aus der Psychoanalyse bzw. psychodynamischen Psychotherapie. Er bezeichnet ein ubiquitäres Phänomen, nämlich, dass unsere Wahrnehmung und unsere Erwartungen durch Vorerfahrungen geprägt wurden. Je mehr die Wahrnehmungen und Erwartungen von der Realität abweichen, desto problematischer ist dies für die betroffene Person. Sie ist dann in der Vergangenheit gefangen und sie kann keine neuen Beziehungserfahrungen machen. Der Patient erlebt dann immer wieder die Beziehung zu anderen Menschen analog seiner bisher unverarbeiteten Beziehungserfahrungen mit den Eltern oder anderen wichtigen Personen seiner Vergangenheit. Der Patient sitzt dann plötzlich in seinem Erleben nicht mehr seinem Psychotherapeuten gegenüber, sondern beispielsweise seinem strengen Vater. Dies passiert meist, ohne dass der Patient sich dessen bewusst ist. Der Patient merkt nicht, dass er dem Therapeuten gerade etwas überstülpt, stattdessen nimmt er den Therapeuten als sehr kritisch oder auf andere Art und Weise verletzend wahr. Dies ist ein großes Problem, aber gleichzeitig auch eine enorme Chance. Denn die Bearbeitung der Übertragungen macht es möglich, bisher unverarbeitete unbewusste Beziehungserfahrungen aufzulösen. Hierzu ist es erforderlich, dem Patienten einerseits zu helfen, den Therapeuten realistisch als Partner auf Augenhöhe wahrzunehmen, andererseits aber auch die Gefühle zu untersuchen, die das Übertragungsszenario im Patienten hervorruft. Die Untersuchung dieser Gefühle ist der Weg, um aus der Gefangenheit in alten destruktiven Beziehungsmustern auszubrechen. Wenn der Patient sich beispielsweise vom Therapeuten kritisiert erlebt, dann ist es erstens wichtig zu klären, dass der Therapeut nicht die Aufgabe hat, den Patienten zu kritisieren. Sobald der Patient sehen kann, dass er dem Therapeuten die Rolle eines Richters übergestülpt hat, wird es zweitens möglich, die Gefühle zu untersuchen, die dieses Beziehungsszenario im Patienten auslöst. Der Therapeut könnte dann fragen: »*Welche Gefühle macht dies Ihnen mir gegenüber, wenn ich hier als Richter vor Ihnen sitze?*«

> Nehmen Sie sich etwas Zeit, um zu prüfen, ob Sie offen das in der Beziehung zu Ihrem Psychotherapeuten ansprechen, was Sie unzufrieden macht oder ob Sie sich angepasst und unauthentisch verhalten. Falls Sie nicht offen sind, dann fragen Sie sich, was Sie im schlimmsten Fall befürchten, wenn Sie authentisch sein würden. Machen Sie sich klar, dass eine Behandlung nicht funktionieren kann, wenn der Psychotherapeut einer Fassade aus Angepasstheit gegenübersitzt.

Es geht nicht voran

Es kommt vor, dass eine Psychotherapie keine oder nur geringe Fortschritte macht. Es ist nicht sinnvoll, dies einfach hinzunehmen. Stattdessen sollte man sich gemeinsam mit dem Psychotherapeuten Gedanken über mögliche Ursachen für das Ausbleiben eines relevanten Fortschritts machen. Falls es nicht gelingt, mit dem eigenen Psychotherapeuten die Ursachen für den mangelnden Fortschritt aufzuklären, so kann es manchmal hilfreich sein, eine Zweitmeinung bei einem anderen Psychotherapeuten einzuholen. Möglicherweise kann der Kollege etwas herausarbeiten, was eine fruchtbare Anregung für die eigene Behandlung darstellt. In anderen Fällen kann es auch sinnvoll sein, sich in eine stationäre oder tagesklinische Behandlung zu begeben. Durch eine derartige Intensivierung der Behandlung kann manchmal ein nachhaltiger Fortschritt in Gang kommen.

Therapieabbruch und Therapeutenwechsel

Man sollte bereits in den ersten Sitzungen überprüfen, ob ein Vertrauensverhältnis entstehen kann. Kommt kein Vertrauensverhältnis zustande, so sollte bereits während der ersten Sitzungen der Therapeut gewechselt werden. Aber auch später noch kann man eine Behandlung jederzeit beenden und sich einen anderen Psychotherapeuten suchen. In der Regel sollte man aber die Behandlung niemals abrupt abbrechen, sondern frühzeitig mit dem Psychotherapeuten offen über die Unzufriedenheit mit der Behandlung sprechen. In solchen Situationen empfiehlt es sich, mit dem Therapeuten einen Zeitraum von etwa drei bis vier Sitzungen zu vereinbaren, mit dem Ziel gemeinsam zu überprüfen, ob und wie die Fortsetzung der Behandlung sinnvoll sein könnte. Falls man keine fruchtbare Lösung der Krise findet, so sollte man einen neuen Behandlungsversuch bei einem anderen Psychotherapeuten in die Wege leiten. Informationen über die hierfür wichtigen Regularien erhält man bei seiner Krankenkasse.

8 Psychotherapie der Depersonalisations-Derealisationsstörung

Das nachfolgende Kapitel richtet sich primär an Psychotherapeuten. Vorausgesetzt wird die Vertrautheit mit den vorherigen Kapiteln und mit der Leitlinie »Depersonalisations-Derealisationssyndrom«.

Nachfolgend kurz zusammenfasst für Psychotherapeuten die wichtigsten Aspekte zum Verständnis der Depersonalisation-Derealisationsstörung:

- Die DP/DR-Symptomatik kann als ein Abwehrmechanismus gegen Affekte (und die damit verbundenen Vorstellungen) verstanden werden, der eintritt, sobald die Affekt- bzw. Angsttoleranz überschritten wird. Die meist geringe Affekttoleranz stellt eine strukturelle Beeinträchtigung dar und bedeutet, dass der Betroffene Hilfe bei der Angstregulation benötigt. Die Überschreitung der Affekttoleranz zeigt sich in weiteren Denk- und Wahrnehmungsstörungen (z. B. nicht mehr richtig sehen und hören können, Blackout), anderen starken Angstsymptomen wie Schwindel und Übelkeit oder regressiven Abwehrmechanismen (u. a. Spaltung, Projektion).
- Die DP/DR-Symptomatik signalisiert meistens auch tiefergehende strukturelle Beeinträchtigungen der Selbst- und Objektvorstellungen. In Beziehungen äußern sich diese strukturellen Beeinträchtigungen als Angst vor Nähe und entsprechend projektiv verzerrten Objektvorstellungen, in Hinblick auf das Selbst als Selbstunsicherheit und »falsches Selbst« (enorme Angst vor den eigenen authentischen Affekten und der eigenen Wahrnehmung). Die Symptomatik spiegelt damit auch die verinnerlichten, von frühen Beziehungstraumatisierungen geprägten Objektbeziehungen wider.

- Ätiologisch relevant für die Entstehung der Depersonalisations-Derealisationsstörung sind Bindungstraumata, möglicherweise in Verbindung mit einer genetisch bedingten besonders ausgeprägten Sensibilität (Reiner et al. 2016). Schwere Traumata sind nicht spezifisch für die DDS (wenngleich sie auch vorkommen). Junge Erwachsene werden oft von den besorgten und bemühten Eltern zur Erstuntersuchung gebracht. Die frühen Verletzungen in der Kindheit, beispielsweise im Zusammenhang mit unverarbeiteten Traumatisierungen der Eltern, haben nicht verarbeitete komplexe Affekte im Unbewussten der Patienten zurückgelassen, die massiv abgewehrt und durch emotionale Nähe wieder mobilisiert werden. Die Symptomatik stellt dann eine Kompromissbildung dar: Sie ermöglicht es dem Patienten, in Beziehungen »hier« zu sein, ohne wirklich »da« zu sein. Sie ist ein unsichtbares Gefängnis für den Patienten.

Auch wenn aus den vorherigen Ausführungen schon deutlich geworden sein sollte, dass Patienten mit einer DDS grundsätzlich – wie andere Patienten auch – erfolgreich psychotherapeutisch behandelt werden können, so gibt es doch ein paar Besonderheiten, auf die ich nachfolgend eingehen möchte. Dabei orientiere ich mich an einem spezifischen tiefenpsychologisch fundierten Behandlungsansatz, der einen besonderen Schwerpunkt darauf legt, Patienten zu helfen, ihre abgewehrten Gefühle zu erleben. Auch wenn eigentlich allen klar ist, dass die Arbeit an den »Affekten im Zentrum der tiefenpsychologisch fundierten Psychotherapie« steht (Rudolf et al. 2018), so geben gängige Lehrbücher doch meist wenig Orientierung und Anleitung, wie mit Gefühlen tatsächlich therapeutisch gearbeitet werden kann. Meist begrenzt sich diese Arbeit auf das Sprechen über Gefühle, wie Nath Kuhn (2014) nachfolgend ausführt:

> »Experiencing a feeling means actually feeling it. While that may belabor the obvious, it is important ft h clear on this point because a great deal of psychotherapy – when it touches on affect at all – focuses on affect by *talking about feelings* rather that *actually experiencing* them. Unfortunately, this can be a situation in which therapists collude with the defense of intellectualization, tacitly reinforcing the defense rather than encouraging the patient to give it up. ... a deep experience of affect includes not just the ability to label a subjective feeling state, but also a visceral, physiological experience in the body and an awareness ft

he associated impulse (e. g., to cry, to hug, to hit). Patients may defend against any of these aspects«. (Kuhn 2014, S. 96–97)

Dabei haben Prozess-Outcome-Studien gezeigt, dass der Fokus auf das emotionale Erleben von herausragender Bedeutung für den Behandlungsprozess ist (Friederich et al. 2017, Subic-Wrana et al. 2016, Town et al. 2019, 2017).

Mittlerweile haben sich mehrere affektfokussierte Therapieansätze etabliert, die heute unter dem Dach der International Experiential Dynamic Therapy Association (https://iedta.net) versammelt sind. Die beiden wichtigsten Vertreter dieser Therapiemodelle sind die Affektphobietherapie oder auch affektfokussierte psychodynamische Psychotherapie (APT), die von Leigh McCullough entwickelt wurde (McCullough 2003, 2019, Michal und Osborn 2021), und die Intensive Psychodynamische Kurzzeittherapie nach Davanloo (ISTDP, Intensive Shortterm Dynamic Psychotherapy) (Davanloo 1979, 2001, Abbass 2022). Beide Verfahren zeigten in klinischen Studien eine gute Wirksamkeit, wobei die meisten Wirksamkeitsstudien für die ISTDP vorliegen (Abbass 2022). Bemerkenswert ist, dass diese Verfahren überwiegend für die Behandlung von komplexen Patienten getestet wurden, also Patienten mit mehreren komorbiden Symptomdiagnosen, Persönlichkeitsstörungen oder chronischen und behandlungsresistenten Verläufen (Abbass 2016, Town et al. 2011, Abbass et al. 2011, 2021). An vielen Orten gibt es regelmäßige Fortbildungskurse, Supervisions- und Intervisionstreffen, die dabei helfen, Sicherheit mit der Anwendung dieser effizienten Therapietechniken zu finden (https://www.istdp.ch, https://istdp.de/, https://www.is-tdp.de/). Die folgenden Psychotherapielehrbücher möchte ich empfehlen, um sich mit diesen Therapiemodellen vertraut zu machen.

Abbass A (2022) Widerstände überwinden: Fortgeschrittene psychotherapeutische Techniken. Stuttgart: Kohlhammer.
(Übersetzung von: Abbass A (2015) Reaching Through Resistance: Advanced Psychotherapy Techniques. Seven Leaves Press, LLC.)
Abbass A, Schubiner Hn (2020) Psychophysiologische Störungen: Ein Leitfaden für Diagnose, Psychotherapie und psychosomatische Grundversorgung. Stuttgart: Kohlhammer.
Frederickson J (2013) Co-Creating Change: Effective Dynamic Therapy Techniques. Seven Leaves Press, LLC.

Frederickson J (2020) Co-creating Safety: Healing the Fragile Patient. Seven Leaves Press, LLC.
Gottwik G (2009/2020) Intensive psychodynamische Kurzzeittherapie nach Davanloo. 2. Auflage 2020. Springer.
McCullough L (2019) Affektfokussierte psychodynamische Psychotherapie. Ein integratives Manual zur Behandlung von Affektphobien. Stuttgart: Kohlhammer. (Übersetzung von: McCullough L, Kuhn N, Andrews S (2003) Treating Affect Phobia: A Manual for Short-Term Dynamic Psychotherapy. Guilford Publications.)

8.1 Die Behandlung in Gang bringen

Die Anfangsphase der Behandlung ist ganz entscheidend dafür, einen psychotherapeutischen Prozess in Gang zu bringen (Frederickson 2013, Abbass 2015, 2022). Wenn dies gelingt, dann unterscheidet sich die Behandlung von Patienten mit einer Depersonalisations-Derealisationsstörung nicht mehr von den Behandlungen anderer Patienten mit komplexeren Störungen. Wichtig für die Anfangsphase sind vor allem die initiale Diagnostik, die therapeutische Haltung und die Bearbeitung typischer Veränderungsbarrieren. Wenn es gelingt diese anfänglichen Barrieren therapeutisch zu bearbeiten, dann sprechen Patienten mit einem DDS sehr gut auf eine psychotherapeutische Behandlung an (Chefetz 2015, Simeon 2014).

8.1.1 Therapeutische Haltung

- Der Therapeut vermittelt dem Patienten durch seine Haltung und seine Worte, dass er ihn für einen fähigen Menschen hält, einen wesenhaft freien Menschen, fähig ein befreites und glückliches Leben zu führen. Der Patient wird nicht auf seine Krankheit, Vorbehandlungen und Vorbefunde reduziert, sondern als Partner betrachtet, der mit Hilfe des Therapeuten, die krankmachenden Mechanismen überwinden will.

Ohne dass Therapeut und Patient gemeinsam an einem Strang ziehen, ist Veränderung nicht möglich. Es handelt sich also um eine ressourcenorientierte Haltung.
- Der Therapeut achtet darauf, dass er und Patient sich auf Augenhöhe begegnen. Insbesondere zu Beginn der Behandlung muss der Therapeut dies immer wieder überprüfen durch Beobachtung des Verhaltens des Patienten und auch direktes Nachfragen: »Befinden Sie sich hier mir gegenüber auf Augenhöhe?«. Nur wenn der Patient auf Augenhöhe ist, kann eine partnerschaftliche psychotherapeutische Arbeit gelingen. Alles – Abwehrmechanismen, dysfunktionalen Kognitionen, Vermeidungsverhalten, maladaptive Selbst- und Objektvorstellungen – was den partnerschaftlichen Charakter der therapeutischen Beziehung entgegensteht, muss vordringlich bearbeitet werden. Ansonsten schleichen sich destruktive Beziehungsmuster in die Behandlung ein, die oft nur schwer wieder aufzulösen sind. Diese Arbeit kann längere Zeit in Anspruch nehmen.
- Der Therapeut ist sich bewusst, dass anhaltende DP/DR bedeutet, dass, auch wenn der Augenschein anders sein mag, der Patient eine geringe Affekttoleranz hat, demnach in Gefahr steht, rasch von Angst überflutet zu werden, und dann quasi als »*eiskalt kämpfendes Gehirn*« (Jacobson 1959) vor dem Therapeuten sitzt. Ein Schwerpunkt der Behandlung muss deshalb – vor allem in der Anfangsphase der Behandlung – auf der Angstregulation und dem Aufbau einer besseren Affekttoleranz liegen.
- Der Therapeut ist sich bewusst, dass spezifische psychische Mechanismen die DP/DR fortwährend erzeugen, die in der psychodynamischen Psychotherapie als Abwehr und in der Verhaltenstherapie als Vermeidung (»experiential avoidance«) oder dysfunktionale Kognitionen und Verhaltensweisen beschrieben werden. Daraus folgt, dass diese krankmachenden Mechanismen identifiziert, bewusstgemacht und deaktiviert werden müssen, damit die Symptomatik aufhört. Ohne eine spezifische Bearbeitung der zentralen Abwehrmechanismen und strukturellen Beeinträchtigungen (Affektabwehr, eingeschränkte Affekttoleranz, Widerstand gegen emotionale Nähe usw.), wird die Symptomatik sich nicht auflösen.
- Im Umgang mit diesen krankmachenden Mechanismen (Abwehrmechanismen) ist eine aktive Haltung des Psychotherapeuten wichtig.

Diese ist dadurch gekennzeichnet, dass der Psychotherapeut mit konsequenter Beharrlichkeit diese Mechanismen dem Patienten bewusst macht, ihm deren Konsequenzen vor Augen führt und ihn dadurch befähigt, diese Mechanismen einzustellen bzw. sich zu entscheiden, diese Mechanismen aufzugeben und durch ein gesünderes Verhalten zu ersetzen. Bei der Umstrukturierung der Abwehr hilft der Therapeut dem Patienten, sich selbst mit Mitgefühl zu begegnen und die dabei aufkommende Angst zu regulieren.

- Ein freier Zugang zur gesamten Bandbreite der eigenen Affekte, deren vollständiges somato-psychisches Erleben und die Fähigkeit, diese Gefühle auf adaptive Weise authentisch auszudrücken, sind die Voraussetzung dafür, sich lebendig und präsent zu fühlen, Verbundenheit mit anderen Menschen zu erleben und sich auf wechselseitige kooperative Beziehungen einzulassen. Diese Fähigkeit stellt damit den Gegenpol zu einem anhaltenden und chronischen Zustand der DP/DR dar. Es ist deshalb wichtig, den Patienten in jeder Sitzung mit so viel Gefühl wie möglich in Kontakt zu bringen, ohne ihn damit zu überfordern. Typische Interventionen lauten deshalb: »*Welche Gefühle hat dies in Ihnen ausgelöst? – Welche Gefühle hat dies der anderen Person gegenüber (mir gegenüber) ausgelöst – Wie fühlen Sie dieses Gefühl in ihrem Körper? – Mit welchem Handlungsimpuls ist dieses Gefühl verbunden?*« Da die DDS auf Bindungstraumata zurückgeht, mobilisiert die therapeutische Beziehung automatisch Gefühle aus der Vergangenheit. Diese komplexen Affekte sind in Reaktion auf die damaligen Verletzungen entstanden. Es handelt sich dabei immer um primitive Wut und daraus hervorgehende unbewusste Schuldgefühle, die ein destruktives selbstbestrafendes System aufrechterhalten. Da emotionale Nähe diese Gefühle mobilisiert, betrifft die Affektphobie meist sämtliche Emotionen. Positive Gefühle und der Handlungsimpuls, sich jemandem anzuvertrauen, rufen automatisch Erinnerungen an die alten Verletzungen hervor. Dies bedeutet auch, dass in der Beziehung zum Therapeuten die zentralen Probleme des Patienten aktualisiert werden. Es ist deshalb wichtig, die Übertragungsszenarien zu erfassen und aufzulösen, damit der Patient lernt, den Therapeuten (und andere Menschen) realistisch zu sehen und ihnen auf Augenhöhe zu begegnen. Damit der Patient in diese Lage kommt, muss er sich seiner Gefühle bewusstwerden, die seine Wahrnehmung verfälschen. Zentrale Intervention in diesem Kontext sind die Fragen: »*Wie erleben Sie die Situation hier mit mir?* – *Wie nehmen Sie mich wahr?* – *Wie fühlen Sie mir gegenüber?*« Wenn es gelingt, die abgewehrten komplexen Affekte freizusetzen, versteht man, warum der Patient eine Symptomatik aufweist, wie man sie bei Folteropfern erwartet. Für die therapeutische Haltung bedeutet dies, dass man die Bereitschaft haben muss, im Hier und Jetzt der Übertragung zu arbeiten. Damit man dem Patienten helfen kann, seine primitiven Affekte in der therapeutischen Beziehung erleben zu können, ist es wichtig, die eigenen Affektphobien desensibilisiert zu haben. Eine gute Orientierung für diese Arbeit geben die Lehrbücher und Kurse der Intensiven Psychodynamischen Kurzzeitpsychotherapie nach Davanloo (ISTDP).

8.1.2 Die initiale Diagnostik

Bei der initialen Anamneseerhebung sollte ein besonderer Schwerpunkt auf die Exploration der Symptome und des Krankheitsverständnisses des Patienten gelegt werden. Dies ist wichtig für den Beziehungsaufbau und die initiale Behandlungsplanung.

Patienten werden gebeten, ihre *Symptome anschaulich und in eigenen Worten* zu beschreiben. Wenn Patienten meinen, die Symptome seien schwer zu beschreiben und sich zögerlich verhalten, reicht meist eine Ermunterung aus, es trotzdem zu versuchen. Falls die Ermunterung nicht ausreicht, dann geht man dazu über, die Hemmungen, die bei der Symptomexploration auftreten, zu untersuchen. Meist stellt sich dann heraus, dass der Patient die Symptomatik sehr wohl anschaulich beschreiben kann, er aber Angst hatte, sich »nicht verständlich machen zu können« oder falsch verstanden zu werden. Der Therapeut trifft dann bereits auf erste Widerstände des Patienten (Übertragungswiderstände, Projektionen). Die Exploration der Erwartungen, Wahrnehmungen, Vorerfahrungen und Ängste des Patienten ist dann sehr fruchtbar, um die typischen Widerstände und Übertragungsmuster des Patienten kennenzulernen und diese gleich von Beginn an zu bearbeiten:

Patient:	Ich leide unter DE-PE und DE-ER.
	[Patient äußert sich abstrakt, nennt Abkürzungen und stellt so eine Distanz her.]
Therapeut:	Können Sie mir konkret beschreiben, wie Ihre Wahrnehmung verändert ist?
	[Therapeut adressiert das Vermeidungsverhalten.]
Patient:	Ich weiß nicht, das ist so schwer in Worte zu fassen.
	[Patient nimmt eine etwas hilflose oder sich kleinmachende Position ein »Ich weiß nicht, das ist so schwer« und vermeidet es damit, konkret auf die Frage zu antworten.]

Im weiteren Verlauf ist es dann wichtig, dieses Vermeidungsverhalten aufzulösen, indem das damit verbundene Beziehungsszenario geklärt und die darunterliegenden Ängste und Gefühle identifiziert und bearbeitet werden. Ein typisches Übertragungsszenario könnte hier lauten: Patient sitzt unbewusst einer Person gegenüber, die ihn angreifen wird, wenn er sich auf Augenhöhe begibt, sich emotional öffnet und sagt, was er wahrnimmt.

Die konkrete Beschreibung der Wahrnehmungsveränderung ist außerdem oft hilfreich, weil sie sehr anschaulich die psychische Situation der Patienten darstellt. Viele Patienten beschreiben beispielsweise, dass sie das Gefühl haben, der Kopf sei vom Rest des Körpers wie getrennt oder sie haben den Eindruck wie in sich zurück verschoben zu sein, sodass sie aus den Augen wie durch Fenster schauen und jede Unmittelbarkeit fehlt usw. Diese Bilder können dann immer wieder aufgegriffen werden, um das konkrete Verhalten des Patienten in der Sitzung zu beschreiben. Beispielsweise wenn er sich ganz in seinen Kopf zurückzieht, grübelt, weit weg von seinen tatsächlichen Empfindungen ist oder er Angst hat, emotional präsent zu sein.

Weiterhin ist die *Frage nach Symptomschwankungen wichtig.* Schwankungen der Intensität der DP/DR Symptomatik können auf einer numerischen Ratingskala von 0–100 (100 = schlimmste denkbare DP/DR) eingeschätzt werden. Prognostisch günstig ist es, wenn Patienten bereits zu Beginn der Behandlung Symptomschwankungen wahrnehmen und diese mit zwischenmenschlichen oder emotionalen Situationen in Verbindungen bringen können. Wenn Patienten noch keine Symptomschwankungen wahrnehmen können oder diese nur auf äußere Faktoren zurückführen (z. B. Lichtverhältnisse, Lärm), liegt meist eine stärkere Einschränkung der Selbstwahrnehmung vor. Falls sich die Selbstwahrnehmung nicht innerhalb von acht Wochen bzw. acht Sitzungen deutlich verbessert (z. B. durch ein Symptomtagebuch), spricht dies dafür, dass eine multimodale stationäre oder tagesklinische psychosomatisch-psychotherapeutische Krankenhausbehandlung notwendig ist. Eine ambulante Behandlung ist in solchen Fällen meist nicht ausreichend aufgrund der fehlenden Zielorientierung des Patienten. Der Aufbau eines psychotherapeutischen Krankheitskonzepts würde dann einen Großteil des Stundenkontingents verschlingen, sodass die verbleibenden Sitzungen nicht mehr für die erforderlichen Umstrukturierungen ausreichen.

Des Weiteren soll die *Beeinträchtigung durch die Symptome* exploriert werden. Die meisten Patienten erleben die Symptome als quälend. Nicht selten sind die Symptome auch mit einem ausgeprägten Vermeidungsverhalten verbunden, sodass Situationen, Orte und Verhaltensweisen, die mit einer Symptomverschlimmerung in Verbindung gebracht werden, vermieden werden oder gar ein kompletter sozialer Rückzug erfolgt, weil die Symptome überhaupt nicht toleriert werden.

Während der Symptomexploration wird auch das Krankheitsverständnis untersucht. Viele Patienten befürchten, ihr Gehirn hätte, bspw. durch eine Cannabisintoxikation oder etwas anderes, einen Schaden genommen und sie könnten nie wieder gesundwerden. Derart pessimistische und unangebrachte Vorstellung sollten sofort im Sinne der Psychoedukation korrigiert werden. Falls ein Patient emotionale Ursachen strikt ablehnt, dann müsste mit ihm besprochen werden, dass eine Psychotherapie unter diesen Voraussetzungen nicht möglich ist. Manchmal stellt dann die Bearbeitung der Ambivalenz des Patienten – er ist von einer körperlichen Ursache überzeugt, sucht aber einen Psychotherapeuten auf – eine Möglichkeit dar, einen Prozess in Gang zu bringen. Da viele DDS-Patienten bereits längere Zeit unter ihren Symptomen leiden und oft auch frustrierende Behandlungserfahrungen gemacht haben, ist es sinnvoll auch die bisherige Behandlungsgeschichte zu untersuchen: An wen hat sich der Patient bisher wegen dieser Symptome gewandt? War er in der Lage mit Ärzten, Psychotherapeuten oder nahestehenden Angehörigen offen über seine Symptome zu sprechen oder hat er dies bisher vermieden? Wie hat sich der Patient in vorangehenden Behandlungen mit seiner Symptomatik eingebracht? Was fand er in den Vorbehandlungen hilfreich, was nicht? Bei Patienten mit vielen Vorbehandlungen ist man oft auch mit unaufgelösten Übertragungen auf die Vorbehandler konfrontiert.

Die Exploration der lebensgeschichtlichen Situation bei Ausbruch der DDS kann Rückschlüsse auf die zugrunde liegenden Konflikte erlauben. Nicht selten haben Patienten aber – vor allem zu Beginn der Behandlung – große Schwierigkeiten, die damalige Lebenssituation ausreichend konkret zu rekonstruieren. Ein Fokus auf das Hier und Jetzt ist dann hilfreicher.

8.1.3 Mikroanalyse symptomverstärkender Situationen

Die Mikroanalyse symptomverstärkender Situationen ermöglicht es, die krankmachenden Mechanismen und maladaptiven Selbst- und Objektvorstellungen aufzudecken und dem Patienten bewusstzumachen, sodass er zunehmend in die Lage kommt, gesündere Reaktionsweisen aufzubauen. Patienten werden hierzu gebeten, eine Situation, in der die Symptome zuletzt besonders schlimm waren, konkret zu beschreiben, sodass man einen lebendigen Eindruck davon bekommt, was den Patienten emotional belastet haben könnte. Diese Situationen werden dann mit Hilfe des Konflikt-Dreiecks untersucht (▶ Kap. 7.12 »Seelische Probleme analysieren«). Der Therapeut untersucht gemeinsam mit dem Patienten, wie in einer bestimmten Situation Gefühle und damit verbundene Vorstellungen hervorgerufen wurden, die dem Patienten Angst machten, und deshalb abgewehrt wurden, mit der Folge eines Auftretens oder einer Verschlimmerung der Symptomatik. Nicht immer gelingt es, zu Beginn der Behandlung eine äußere symptomverstärkende Situation gemeinsam zu verstehen und einen Zugang zu den abgewehrten Gefühlen zu finden. Dies stellt dann meist eine Einladung dar, ganz konkret im Hier und Jetzt gemeinsam zu untersuchen, wie es gerade zu der Symptomatik kommt:

| Patient: | Ich bin verzweifelt, weil ich nie richtig da bin, seit sechs Jahren ohne Unterbrechung und ich weiß nicht, wie es besser werden soll. |

Therapeut: Können wir gemeinsam untersuchen, wie sich dies anfühlt, jetzt und hier mit mir »nicht richtig da« zu sein?
[Fokus weg von den Symptomklagen, Aufforderung zur partnerschaftlichen Zusammenarbeit.]

Patient: (Weinend, seitwärts auf den Boden schauend.) Ich denke, ich werde nie wieder gesund, nichts hilft, es wird nie mehr besser, schon, wenn ich morgens aufwache, ist alles unecht, ich würde am liebsten nur noch schlafen. Ich kann nicht mehr.
[Der Patient klagt weiter, das Weinen ist nicht adaptiv, sondern Symptom einer hilflosen und pessimistischen Position, die den Patienten hindert, sich auf die Behandlung einzulassen. Außerdem vermeidet der Patient den Blickkontakt und geht nicht auf die Frage des Therapeuten ein und unterstreicht damit, dass er sich vom Therapeuten abkapselt (Widerstand gegen emotionale Nähe).]

Therapeut: Was Sie mir gerade gesagt haben, ist wichtig. Es hilft uns, zu verstehen was in Ihrem Kopf vorgeht, zu sehen, wie pessimistisch Sie sind, wie Sie sich kleinmachen und dadurch dem Leben nicht gewachsen fühlen, und wie Ihre Wahrnehmung verändert ist. Aber es sagt uns nicht, wie es sich jetzt gerade hier mit mir anfühlt, »nicht richtig da zu sein«. Wollen Sie das jetzt hier mit mir gemeinsam untersuchen?
[Der Therapeut validiert einerseits die Qual des Patienten, andererseits appelliert er an den Gesundungswillen des Patienten und macht deutlich, dass es sich um eine gemeinsame Arbeit handelt. Das heißt, diese Arbeit geht nur mit der Kooperation des Patienten und hierzu gehört auch das Beantworten von Fragen nach bestem Wissen und Gewissen.]

Patient: Ja. (Den Therapeuten anblickend, Tränen werden weniger.)

Therapeut: Wie fühlt es sich jetzt gerade an, »nicht richtig da zu sein«? Können Sie mir beschreiben, wie es sich das anfühlt, was Sie jetzt gerade körperlich empfinden? [Der Therapeut er-

	muntert den Patienten, sich der therapeutischen Aufgabe zu stellen, die konkreten Empfindungen zu beschreiben.]
Patient:	Ich weiß, es hört sich komisch an. An meinem Nacken ist so ein Druck. Mein Kopf schwebt wie in der Luft, ich bin ganz weit drin in meinem Kopf und alles ist weit weg, wie gar nicht da.
	[Der Patient beschreibt nun erstmals konkret, was er empfindet und wahrnimmt.]
Therapeut:	Bitte korrigieren Sie mich, wenn ich etwas falsch verstehe, es wäre schlecht, wenn ich Ihnen etwas überstülpe. Habe ich es richtig verstanden, Sie nehmen wahr, wie Ihr Kopf voller pessimistischer Gedanken ist, dass Ihre Wahrnehmung derart verändert ist, »nicht richtig da zu sein«, der Kopf quasi keinen Kontakt zum Körper hat, und aus Ihren Augen Tränen fließen, ohne dass Sie noch etwas anderes fühlen. Ist das richtig?
Patient:	Ja. (Immer noch weinend, schaut Therapeut an.)
Therapeut:	Lassen Sie uns untersuchen, ob Sie noch etwas anderes in Ihrem Köper fühlen, wenn Sie damit einverstanden sind. [Fokus auf das somatische Erleben der Angst und den Willen, dies zu untersuchen.]
Patient:	Nein, ich fühle nichts.
Therapeut:	Nichts ist ein sehr starkes Wort. Vielleicht kommt Ihnen das, was noch da ist, nicht besonders erwähnenswert vor. Nach meiner Erfahrung ist es aber wichtig, wirklich gut hinzuspüren. Möchten Sie jetzt mit mir untersuchen, was Sie sonst noch im Körper empfinden?
Patient:	(Nickt.)
Therapeut:	Also gut, können Sie Ihre Aufmerksamkeit für einen Moment weg von den Gedanken in Ihrem Kopf auf Ihren Körper lenken? (Therapeut deutet dabei mit beiden Händen auf seinen Körper, um dem Patienten zu verdeutlichen, worum es geht.)
Patient:	Ich bin angespannt, aber das bin ich immer. [Patient offenbart eine wichtige, Information, über die er bisher hinweggegangen ist.]

Therapeut:	Wo spüren Sie die Anspannung?
Patient:	Eigentlich überall, im Nacken, in den Armen und Beinen.
Therapeut:	Was spüren Sie noch? (Therapeut deutet dabei auf seinen Rumpf.)
Patient:	Einen Druck im Bauch.
Therapeut:	Wie fühlt sich der Druck im Bauch an, ist da Bewegung, hat der Druck eine Richtung?
Patient:	… wie wenn man aufgeregt ist, etwas flau.
Therapeut:	Aufregung im Bauch, etwas flaues Gefühl und muskuläre Verspannung im Körper bedeutet, dass Angst in Ihrem Körper ist.
Patient:	(Nickt, weint nicht mehr.)
Therapeut:	Wenn ich es jetzt noch mal zusammenfasse, dann haben wir gerade zusammen folgendes herausgefunden. Während Ihr Kopf voller pessimistischer Gedanken ist, Sie verzweifelt sind, Ihre Wahrnehmung unwirklich ist, steckt in Ihrem Körper sehr viel Angst, ist das richtig?
Patient:	Ja. (Nickt wieder.)
Therapeut:	Wollen Sie hier mit mir untersuchen, was Ihnen jetzt gerade hier so viel Angst macht?
Patient:	Ja, deswegen bin ich hier. [Patient drückt deutlich aus, dass er die anstrengende psychotherapeutische Arbeit will.]

Diese kurze Vignette zeigt ein typisches Beispiel einer Symptomexploration aus einem Erstgespräch, die das komplexe maladaptive Verhalten des Patienten erfasst: Der Patient ist in ständigen selbstquälerischen, pessimistischen Grübeleien gefangen, erlebt sich dabei als hilfloses Opfer der riesenhaften Symptomatik, die er ständig beobachtet. Dabei ist er vom Rest seines Körpers wie abgetrennt. Durch den Fokus auf den Körper wird dem Patienten bewusst, dass er voller Angst ist, die er als muskuläre Verspannung und flaues Gefühl im Bauch spürt. Dies stellt bereits einen ersten Schritt in Richtung Verbesserung der Selbstwahrnehmung des Patienten dar. Er kann erkennen, erstens, dass er voller Angst ist und nicht ausschließlich abgetrennt und zweitens nach entsprechenden Interventionen auch, dass das Grübeln ein Verhalten darstellt, das es ihm erschwert, wirklich alles zu fühlen was da ist und damit zum Gefühl der Unwirklichkeit beiträgt (Vannikov-Lugassi et al. 2021). In Bezug auf das Konflikt-Dreieck, sind nun Therapeut und Patienten ein klein wenig vertrauter mit der Abwehr des Patienten geworden und erkennen, dass der Patient sehr viel Angst hat, wobei die Ursachen der Angst noch nicht aufgedeckt wurden. In dem Gespräch könnte es dann wie folgt weitergehen:

Therapeut:	Haben Sie den Eindruck, die Angst wird durch etwas in Ihnen ausgelöst, oder hat es etwas mit der Situation hier mit mir zu tun?
Patient:	Ich denke mit hier, die Situation hier ist ungewohnt.
Therapeut:	Was an der Situation hier mit mir macht Ihnen Angst? [Der Therapeut fokussiert die Übertragung, weil der Patient offensichtlich Angst in der Beziehung zum Therapeuten erlebt.]
Patient:	Nichts. (Wegschauend.)
Therapeut:	Okay, Sie suchen Hilfe bei mir für Ihr großes Problem, Sie sind angespannt und haben Angst. Wie fühlen Sie gerade unter der Angst mir gegenüber? [Der Therapeut betrachtet das »Nichts« als ein taktisches Vermeiden von Nähe und nicht als massive Verleugnung, weshalb er das »Nichts« übergeht und den Fokus weiter auf die therapeutische Beziehung lenkt.]
Patient:	Ich weiß nicht, was ich sagen soll. (Patient wirkt angespannter, richtet sich in seinem Stuhl auf.)
Therapeut:	Guter Punkt. Es ist wirklich wichtig für Ihre Behandlung, dass es hier nicht darum gehen kann, was Sie sagen *sollen* (mit Betonung), also darum, sich hier mir gegenüber angepasst zu verhalten. Das wäre dann eine weitere unechte Beziehung in Ihrem Leben, und diese Behandlung hier wäre zum Scheitern verurteilt. [Der Therapeut macht dem Patienten die Konsequenzen seiner Abwehr deutlich.]
Patient:	(Nickt.)
Therapeut:	Wenn Sie sich das klar machen, welche Gefühle kommen hier unter der Angst mir gegenüber hoch?

> [Der Therapeut fokussiert wieder auf die Gefühle in der therapeutischen Beziehung, um die Gefühle unter der Abwehr und Angst herauszuarbeiten.]
> Patient: Ich weiß nicht, ich kenne Sie nicht, ich weiß nicht, was Sie über mich denken und ob Sie mich verstehen.
> [Der Patient reagiert mit einer Verstärkung seines Widerstands. Gleichzeitig gibt er noch deutlicher zu erkennen, dass seine Angst etwas mit der therapeutischen Beziehung zu tun hat und lädt dadurch den Psychotherapeuten ein, den Fokus weiter auf die Gefühle in der Übertragung zu lenken.]

In einem Fall wie hier stellt sich bei der weiteren Exploration meist heraus, dass der Patient enorme Angst hat, sich einzulassen. Eine erste Barriere ist meist die Projektion einer kritisch-strafenden Haltung auf den Therapeuten. Der Patient stülpt dem Therapeuten unbewusst die Rolle eines Richters über, einer Person, die darauf aus ist, ihn zu kritisieren, anzugreifen oder auf andere Weise zu verletzen. Gleichzeitig stellt sich in der weiteren Exploration dann meist heraus, dass – wie häufig in der Anfangsphase der Behandlung – Patienten sich nicht auf Augenhöhe befinden, sondern entsprechend der oben skizzierten Projektionen, sich gleichzeitig oder alternierend selbst klein machen und selbst angreifen (Wendung gegen das Selbst). Es ist äußerst wichtig, diese destruktiven Mechanismen zu bearbeiten, denn sie schwächen und ängstigen den Patienten kontinuierlich, verhindern den Aufbau eines tragfähigen Arbeitsbündnisses und sabotieren gesunde Beziehungserfahrungen im Leben des Patienten. Die Projektion muss in mehreren Schritten deaktiviert werden, zunächst durch die gemeinsame Prüfung der Realität: (Therapeut: *Spricht etwas dafür, dass ich darauf aus bin, Sie zu kritisieren oder anzugreifen?*), dann durch das Aufzeigen der Entsprechung der vom Patienten nach außen projizierten Befürchtungen mit dem, was er sich selbst ständig antut (Therapeut: *Können Sie sich noch erinnern, wie Sie sich vor ein paar Minuten selbst kritisiert und abwertet habe? Kann es sein, dass Sie mir etwas überstülpen, das Sie sich selbst ständig antun?*) und zuletzt durch Bewusstmachung der durch die Projektion abgewehrten Affekte (Therapeut: *Wenn jetzt klar ist, dass ich nicht Ihr Richter und Kritiker bin, sondern jemand, der Ihnen helfen möchte, wieder lebendig zu werden, und wir nun aber so tun als säße ich tatsächlich als grausamer Kritiker vor Ihnen, welche Gefühle würde das dann in Ihnen mir gegenüber hervorrufen?*). Vor dort aus kann dann der Patient oft schon häufig erkennen, dass er frühere Beziehungserwartungen auf den Therapeuten überträgt und dass dies in vielen Beziehungen passiert.

8.1.4 Therapieziele definieren

Behandlungsziel ist die vollständige Remission der DP/DR-Symptomatik. Dabei ist es jedoch wichtig, die Therapieziele positiv zu formulieren, erstens damit Patienten ihr Annäherungs- und nicht ihr Vermeidungssystem aktivieren (Frederickson 2013) und zweitens, weil dadurch der Aufmerksamkeitsfixierung auf die Symptomatik entgegengewirkt wird. Statt Symptomfreiheit vereinbart man deshalb als Therapieziel, die Verbesserung der Fähigkeit, einen freien Zugang zu den eigenen Gefühlen zu finden und diese angemessen auszudrücken als Voraussetzung dafür, sich lebendig, real und verbunden fühlen zu können. Weitere, eng damit verbundene Therapieziele, sind die Verbesserung der Beziehungsfähigkeit und des Befindens, d. h. eines Rückgangs der Stresssymptome.

Zur Überprüfung der Behandlungsfortschritte im Verlauf ist es sinnvoll, die Behandlungseffekte mit Fragebögen wie der Cambridge Depersonalization Scale (Michal et al. 2004) zu überprüfen (siehe elektronische Zusatzmaterialien: CDS trait und CDS state). Das abgedeckte Zeitfenster sollte mindestens zwei Wochen umfassen. In der Leitlinie »Depersonalisations-Derealisationssyndrom« wurden folgende Definitionen für die Beurteilung des Behandlungserfolgs eingeführt:

- Partielles Ansprechen (partielle Response) = Symptomreduktion von 30 %
- Ansprechen (Response) = Symptomreduktion von 50 %
- Remission = weitgehende Symptomfreiheit
- Genesung = weitgehende Symptomfreiheit über mindestens sechs Monate.

Außerdem ist es sinnvoll den Rückgang von Depressivität und Angst mit entsprechenden Fragebögen zu erfassen (z. B. PHQ-9, GAD-7), die frei im Internet erhältlich sind (siehe auch elektronische Zusatzmaterialien).

8.1.5 Typische Veränderungsbarrieren

Die zentralen Mechanismen, die die Depersonalisations-Derealisationsstörung verursachen, stellen auch gleichzeitig die wichtigsten Barrieren für eine Veränderung dar. Nur wenn der Therapeut diese Barrieren gemeinsam mit dem Patienten identifiziert, kann er dem Patienten helfen, diese Barrieren zu überwinden.

8.1.6 Affektabwehr

Alle Therapieschulen sind sich einig, dass ohne emotionales Erleben neue Erfahrungen, Lernen und Veränderung nicht möglich sind (McCullough 2003, 2019). Die DP/DR-Symptomatik ist Ausdruck einer massiven Affektabwehr, die, wenn sie nicht bearbeitet wird, jeden Therapiefortschritt blockiert. Selbst wenn Patienten über Gefühle sprechen, bedeutet dies nicht, dass die Betroffenen diese Affekte auch tatsächlich erleben. Oft sind die »Gefühle« nur im Kopf (Affektisolierung), nur im Körper (Somatisierung) oder sie werden komplett verleugnet und fehlen selbst als kognitives Konzept (»warum sollte ich Trauer/seelischen Schmerz spüren«). Damit eine Veränderung möglich wird, sind affektfokussierte Interventionen wichtig, die anhand ganz spezifischer Beispiele aus dem Leben des Patienten oder unmittelbar im Hier und Jetzt, eine Orientierung darüber geben, erstens wie es um die momentane Selbstwahrnehmung des Patienten bestellt ist und die zweitens die Affektwahrnehmung des Patienten fördern. Hierzu müssen die drei wesentlichen Dimensionen des emotionalen Erlebens erfasst werden (McCullough 2003, 2019, Abbass 2022, Abbass und Schubiner 2020):

1. Die Affekte müssen korrekt kognitiv eingeordnet werden. Der Patient muss ein klares Bewusstsein erlangen, ob er gerade Angst, Wut, Trauer, Schuld oder eine Mischung unterschiedlicher Emotionen fühlt.

2. Der Patient muss seine Affekte auch körperlich erleben. Jeder Affekt hat seine eigene körperliche Signatur, mit der der Patient vertraut gemacht werden muss.
3. Der Patient muss sich der mit dem Affekt verbundenen Handlungsimpulse bewusstwerden (z. B. wegrennen, schlagen, weinen, umarmen) und diese verbalisieren können.

Das freie Erleben der Affekte des Patienten gelingt am Anfang auch mit Unterstützung meist noch nicht vollständig, weil das volle Erleben der Affekte durch die verfestigte Abwehr des Patienten blockiert wird und die Affekttoleranz noch nicht ausreichend ist. Die Interventionen des Therapeuten zielen aber immer darauf ab, diese drei Dimensionen so weit wie möglich erlebbar zu machen und die Abwehr, die dem bewussten Erleben entgegensteht, zu bearbeiten, während man gleichzeitig die Angst des Patienten monitort und reguliert. In der ersten Behandlungsphase bis zum Aufbau einer ausreichenden Affekttoleranz kann der Patient diese Gefühle oft nur mit Worten beschreiben, ohne sie innerlich voll zu erleben. Er merkt dann aber, wie bereits das Darübersprechen Angst macht. Er lernt sich dadurch besser kennen und das Erleben der abgewehrten Gefühle wird zunehmend desensibilisiert.

Therapeut: Wenn jetzt klar ist, dass ich nicht Ihr Richter bin, sondern jemand, der Ihnen helfen möchte, wieder lebendig zu werden, und wir aber so tun, als säße ich tatsächlich als grausamer Kritiker vor Ihnen, welche Gefühle würde das dann in Ihnen mir gegenüber hervorrufen?
Patient: Ärger, ich will das nicht.
Therapeut: Wie fühlen Sie den Ärger in Ihrem Körper?
Patient: Ich schwitze etwas, mir wird schwindelig, ich sehe verschwommen.
Therapeut: Okay, das ist Angst, sehr viel Angst. Wir sprechen über ein Gefühl von Ärger hier in der Beziehung zu mir und Sie bekommen starke Angstsymptome. Merken Sie das? Kommt Ihnen das bekannt vor?

In diesem Beispiel hat bereits das Verbalisieren von Ärger eine regelrechte Angstüberflutung ausgelöst, sodass der Therapeut mit seiner Intervention beginnt, die Angst zu regulieren. Ohne ausreichende Affekttoleranz können die abgewehrten Gefühle nicht voll erlebt werden. Durch die wiederholende Erfahrung, dass sich die Gefühle in der Beziehung regulieren lassen, kommt es allmählich zu einer Verbesserung der Affekttoleranz. In weiterem Verlauf können Patienten dann eine immer stärkere »Dosis« ihrer abgewehrten Gefühle vertragen. In diesem Beispiel dann vielleicht zunächst einen körperlich erlebbaren aggressiven Impuls wie Schubsen oder Stopp sagen, später dann auch primitive mörderische Wutimpulse mit entsprechenden inneren Vorstellungsbildern und einem Gefühl der körperlichen Stärke (wie ein Vulkan):

> Patient: Ich hasse meine Krankheit, ich hasse die Depersonalisation, sie quält mich andauernd (mit fester Stimme).
> Therapeut: Da ist also Hass in Ihnen. Wenn wir jetzt so tun, als wäre ich die quälende Krankheit, wie würde dann der ganze Hass auf mich kommen?
> Patient: Ich würde auf Sie einschlagen mit allem, was ich habe, mit einem Hammer.
> Therapeut: Lassen Sie die ganze primitive Wut auf mich kommen, halten Sie nichts zurück.
> Patient: (Sitzend, macht längere Zeit schlagende Bewegungen mit großer Kraft.)
> Therapeut: Was machen Ihre Schläge mit mir?
> Patient: Sie liegen da unten ganz zerfetzt, alles voller Blut und Knochen.
> Therapeut: Wenn Sie jetzt zu der Leiche gehen und ihr in die Augen schauen, was sehen Sie da?
> Patient: Meine Mutter.
> Therapeut: Welche Gefühle kommen da hoch?
> Patient: Noch mehr Wut.
> Therapeut: Dann raus damit, raus mit der ganzen primitiven Wut!

In diesem Beispiel erfolgte nach der Mobilisierung primitiver mörderischer Wut, zunächst typischerweise ein Gefühl der Genugtuung, Befreiung und körperlichen Entspannung. Dann wurde der Patient nach den Gefühlen gefragt, die diese Tat in ihm gegenüber der Mutter auslöst. Diese Gefühle wurden zunächst abgewehrt. Außer Genugtuung wären da keine Gefühle, er würde die Überreste einfach verscharren. Auf die Anmerkung des Therapeuten: »*Wenn Sie Jahre später ein Kindheitsfoto Ihrer Mutter sehen, und Sie denken an diese Tat zurück, welche Gefühle kommen dann gegenüber Ihrer Mutter hoch?*«, brach der Patient in tiefes Schluchzen aus und erlebte Gefühle der Reue und Wiedergutmachung gegenüber der Mutter (= echte Schuldgefühle im Gegensatz zu Selbstvorwürfen). Im Verlauf der Behandlung von Patienten mit einer DDS wird immer primitive mörderische Wut aus frühen Bindungstraumata mobilisiert. Wenn man solche emotionalen Durchbrüche erlebt hat, versteht man warum die Betroffenen eine derartige Symptomatik aufweisen, die man eigentlich bei Extremtraumatisierten erwartet und warum die Symptomatik vor allem das Erleben von Nähe und zwischenmenschlicher Verbundenheit beeinträchtigt.

8.1.7 Beeinträchtigte Affekttoleranz

Äußere Ereignisse wie Trennungen, körperliche Erkrankungen oder das Verhalten der Mitmenschen sind nicht die Ursache der DP/DR, sondern Stimuli, die bestimmte Affekte mobilisieren und die dann, je nach der individuell erlernten strukturellen Fähigkeit der Affekttoleranz, adaptiv oder maladaptiv verarbeitet werden, wie der Traumaforscher und Überlebende des Holocaust Henry Krystal ausführte (Krystal 1971, S. 17):

> »If the individual's affect tolerance is exceeded, he may have to ward off the affect by becoming depersonalized, i. e., by developing a massive »numbing« through isolation of affect. Under these circumstances the person experiences the event as an observer, as it if was happening to someone else.«

Diese strukturelle Beeinträchtigung wird häufig bei DDS-Patienten übersehen oder nicht angemessen berücksichtigt, sodass Patienten nicht ausreichend Unterstützung bei der Regulation der Angst außerhalb und innerhalb der Behandlungssitzungen erhalten. Äußerst hilfreich für die Beurteilung des aktuellen Angstniveaus des Patienten ist die Angsttheorie der ISTDP (Gottwik 2009, Frederickson 2013, Abbass 2022, Abbass und Schubiner 2020). Gemäß der Angsttheorie der ISTDP spricht die Aktivierung der quergestreiften Muskulatur durch den Angstaffekt für eine momentan ausreichende Angsttoleranz, sodass die konflikthaften Affekte weiter exploriert und aufgedeckt werden können. Die Aktivierung der quergestreiften Muskulatur zeigt sich – in aufsteigender Intensität – anfänglich durch nervöses Fingerkneten, dann Anspannung der Schultermuskulatur, der Hals- und Nackenmuskeln, der Gesichtsmuskeln, der Bauchwand, dem Brustkorb und zuletzt auch der Beinmuskulatur. Typische Anzeichen für ein optimales Anspannungsniveau sind Seufzer als Folge einer Aktivierung der Zwerchfell- und Interkostalmuskulatur. Andere Angstsymptome hingegen wie Übelkeit, Schwindel, Ohrensausen, Augenflimmern, Tunnelblick, Blackout (oder andere dissoziative Symptome) und Lähmungserscheinungen in den Gliedmaßen, sprechen für eine Überlastung der Affekttoleranz des Patienten, sodass der Patient wieder Beruhigung erfahren muss. Die wichtigsten Interventionen zur Angstregulation sind nachfolgend aufgeführt (nach Abbass 2022, Abbass und Schubiner 2020, Frederickson 2013, Gottwik 2009, McCullough 2003, 2019):

1. Die Bearbeitung der *Angst vor Nähe*: Solange der Patient sich nicht auf Augenhöhe fühlt und beispielsweise ständig eine unmenschliche Kritik auf den Therapeuten (oder andere Personen) projiziert, ist der Patient einem enormen Stress auch in der Behandlung ausgesetzt. Alle Abwehrmechanismen, die dazu führen, dass der Patient sich gegenüber dem Therapeuten nicht sicher fühlt, müssen vordringlich bearbeitet werden. Dies kann über lange Phasen der Behandlung notwendig sein. Es ist in der Regel sinnvoll, dieses Thema direkt in der therapeutischen Beziehung zu untersuchen, weil hier der Therapeut weiß, wie er tatsächlich mit dem Patienten umgeht (wenn er sich seiner Gegenübertragung ausreichend bewusst ist). Die Untersuchung dieses Themas in der Beziehung zu anderen Personen ist oft schwerer, weil man deren Verhalten nicht so gut wie das eigene einschätzen kann. Leider gibt es tatsächlich Menschen, die auch den schlimmsten Projektionen entsprechen. Letztendlich ist aber das entscheidende Problem bei der Projektion nicht der andere, sondern die unzureichende Toleranz für die eigenen Gefühle und der gestörte Bezug zur Realität. Das Nachlas-

sen der projektiven Mechanismen führt nachhaltig zu einer Verbesserung der Affekttoleranz, Selbstwahrnehmung und Beziehungsfähigkeit.
2. Das sorgfältige *Monitoring der Angstsymptome* und die gemeinsame Einordnung dieser Symptome als Ausdruck von Angst hat bereits einen angstreduzierenden Effekt. Es macht außerdem dem Patienten deutlich, dass der Therapeut auf ihn achtet und ihn mit seiner Angst nicht allein lässt. Dies ist eine wichtige korrigierende Beziehungserfahrung, denn nur allzu oft hatten diese Patienten in der Kindheit erlebt, dass ihre Gefühle und Ängste missachtet wurden. Hilfreiche Interventionen sind hier folgende Fragen und Erklärungen:
   - Was fühlen Sie gerade in Ihrem Körper? Wie fühlen Sie die Angst oder den Stress gerade in ihrem Körper?
   - Außer der Anspannung in den Armen und der Beklemmung auf der Brust, empfinden Sie da noch etwas anderes in Ihrem Körper? Geht das Sehen und Hören noch, können Sie noch klar denken?
   - Dies sind typische Angstsymptome. Kennen Sie solche Reaktionen ihres Körpers noch aus anderen Situationen?
   - Sie haben jetzt gerade sehr viel Angst, lassen Sie uns gemeinsam dafür sorgen, dass Sie wieder in einen grünen bzw. erträglichen Bereich kommen.
   - Wollen Sie hier mit mir untersuchen, was Ihnen gerade Angst macht, was unter der Angst liegt?
3. Die *Identifizierung der Ursache der Angst* reduziert ebenfalls die Angst, weil dadurch die Symptomatik und die Angst des Patienten verständlicher wird und der Patient sich seiner Symptomatik nicht mehr ohnmächtig ausgeliefert fühlt. Hierzu ist es wichtig, immer das Konflikt-Dreieck vor Augen zu haben. Immer wenn Abwehrmechanismen aktiv sind, dann wurden auch Affekte mobilisiert, die dem Patienten Angst machen. Es ist hilfreich und strukturbildend, wenn die Dynamik von Affekt, Angst und Abwehr, dem Patienten immer wieder vor Augen geführt und mit unterschiedlichen Beziehungsszenarien in Verbindung gebracht wird (Personen-Dreieck).

Patient: Mir wird schwindlig und übel und Sie sind plötzlich ganz weit weg.

Therapeut: Okay, das heißt, Ihr Gehirn reagiert gerade mit sehr viel Angst, als wir hier gemeinsam uns den Ärger angeschaut haben. Ihr Gehirn reagiert anscheinend so, als ob es sehr gefährlich wäre, derartige Gefühle in der Beziehung zu mir zu untersuchen.
Patient: Ja. (Nickt.)
Therapeut: Es ist gut, dass Sie mir das zurückgemeldet haben. Geht es wieder ein Stück besser?
Patient: Ja (nickt).

Es kann sich anbieten, Ängste und Abwehr weiter zu explorieren durch die Frage »*Was ist das Schlimmste, das passieren könnte, wenn Sie es sich hier erlauben, mir gegenüber Ärger zu fühlen?*« Oder der Therapeut wechselt zu einem anderen Pol im Personen-Dreieck und fragt »*Kennen Sie das noch aus anderen Situationen, dass Sie starke Angst bekommen, wenn Ärger in Ihnen hochkommt?*« Oder »*Haben Sie eine Idee, wo Ihr Gehirn es gelernt hat, soviel Angst vor diesem Gefühl zu haben?*« Oder er hilft dem Patienten dabei, sich bewusst zu machen, dass Gefühle und Fantasien etwas anderes als echte Handlungen sind.

4. Die *Unterscheidung von Gefühl und Handlungsimpuls in der Fantasie und im Handeln* ist bei vielen Patienten unsicher. Da diese Patienten oft Gefühle und die damit verbundene Handlungsimpulse unbewusst als echte Handlungen erleben, sind diese Impulse für sie sehr bedrohlich (so wie in einem Alptraum, aus dem man noch nicht erwacht ist). Es führt meist zu einer deutlichen Angstreduktion, wenn Patienten mörderische Wut auf den Therapeuten erleben können und erfahren, dass nach dem Erleben und der Verbalisierung dieser Wut, der Therapeut ihnen weiterhin freundlich zugewandt und unversehrt gegenübersitzt. In der Anfangsphase der Behandlung kann es wichtig sein, Patienten explizit über diesen Unterschied aufzuklären. In der Behandlung geht es um das innere Erleben der Gefühle einschließlich der damit verbundenen Handlungsimpulse, nicht jedoch um das Ausleben dieser Impulse in der Wirklichkeit. Diese primitiven Gefühle öffnen Türen in unser Unbewusstes und erzählen etwas Wichtiges über uns. Es ist deswegen auch nicht hilfreich, in der Behandlung die Gefühle zu schnell als angemessen oder unangemessen zu bewerten. Stattdessen ist es wichtig,

alle Gefühle bewusst wahrzunehmen zu können, denn nur so kann man lernen, diese auf eine gesunde Weise zu nutzen und zu regulieren.
5. Wenn die Interventionen 1–4 nicht wirken, dann liegt dies meist an einem nicht erkannten Problem in der therapeutischen Beziehung. Es ist dann wichtig, den Fokus auf die psychotherapeutische Beziehung zu lenken (Stichwort: Augenhöhe, Projektionen, Übertragungsszenario).
6. *Selbsthilfeübungen:* Es kann sinnvoll sein, Patienten anzuleiten, durch langsame Bauchatmung zu lernen, sich selbst zu beruhigen. Dies beseitigt zwar nicht die Ursachen der Angst, kann aber die Selbstwirksamkeit stärken und ist die gesündere Alternative zu katastrophisierenden Gedankenspiralen. Außerdem ist die Anleitung in Achtsamkeitsmeditation hilfreich. Die Achtsamkeitsübungen können die Selbstwahrnehmung des Patienten verbessen, indem der Patient lernt, seine Aufmerksamkeit auf körperliche Empfindungen und mentale Prozesse zu lenken, ohne diese zu verurteilen oder vorschnell zu bewerten.

Widerstand gegen emotionale Nähe

Ein anhaltender DP/DR-Zustand signalisiert fast immer eine große Angst vor Nähe. Dies stellt für jede Art von Psychotherapie einen erheblichen Widerstand dar, denn es verhindert den Aufbau eines tragfähigen Arbeitsbündnisses. Der Widerstand gegen Nähe geht bei der DDS in der Regel einher mit ausgeprägten Schamängsten und entsprechenden Abwehrmechanismen (Projektionen eines gnadenlosen Kritikers auf den Therapeuten, Identifizierung mit dem Aggressor; Wendung gegen das Selbst). Wenn diese Widerstände nicht bearbeitet werden, dann sitzen die Patienten buchstäblich mit einem »*eiskalt kämpfenden Gehirn*« vor dem Therapeuten, bauen eine Wand zwischen sich und dem Psychotherapeuten auf, sodass der Psychotherapeut den Patienten nicht richtig sehen und verstehen kann und er keinen Zugang zum Patienten findet. Der Widerstand gegen emotionale Nähe geht zurück auf die frühen Bindungstraumata. Emotionale Nähe mobilisiert die verletzten Gefühle aus der Vergangenheit. Damit stellt dieser Widerstand einerseits eine Barriere gegen Veränderung dar, die Patienten meist gut aus ihren gescheiterten Beziehungen und Vorbehandlungen kennen. Andererseits bietet dieser Widerstand die Möglichkeit, die dahinter verborgenen und massiv abgewehrten Gefühle zu verarbeiten und so die Symptomatik aufzulösen. In der Regel finden sich im Unbewussten massive reaktive Wut auf Personen aus der Vergangenheit und damit verbundene Selbstbestrafungstendenzen. Die Dynamik von unbewusster mörderischer Wut und unbewussten Selbstbestrafungstendenzen (aufgrund unbewusster Schuldgefühle) wurde sehr gut von der ISTDP herausgearbeitet. In der ISTDP wird es dem Patienten ermöglicht, die aus den Bindungstraumata stammende reaktive mörderische Wut in der therapeutischen Beziehung zu erleben. Dies ist eine Voraussetzung für die Freisetzung versöhnender Schuldgefühle und die dadurch bedingte Auflösung von Spaltung, Selbstbestrafung (Wendung gegen das Selbst) und Projektion (Frederickson 2013, Abbass 2022, Abbass und Schubiner 2020, Gottwick 2009).

Sekundärer Krankheitsgewinn

Der primäre Krankheitsgewinn besteht in der Vermeidung angstauslösender Gefühle um den Preis der DP/DR und der damit verbundenen Leiden. Insbesondere bei chronischen Verläufen spielt aber auch der sekundäre Krankheitsgewinn meist eine bedeutsame Rolle. Der sekundäre Krankheitsgewinn ist häufig nur schwer zu erkennen, weil er unbewusst und gleichzeitig sehr mächtig ist. Je schwieriger Veränderungen zu sein scheinen, je größer der Widerstand des Patienten, desto mehr muss der Psychotherapeut danach fahnden, welcher geheime Gewinn in der Aufrechterhaltung der Abwehr und der dadurch bedingten Symptomatik liegen kann. Dabei ist es wichtig sich klar darüber zu sein, dass der sekundäre Krankheitsgewinn unbewusst motiviert ist und Patienten ohne entsprechende psychotherapeutische Bearbeitung keine Kontrolle darüber gewinnen können. Dem sekundären Krankheitsgewinn liegen häufig sehr viele unterschiedliche unbewusste Motive zugrunde (McCullough 2019). Einige von sehr vielen möglichen Beispielen für den sekundären Krankheitsgewinn sind hier anhand eines fiktiven Beispiels aufgeführt: Ein junger Patient verlässt wegen der DP/DR nicht mehr die Wohnung seiner Eltern und vermeidet beispielsweise dadurch (1) die Herausforderungen, die mit dem Studium einhergehen; (2) die Ablösung vom Elternhaus; (3) er »genießt es« aus unbewusstem Trotz, wie seine Eltern sich grämen, weil ihr Sohn nicht erfolgreich ist; (4) er »genießt aus ungesundem Trotz« den Triumph, ein unbehandelbarer Fall zu sein; (5) aufgrund unbewusster Schuldgefühle sabotiert er sein Leben und bestraft sich damit selbst; (6) er genießt die Sicherheit und die Macht, die ihm seine Isolation bietet, die Sicherheit nie verletzt werden zu können, weil er niemanden nahe an sich heranlässt, er sich erfolgreich unberührbar macht; und so weiter. Die Aufdeckung der sekundären Motive, die für die Aufrechterhaltung der Symptomatik verantwortlich sind, ist oft schwer und mühsam, für den Erfolg der Behandlung aber entscheidend. Eine detaillierte Schilderung hilfreicher Interventionen zur Bearbeitung des sekundären Krankheitsgewinns finden Psychotherapeuten in dem integrativen Therapiemanual von McCullough (2019) und vor allem auch in den Manualen zur Intensive Psychodynamische Kurzzeittherapie nach Davanloo, wobei in der ISTDP der sekundäre Krankheitsgewinn allgemein unter dem Konzept »Widerstand« beschrieben wird. Insbesondere die ISTDP verfügt über ein sehr gut operationalisiertes Instrumentarium für die Identifizierung und Bearbeitung derartiger Widerstände.

Problematische Gegenübertragungsreaktionen

Langeweile kann im Psychotherapeuten entstehen, wenn der Widerstand gegen Nähe nicht ausreichend bearbeitet wird. Die Erzählungen des Patienten bleiben dadurch sehr oberflächlich und der Psychotherapeut kann keinen emotionalen Zugang zum Patienten finden. Dies kann so weit gehen, dass Psychotherapeuten in der Sitzung einschlafen (häufig von Patienten beklagt, siehe auch den Film »Numb – leicht daneben«).

Die scheinbare »Coolness« mancher Patienten kann dazu verleiten, dass die strukturellen Beeinträchtigungen und emotionalen Schwierigkeiten des Patienten vom Therapeuten bagatellisiert werden oder aber auch, dass Therapeuten ärgerlich auf die »Coolness« reagieren, weil sie sich dadurch abgewiesen oder nutzlos gemacht fühlen.

Angst ist ansteckend. DDS-Patienten leiden unter einer massiven Affektphobie. Die oft unbewusste Identifizierung mit der Angst des Patienten vor seinen eigenen Emotionen, kann dazu führen, dass der Psychotherapeut die Affektphobie des Patienten mitmacht, anstatt sie konsequent zu bearbeiten. Dies führt häufig zu einem Stillstand in der Behandlung. Mangelndes Krankheitswissen und die Identifizierung mit den Ängsten des Patienten können auch bei Behandlern dazu führen, dass die katastrophisierende Angst vor einer Psychose den Psychotherapeuten ansteckt, mit der Folge, dass man das Vermeidungsverhalten des Patienten zu wenig herausfordert oder dass man gar eine Psychotherapie für nicht sinnvoll hält, aus Angst der Patient könnte »psychotisch« werden. Dies ist schon allein deswegen irrational, weil auch Patienten mit bipolaren Störungen und Schizophrenien von einer entsprechend angepassten Psychotherapie profitieren (Sorensen et al. 2019). Ein Patient erzählte mir, dass sein vorheriger Psychotherapeut ihm als Generalintervention für seine »sozialen« bzw. projektiven Ängste empfohlen hätte, er solle sich vorstellen, die Angriffe der anderen würden an einer unsichtbaren Gummiwand von ihm abprallen. Damit wurde die DP/DR-Symptomatik zum Heilmittel erklärt, mit der Folge, dass die Projektionen zementiert werden und man auf immer und ewig in einer »unsichtbaren Gummizelle« sitzt. Das wäre dann keine Behandlung, sondern eine iatrogene Verstärkung der Störung.

Videoaufzeichnungen

Die affektfokussierten Therapieansätze betonen alle den herausragenden Wert der Videosupervision. Patienten haben in der Regel keine Einwände gegen Videoaufzeichnungen, wenn der Datenschutz sorgfältig eingehalten wird. Es ist sinnvoll, wenn auf der Aufzeichnung sowohl Patient als auch Therapeut zu sehen sind (bspw. indem man einen Spiegel hinter dem Patienten aufstellt). Die nachträgliche Analyse der Sitzung sensibilisiert ungemein für das emotionale Geschehen in der Sitzung. Unterstützung und Anleitung für die Eigensupervision gibt das Manual »Mastering the Inner Skills of Psychotherapy: A Deliberate Practice Manual« von Tony Rousmaniere (2019). Sinnvoll ist außerdem auch die gemeinsame Super- und Intervision. Entsprechende Möglichkeiten vermitteln die Fortbildungsgesellschaften (https://www.istdp.ch, https://istdp.de/, https://www.is-tdp.de/).

Hausaufgaben

Verhaltenstherapeuten haben in ihrer Ausbildung gelernt, Hausaufgaben in die Behandlung zu integrieren. Für psychodynamische Psychotherapeuten sind Hausaufgaben eher etwas Ungewohntes, werden aber als Therapieabsprachen bei der Behandlung von Essstörungen (z. B. Gewichtszunahme, Wiegen), Problemen mit Substanzmissbrauch (Abstinenzvereinbarung) oder Suizidalität (z. B. Krisenplan) angewendet. Für die Behandlung von Patienten mit einer langjährigen DDS würde ich sehr empfehlen, dass auch psychodynamische Psychotherapeuten mit ihren Patenten Selbsthilfeübungen als wichtigen Bestandteil der Behandlung vereinbaren. Die Patienten sollen regelmäßig, je nach individuellem Bedarf und Möglichkeiten, einige der hier beschriebenen Selbsthilfeübungen anwenden (zumindest Achtsamkeitsmeditation und Atemübungen zur Selbstberuhigung). Die Umsetzung sollte dann auch überprüft werden. Dies erleichtert es, Behandlungswiderstände wie Hoffnungslosigkeit, Passivität, übermäßige Selbstkritik zu erkennen und zu deaktivieren. Außerdem kann man den Patienten nahelegen ein Therapie-Logbuch zu führen, in dem sie notieren, was sie bisher über sich gelernt haben und welche Aufgaben noch zu meistern sind. Dies betont auch die Bedeutung des eigenen Engagements und der Notwendigkeit einer partnerschaftlichen Zusammenarbeit.

9 Das Wichtigste in 7 Merksätzen

1. Auch nach jahrzehntelangem Verlauf ist es möglich, eine Depersonalisations-Derealisationsstörung vollständig zu überwinden und ein erfülltes und glückliches Leben zu führen.
2. Die Therapie der Wahl ist Psychotherapie. Die Basis einer erfolgreichen psychotherapeutischen Behandlung ist die persönliche Erfahrung, verstanden zu werden. Als Patient bin ich mitverantwortlich dafür, verstanden zu werden. Es ist wichtig, den Mut aufzubringen, Ängste zu überwinden, die einen hemmen, offen und ehrlich sich selbst und dem eigenen Psychotherapeuten gegenüber zu sein. Wenn man sich dem eigenen Psychotherapeuten gegenüber nicht auf Augenhöhe fühlt, so sollte man dies unbedingt klären. Eine erfolgreiche Behandlung ist nur auf Augenhöhe möglich.
3. Für die Überwindung der Depersonalisations-Derealisationsstörung ist es günstig, wenn man etwas Toleranz für diese befremdlichen Symptome aufbringen kann und man sich bei der Alltagsgestaltung vor allem daranhält, was man für sich als eigentlich sinnvoll und vernünftig in der aktuellen Situation erachtet (z. B. Freunde treffen; arbeiten; ins Kino gehen; Sport treiben; eine stationäre psychosomatisch-psychotherapeutische Krankenhausbehandlung antreten). Man sollte sich nicht von der Angst vor der DDS-Symptomatik bzw. der Angst vor einem »Kontrollverlust« beherrschen lassen. Jeder prüfe, wie viel Handlungsspielraum er hat, seine maladaptiven Ängste zu überwinden, statt sich ihnen zu beugen.
4. Eine gesunde Lebensführung unterstützt den Erfolg einer psychotherapeutischen Behandlung, ein ungesunder Lebensstil behindert ihn. Jeder prüfe, wie viel Spielraum er hat, gesünder mit sich umzugehen.

5. Achtsamkeit ist der Entfremdung entgegengesetzt. Jeder Patient kann mit Hilfe der Achtsamkeitsmeditation daran arbeiten, in einen lebendigeren Kontakt mit sich und seiner Umwelt zu kommen. Achtsamkeitsmeditation erfordert Mut und Ausdauer. Für eine erfolgreiche Behandlung ist es wichtig, dass Patienten bereit sind, längere Zeit regelmäßig fünf bis zehn Minuten täglich mit der Atemmeditation zu üben. Wenn die Atemmeditation anfänglich zu belastend ist, dann kann man lernen, sich über die ruhige Bauchatmung mit einer Atemfrequenz von 5–6 Atemzügen pro Minute zu beruhigen.
6. Achtsamkeitsmeditation stellt eine Hilfe dar, sich der eigenen Emotionen bewusster zu werden. Sie stärkt die Fähigkeit zur Selbstwahrnehmung. Über das Bewusstwerden der eigenen Emotionen und deren angemessenen Ausdruck erleben wir Verbundenheit mit anderen Menschen und mit uns selbst. Patienten mit einer Depersonalisations-Derealisationsstörung haben oft eine besonders große Angst vor ihren wahren Gefühlen und deren Ausdruck. Sie müssen lernen, ihren wahren Gefühlen mehr zu vertrauen, diese zu nutzen und angemessen auszudrücken.
7. Für die Überwindung der Depersonalisations-Derealisationsstörung werden maladaptive Vorstellungen darüber, wie man selbst sein muss oder andere angeblich sind, in Frage gestellt und verändert. Das Ergebnis ist ein tieferes Selbstvertrauen, welches eine Person befähigt, emotional präsenter zu sein und sich selbst-bestimmt und authentisch mit anderen Menschen auseinanderzusetzen und zu verbinden.

Ansprechpartner

Hausarzt

- Abklärung organischer Ursachen (z. B. Laboruntersuchung, EKG)
- Überweisung zu Fachärzten (z. B. Neurologe), Unterstützung bei der Suche nach einem Psychotherapieplatz
- Überwachung einer Therapie mit Antidepressiva (z. B. EKG- und Laborkontrollen)
- Krankenhauseinweisung zur stationären oder tagesklinischen Behandlung oder »vorstationären Diagnostik«

Ambulanter Psychotherapieplatz

- Unterstützung bei der Suche nach einem Psychotherapieplatz bieten die zuständigen Psychotherapeutenkammern, Ärztekammern und Krankenkassen.

Stationäre oder tagesklinische psychosomatisch-psychotherapeutische Behandlung

- Beratungsgespräche zur Klärung, ob eine stationäre oder tagesklinische Behandlung notwendig ist, bieten die meisten Kliniken für Psychosomatische Medizin und Psychotherapie an.

Notfälle

- Notrufnummer 112 bei akuter Selbst- oder Fremdgefährdung
- Telefonseelsorge (z. B. in der BRD 0800/1110111)

Spezialsprechstunden

Spezialsprechstunde Depersonalisation und Derealisation der Universitätsmedizin Mainz.

Zusatzmaterial zum Download

Eine Übersicht über die Zusatzmaterialien zum Download finden Sie zu Beginn dieses Buchs im Kapitel »Gebrauchsanweisung für den Ratgeber«.

Die Zusatzmaterialien[14] können Sie unter folgendem Link kostenfrei herunterladen:

 https://dl.kohlhammer.de/978-3-17-043571-1

---

14 Wichtiger urheberrechtlicher Hinweis: Alle zusätzlichen Materialien, die im Download-Bereich zur Verfügung gestellt werden, sind urheberrechtlich geschützt. Ihre Verwendung ist nur zum persönlichen und nichtgewerblichen Gebrauch erlaubt. Jede Verwendung außerhalb der engen Grenzen des Urheberrechts ist ohne Zustimmung des Verlags unzulässig und strafbar. Das gilt insbesondere für Vervielfältigungen, Übersetzungen, Mikroverfilmungen und für die Einspeicherung und Verarbeitung in elektronischen Systemen.

Literatur

Abbass A (2015) Reaching Through Resistance: Advanced Psychotherapy Techniques. Kansas City, Missouri: Seven Leaves Press.

Abbass A (2016) The Emergence of Psychodynamic Psychotherapy for Treatment Resistant Patients: Intensive Short-Term Dynamic Psychotherapy. Psychodyn Psychiatry 44(2):245–280.

Abbass A (2022) Widerstände überwinden: Fortgeschrittene psychotherapeutische Techniken. Stuttgart: Kohlhammer.

Abbass A, Lumley MA, Town J, Holmes H, Luyten P, Cooper A, Russell L, Schubiner H, De Meulemeester C, Kisely S (2021) Short-term psychodynamic psychotherapy for functional somatic disorders: A systematic review and meta-analysis of within-treatment effects. J Psychosom Res 145:110473.

Abbass A, Schubiner H (2020) Psychophysiologische Störungen: Ein Leitfaden für Diagnose, Psychotherapie und psychosomatische Grundversorgung. Stuttgart: Kohlhammer.

Abbass A, Town J, Driessen E (2011) The efficacy of short-term psychodynamic psychotherapy for depressive disorders with comorbid personality disorder. Psychiatry 74(1):58–71.

Aderibigbe YA, Bloch RR, Walker WR (2001) Prevalence of depersonalization and derealization experiences in a rural population. Soc Psychiatry Psychiatr Epidemiol 36(2):63–69.

Adler J, Beutel ME, Knebel A, Berti S, Unterrainer J, Michal M (2014) Altered orientation of spatial attention in depersonalization disorder. Psychiatry Res 216(2):230–235.

Adler J, Schabinger N, Michal M, Beutel ME, Gillmeister H (2016) Is that me in the mirror? Depersonalisation modulates tactile mirroring mechanisms. Neuropsychologia 85:148–158.

Aliyev NA, Aliyev ZN (2011) Lamotrigine in the immediate treatment of outpatients with depersonalization disorder without psychiatric comorbidity: randomized, double-blind, placebo-controlled study. J Clin Psychopharmacol 31:61–65.

Allen JG (2005) Coping with trauma: Hope through understanding. American Psychiatric Publishing.

APA, American Psychiatric Association (2013) Diagnostic and Statistical Manual of Mental Disorders: DSM-5; American Psychiatric Publishing.

Arnulf I, Groos E, Dodet P (2018) Kleine-Levin syndrome: A neuropsychiatric disorder. Rev Neurol (Paris) 174(4):216–227.

Baker D, Hunter E, Lawrence E, Medford N, Patel M, Senior C, Sierra M, Lambert MV, Phillips ML, David AS (2003) Depersonalisation disorder: clinical features of 204 cases. Br J Psychiatry 182:428–433.

Branden N (2009) Die 6 Säulen des Selbstwertgefühls: Erfolgreich und zufrieden durch ein starkes Selbst. München: Piper Verlag.

Brantley J (2006) Der Angst den Schrecken nehmen: Achtsamkeit als Weg zur Befreiung von Ängsten. Freiburg im Breisgau: Arbor Verlag.

Brisch KH (2003) Bindung und Trauma: Risiken und Schutzfaktoren für die Entwicklung von Kindern. Stuttgart: Klett-Cotta.

Buer Christensen T, Eikenaes I, Hummelen B, Pedersen G, Nysæter TE, Bender DS, Skodol AE, Selvik SG (2020) Level of personality functioning as a predictor of psychosocial functioning-Concurrent validity of criterion A. Personal Disord 11(2):79–90.

Chefetz RA (2015) Intensive Psychotherapy for Persistent Dissociative Processes: The Fear of Feeling Real (Norton Series on Interpersonal Neurobiology). W. W. Norton.

David A (2007) Overcoming Depersonalization and Feelings of Unreality: A Self-Help Guide using Cognitive Behavioral Techniques. London: Constable & Robinson.

Davanloo H (1979) Techniques of short-term dynamic psychotherapy. Psychiatric Clinics of North America 2(1): 11–22.

Davanloo H (2001) Intensive short-term dynamic psychotherapy: Selected papers of Habib Davanloo, MD. John Wiley & Sons.

Dugas L (1898) Un cas de depersonnalisation. Revue Philosophique de Paris et l'Etranger. 79:543–555. Zitiert nach Berrios GE, Sierra M. (1997) Depersonalization: a conceptual history. Hist Psychiatry 8:213–229.

Fenichel O (1945) The Psychoanalytic Study of Neurosis. New York: Norton.

Frederick RJ (2009) Living like you mean it: use the wisdom and power of your emotions to get the life you really want. Hoboken: John Wiley & Sons.

Frederickson J (2013) Co-creating change: Effective dynamic therapy techniques. Kansas City, Missouri. Seven Leaves Press.

Frederickson J (2020) Co-creating safety. Healing the fragile patient. Kansas City, Missouri: Seven Leaves Press.

Friederich HC, Brockmeyer T, Wild B et al. (2017) Emotional expression predicts treatment outcome in focal psychodynamic and cognitive behavioural therapy for anorexia nervosa: findings from the ANTOP study. Psychother Psychosom 86:108–110.

Freud S (1914) Erinnern, Wiederholen und Durcharbeiten. In S. Freud, Gesammelte Werke (Bd. X, S. 125–136). Frankfurt/Main: Fischer.

Giesbrecht T, Merckelbach H, van Oorsouw K, Simeon D (2010) Skin conductance and memory fragmentation after exposure to an emotional film clip in depersonalization disorder. Psychiatry Res 177:342–349.

Gottwik G (2009): Intensive psychodynamische Kurzzeittherapie nach Davanloo. Heidelberg: Springer.

Griesinger W (1845) Pathologie und Therapie der psychischen Krankheiten. Stuttgart: Krabbe.

Grigsby J, Kaye K (1993) Incidence and correlates of depersonalization following head trauma. Brain Inj 7:507–513.

Guntrip SH (1969) Schizoid Phenomena, Object Relations and The Self. New York: International University Press.

Guntrip SH (1972) Psyche und Gesundheit: Stress, Angst, Aggression, Isolation. Frankfurt/Main: Umschau Verlag.

Hallak J E, Dursun S M, Bosi D C, de Macedo L R, Machado-de-Sousa J P, Abrao J, Crippa J A, McGuire P, Krystal J H, Baker G B, Zuardi A W (2011) The interplay of cannabinoid and NMDA glutamate receptor systems in humans: preliminary evidence of interactive effects of cannabidiol and ketamine in healthy human subjects. Prog Neuropsychopharmacol Biol Psychiatry 35:198–202.

Heidenreich T, Michalak J, Michal M (2006) Depersonalisation and Derealization: Basics and cognitive-behavioral perspective. Verhaltenstherapie 16:267–274.

Hölzel BK, Lazar SW, Gard T, Schuman-Olivier Z, Vago DR, Ott U (2011) How Does Mindfulness Meditation Work? Proposing Mechanisms of Action From a Conceptual and Neural Perspective. Perspectives on Psychological Science 6:537–559.

Horney K (2007) Neurose und menschliches Wachstum: Das Ringen um Selbstverwirklichung. Magdeburg: Klotz.

Hunter EC, Baker D, Phillips ML, Sierra M, David AS (2005) Cognitive-behaviour therapy for depersonalisation disorder: an open study. Behav Res Ther 43:1121–1130.

Hunter EC, Phillips ML, Chalder T, Sierra M, David AS (2003) Depersonalisation disorder: a cognitive-behavioural conceptualisation. Behav Res Ther 41:1451–1467.

Hunter EC, Salkovskis PM, David AS (2014) Attributions, appraisals and attention for symptoms in depersonalisation disorder. Behav Res Ther 53:20–29.

Hunter EC, Sierra M, David AS (2004) The epidemiology of depersonalisation and derealisation. A systematic review. Soc Psychiatry Psychiatr Epidemiol 39:9–18.

Internationale Klassifikation psychischer Störungen. ICD-10 Kapitel V (F). Diagnostische Kriterien für Forschung und Praxis (2004). Bern: Huber.

Irle E, Lange C, Weniger G, Sachsse U (2007) Size abnormalities of the superior parietal cortices are related to dissociation in borderline personality disorder. Psychiatry Res 156:139–149.

Jacobson E (1959) Depersonalization. J Am Psychoanal Assoc 7:581–610. Zitiert nach Jacobson E (1993) Depression: eine vergleichende Untersuchung normaler, neurotischer und psychotisch-depressiver Zustände. Frankfurt/Main: Suhrkamp.

Jaeggi R (2005) Entfremdung: zur Aktualität eines sozialphilosophischen Problems. Frankfurt/Main, New York: Campus Verlag.

Jáuregui-Renaud K, Sang FYP, Gresty MA, Green DA, Bronstein AM (2008) Depersonalisation/derealisation symptoms and updating orientation in patients with vestibular disease. J Neurol Neurosurg Psychiatry 79:276–283.

Jay EL, Nestler S, Sierra M, McClelland J, Kekic M, David AS (2016) Ventrolateral prefrontal cortex repetitive transcranial magnetic stimulation in the treatment of depersonalization disorder: A consecutive case series. Psychiatry Res. 240:118–22.

Kabat-Zinn J (2007) Im Alltag Ruhe finden. Meditationen für ein gelassenes Leben. Frankfurt/Main: S. Fischer.

Krystal H (1971) Trauma: considerations of its intensity and chronicity. Int Psychiatry Clin 8(1):11–28.

Kuhn N (2014) Intensive Short-Term Dynamic Psychotherapy: A Reference. CreateSpace Independent Publishing Platform.

Lammers CH (2011) Emotionsbezogene Psychotherapie: Grundlagen, Strategien und Techniken. Stuttgart: Schattauer.

Lawrence EJ, Shaw P, Baker D, Patel M, Sierra-Siegert M, Medford N, David AS (2007) Empathy and enduring depersonalization: the role of self-related processes. Soc Neurosci 2:292–306.

LeDoux J (2016) Angst: Wie wir Furcht und Angst begreifen und therapieren können, wenn wir das Gehirn verstehen. Elsbethen: Ecowin.

Lee JLC, Bertoglio LJ, Guimaraes FS, Stevenson CW (2017) Cannabidiol regulation of emotion and emotional memory processing: relevance for treating anxiety-related and substance abuse disorders. Br J Pharmacol 174:3242–3256.

Lee WE, Kwok CH, Hunter EC, Richards M, David AS (2012) Prevalence and childhood antecedents of depersonalization syndrome in a UK birth cohort. Soc Psychiatry Psychiatr Epidemiol 47:253–261.

Leitlinie Bipolare Störung (https://www.awmf.org/leitlinien/detail/ll/038-019.html, Zugriff am 05.05.2023).

Leitlinie Depersonalisations-Derealisationssyndrom (https://register.awmf.org/de/leitlinien/detail/051-030, Zugriff am 05.05.2023).

Leitlinie Persönlichkeitsstörung (Stand 2011, Leitlinie mittlerweile nicht mehr verfügbar).

Leitlinie Posttraumatische Belastungsstörung (https://register.awmf.org/de/leitlinien/detail/155-001, Zugriff am 05.05.2023).

Leitlinie Schizophrenie (https://register.awmf.org/de/leitlinien/detail/038-009, Zugriff am 05.05.2023).

Leitlinie Unipolare Depression (https://www.leitlinien.de/themen/depression, Zugriff am 05.05.2023).

Levy JS, Wachtel PL (1978) Depersonalization: an effort at clarification. Am J Psychoanal 38:291–300.

Maaranen P, Tanskanen A, Hintikka J, Honkalampi K, Haatainen K, Koivumaa-Honkanen H, Viinamäki H (2008) The course of dissociation in the general population: a 3-year follow-up study. Compr Psychiatry 49:269–274.

Malan D H (1979) Individual psychotherapy and the science of psychodynamics. London: Butterworth.

Mantovani A, Simeon D, Urban N, Bulow P, Allart A, Lisanby S (2011) Temporoparietal junction stimulation in the treatment of depersonalization disorder. Psychiatry Res 186:138–140.

McCullough L (2019) Affektfokussierte psychodynamische Psychotherapie. Ein integratives Manual zur Behandlung von Affektphobien. Stuttgart: Kohlhammer.

McCullough L, Kuhn N, Andrews S (2003) Treating Affect Phobia: A Manual for Short-Term Dynamic Psychotherapy: A Manual for Short-term Dynamic Psychotherapy: Guilford.

Medford N (2014) Dissociative symptoms and epilepsy. Epilepsy Behav 30:10–13.

Mehta DG, Garza I, Robertson CE (2021) Two hundred and forty-eight cases of visual snow: A review of potential inciting events and contributing comorbidities. Cephalalgia 41(9):1015–1026.

Michal M (2013) Das Depersonalisations-Derealisationssyndrom. PSYCH up2date 7:33–48.

Michal M, Adler J, Wiltink J, Reiner I, Tschan R et al. (2016) A case series of 223 patients with depersonalization-derealization syndrome. BMC Psychiatry 16: 203.

Michal M, Beutel ME (2009) Weiterbildung CME: Depersonalisation/Derealisation – Krankheitsbild, Diagnostik und Therapie. Z Psychosom Med Psychother 55:113–140.

Michal M, Beutel ME, Grobe TG (2010) Wie oft wird die Depersonalisations-Derealisationsstörung (ICD-10: F48.1) in der ambulanten Versorgung diagnostiziert? Z Psychosom Med Psychother 56:74–83.

Michal M, Beutel ME, Jordan J, Zimmermann M, Wolters S, Heidenreich T (2007) Depersonalization, mindfulness, and childhood trauma. J Nerv Ment Dis 195:693–696.

Michal M, Duven E, Giralt S, Dreier M, Müller KW, Adler J, Beutel ME, Wölfling K (2014) Prevalence and correlates of depersonalization in students aged 12–18 years in Germany. Soc Psychiatry Psychiatr Epidemiol 50:995–1003.

Michal M, Heidenreich T, Engelbach U, Lenz C, Overbeck G, Beutel M, Grabhorn R (2006a) Depersonalisation, soziale Ängste und Scham. PPmP – Psychotherapie – Psychosomatik – Medizinische Psychologie 56:383–389.

Michal M, Kaufhold J, Grabhorn R, Krakow K, Overbeck G, Heidenreich T (2005b) Depersonalization and Social Anxiety. J Nerv Ment Dis 193:629–632.

Michal M, Kaufhold J, Overbeck G, Grabhorn R (2006b) Narcissistic regulation of the self and interpersonal problems in depersonalized patients. Psychopathology 39:192–198.

Michal M, Koechel A, Canterino M, Adler J, Reiner I et al. (2013) Depersonalization disorder: Disconnection of Cognitive Evaluation from Autonomic Responses to Emotional Stimuli. PloS One 8:e74331.

Michal M, Lüchtenberg M, Overbeck G, Fronius M (2006c) Gestörte visuelle Wahrnehmung beim Depersonalisations-Derealisationssyndrom. Visual Distortions and Depersonalization-Derealization Syndrome. Klin Monatsbl Augenheilkd 223:279–284.

Michal M, Osborn K (2021) Die Affektphobietherapie. Psychotherapeut 66:314–323

Michal M, Röder C, Mayer J, Lengler U, Krakow K (2007) Spontaneous dissociation during functional MRI experiments. Journal of psychiatric research 41:69–73.

Michal M, Sann U, Grabhorn R, Overbeck G, Röder CH (2005a) Zur Prävalenz von Depersonalisation und Derealisation in der stationären Psychotherapie. Psychotherapeut 50:328–339.

Michal M, Sann U, Niebecker M, Lazanowsky C, Kernhof K, Aurich S, Overbeck G, Sierra M, Berrios GE (2004) Die Erfassung des Depersonalisations-Derealisations-Syndroms mit der Deutschen Version der Cambridge Depersonalization Scale (CDS). Psychother Psychosom Med Psychol 54:367–374.

Michal M, Schreckenberger M, Adler J, Buchholz H-G, Reiner I, Beutel M, de Greck M, Gartenschläger M (2014) An outside observer of one's self: a PET Study of resting brain activity in depersonalization/derealization disorder. Unveröffentlichtes Poster, DKPM Jahrestagung.

Michal M, Tavlaridou I, Subic-Wrana C, Beutel ME (2012) Angst verrückt zu werden – zur Abgrenzung des neurotischen Depersonalisations-Derealisationssyndroms von der paranoiden Schizophrenie. Nervenheilkunde 31:934–936.

Michal M, Wiltink J, Subic-Wrana C, Zwerenz R, Tuin I, Lichy M, Brähler E, Beutel ME (2009) Prevalence, correlates, and predictors of depersonalization experiences in the German general population. The Journal of Nervous and Mental Disease 197:499–506

Michal M, Wiltink J, Zwerenz R, Knebel A, Schafer A, Nehring C, Subic-Wrana C, Beutel ME (2009) Depersonalisation-Derealisation im psychosomatischen Ambulanz- und Konsildiens. Z Psychosom Med Psychother 55:215–228.

Michal M, Zwerenz R, Tschan R, Edinger J, Lichy M, Knebel A, Tuin I, Beutel ME (2010) Screening nach Depersonalisation-Derealisation mittels zweier Items der Cambridge Depersonalization Scale. Psychother Psychosom Med Psychol 60:175–179.

Miller PP, Brown TA, Dinardo PA, Barlow DH (1994) The Experimental Induction of Depersonalization and Derealization in Panic Disorder and Nonanxious Subjects. Behav Res Ther 32:511–519.

Murakami H (2004) Sputnik Sweat Heart. Berlin: BTB.

Murakami H (2014) Die Pilgerjahre des farblosen Herrn Tazaki. Köln: DuMont.

Orlinsky DE, Roennestadt MH, Willutzki U (2004) Fifty Years of Psychotherapy Process-Outcome Research: Continuity and Change. In: Lambert MJ (Hrsg.)

Bergin and Garfield's Handbook of Psychotherapy and Behavior Change. 5. Aufl. New York: Wiley. S. 307–390.

Pascal B (1978) Pensées. Heidelberg: Lambert Scheider.

Pennebaker JW (2010) Heilung durch Schreiben: ein Arbeitsbuch zur Selbsthilfe. Bern: Huber.

Petrilowitsch N (1956) Zur Psychopathologie und Klinik der Entfremdungsdepression. In: Meyer JE (Hrsg.) (1968) Depersonalisation. Darmstadt: Wissenschaftliche Buchgesellschaft Darmstadt. S. 262–278.

Phillips ML, Medford N, Senior C, Bullmore ET, Suckling J, Brammer MJ, Andrew C, Sierra M, Williams SC, David AS (2001) Depersonalization disorder: thinking without feeling. Psychiatry Res 108:145–160.

Reiner I, Frieling H, Beutel M, Michal M (2016) Gene–environment interaction of the oxytocin receptor gene polymorphism (rs53576) and unresolved attachment status predict depersonalization symptoms: An exploratory study. Psychological Studies 61:295–300.

Roth M (1959) The Phobic Anxiety-Depersonalization Syndrome. Proceedings of the Royal Society of Medicine-London 52:587–595.

Roth M (1960) Das Syndrom der phobischen Angst-Depersonalisation und einige allgemeine ätiologische Probleme in der Psychiatrie. In: Meyer JE (Hrsg.) (1968) Depersonalisation. Darmstadt: Wissenschaftliche Buchgesellschaft Darmstadt. S. 353–381.

Rousmaniere T (2019) Mastering the Inner Skills of Psychotherapy: A Deliberate Practice Manual: Chicago, New York, Santa Fe: GREEN LANTERN Press.

Rudolf G (2006) Strukturbezogene Psychotherapie: Leitfaden zur psychodynamischen Therapie struktureller Störungen. Stuttgart: Schattauer Verlag.

Rudolf G, Wöller W, Kruse J (2018) Tiefenpsychologisch fundierte Psychotherapie: Basisbuch und Praxisleitfaden. Stuttgart: Schattauer.

Schilder P (1914) Selbstbewußtsein und Persönlichkeitsbewußtsein: eine psychopathologische Studie. Berlin: Springer.

Schilder P (1924) Medizinische Psychologie für Ärzte und Psychologen. Berlin: Springer.

Schilder P (1950) The image and appearance of the human body. NY: International University Press.

Schilder P (1951) Psychotherapy. NY: Norton & Company.

Schmahl C, Kleindienst N, Limberger M, Ludäscher P, Mauchnik J, Deibler P, Brünen S, Hiemke C, Lieb K, Herpertz S, Reicherzer M, Berger M, Bohus M (2012) Evaluation of naltrexone for dissociative symptoms in borderline personality disorder. Int Clin Psychopharmacol 27(1):61–68.

Schulz A, Matthey JH, Vögele C, Schaan V, Schächinger H, Adler J, Beutel ME, Michal M (2016) Cardiac modulation of startle is altered in depersonalization-/derealization disorder: Evidence for impaired brainstem representation of baroafferent neural traffic. Psychiatry Res 30(240):4–10.

Schulz A, Köster S, Beutel ME, Schächinger H, Vögele C, Rost S, Rauh M, Michal M (2015) Altered patterns of heartbeat-evoked potentials in depersonalization/derealization disorder: neurophysiological evidence for impaired cortical representation of bodily signals. Psychosom Med 77(5):506–516.

Shah R, Temes CM, Frankenburg FR, Fitzmaurice GM, Zanarini MC (2020) Levels of Depersonalization and Derealization Reported by Recovered and Non-recovered Borderline Patients Over 20 Years of Prospective Follow-up. J Trauma Dissociation 21(3):337–348.

Sierra M (2008) Depersonalization disorder: pharmacological approaches. Expert Rev Neurother 8:19–26.

Sierra M (2009) Depersonalization: A New Look at a Neglected Syndrome. Cambridge University Press.

Sierra M, Berrios GE (2000) The Cambridge Depersonalization Scale: a new instrument for the measurement of depersonalization. Psychiatry Res 93:153–164.

Sierra M, Berrios GE (2001) The phenomenological stability of depersonalization: Comparing the old with the new. J Nerv Ment Dis 189:629–636.

Sierra M, David AS (2010) Depersonalization: A selective impairment of self-awareness. Conscious Cogn 20:99–108.

Sierra M, Lopera F, Lambert MV, Phillips ML, David AS (2002) Separating depersonalisation and derealisation: the relevance of the »lesion method«. J Neurol Neurosurg Psychiatry 72(4):530–532.

Sierra M, Senior C, Phillips ML, David AS (2006) Autonomic response in the perception of disgust and happiness in depersonalization disorder. Psychiatry Res 145:225–231.

Simeon D (2004) Depersonalisation disorder: a contemporary overview. CNS Drugs 18:343–354.

Simeon D (2014) Depersonalization/Derealization Disorder. In: Gabbard GO (Hrsg.) Gabbard's Treatments of Psychiatric Disorders, Fifth Edition 2014 ed: American Psychiatric Publishing.

Simeon D, Abugel J (2008) Feeling Unreal: Depersonalization Disorder and the Loss of the Self. Oxford University Press.

Simeon D, Giesbrecht T, Knutelska M, Smith RJ, Smith LM (2009) Alexithymia, absorption, and cognitive failures in depersonalization disorder: a comparison to posttraumatic stress disorder and healthy volunteers. J Nerv Ment Dis 197:492–498.

Simeon D, Guralnik O, Hazlett EA, Spiegel-Cohen J, Hollander E et al. (2000) Feeling unreal: a PET study of depersonalization disorder. Am J Psychiatry 157:1782–1788.Simeon D, Guralnik O, Hazlett EA, Spiegel-Cohen J, Hollander E, Buchsbaum MS (2000) Feeling unreal: a PET study of depersonalization disorder. Am J Psychiatry 157:1782–1788.

Simeon D, Guralnik O, Knutelska M, Schmeidler J (2002) Personality factors associated with dissociation: temperament, defenses, and cognitive schemata. Am J Psychiatry 159:489–491.

Simeon D, Guralnik O, Schmeidler J, Knutelska M (2004) Fluoxetine therapy in depersonalisation disorder: randomised controlled trial. Br J Psychiatry 185:31–36.

Simeon D, Guralnik O, Schmeidler J, Sirof B, Knutelska M (2001) The role of childhood interpersonal trauma in depersonalization disorder. Am J Psychiatry 158:1027–1033.

Simeon D, Knutelska M (2005) An open trial of naltrexone in the treatment of depersonalization disorder. J Clin Psychopharmacol 25(3):267–270.

Simeon D, Knutelska M, Nelson D, Guralnik O (2003) Feeling unreal: a depersonalization disorder update of 117 cases. J Clin Psychiatry 64:990–997.

Sorensen B, Abbass A, Boag S (2019) ISTDP and Its Contribution to the Understanding and Treatment of Psychotic Disorders. Psychodyn Psychiatry 47(3):291–316.

Stewart WA (1964) Depersonalization. Journal of the American Psychoanalytic Association 12:171–186.

Störring E (1933) Die Depersonalisation. European Archives of Psychiatry and Clinical Neuroscience 98(1):462–545.

Subic-Wrana C, Greenberg LS, Lane RD et al. (2016) Affective change in psychodynamic psychotherapy: theoretical models and clinical approaches to changing emotions. Z Psychosom Med Psychother 62:207–223.

Taylor G, McNeill A, Girling A, Farley A, Lindson-Hawley N, Aveyard P (2014) Change in mental health after smoking cessation: systematic review and meta-analysis. BmjMJ 348:g1151.

Tomkins S (2008) Affect Imagery Consciousness: The Complete Edition: Two Volumes.New New York: Springer.

Torch EM (1981) Depersonalization syndrome: an overview. Psychiatr Q 53:249–258.

Torch EM (1987) The psychotherapeutic treatment of depersonalization disorder. Hillside J Clin Psychiatry 9:133–151.

Town JM, Abbass A, Hardy G (2011) Short-Term Psychodynamic Psychotherapy for personality disorders: a critical review of randomized controlled trials. J Pers Disord 25(6):723–740.

Town JM, Hardy GE, Mccullough L et al. (2012) Patient affect experiencing following therapist interventions in short-term dynamic psychotherapy. Psychother Res 22:208–219.

Town JM, Salvadori A, Falkenström F et al. (2017) Is affect experiencing therapeutic in major depressive disorder? Examining associations between affect experiencing and changes to the alliance and outcome in intensive short-term dynamic psychotherapy. Psychotherapy 54:148–158.

Town JM, Lomax V, Abbass AA et al. (2019) The role of emotion in psychotherapeutic change for medically unexplained symptoms. Psychother Res 29:86–98.

Vannikov-Lugassi M, Shalev H, Soffer-Dudek N (2021) From brooding to detachment: Rumination longitudinally predicts an increase in depersonalization and derealisation. Psychol Psychother 94(2):321–338.

Vis PJ, Goudriaan AE, Ter Meulen BC, Blom JD (2021) On Perception and Consciousness in HPPD: A Systematic Review. Front Neurosci 11(15):675768.

Volkert J, Gablonski TC, Rabung S (2018) Prevalence of personality disorders in the general adult population in Western countries: systematic review and meta-analysis. Br J Psychiatry 213:709–715.Walter H, von Kalckreuth A, Schardt D, Stephan A, Goschke T, Erk S (2009) The temporal dynamics of voluntary emotion regulation: Immediate and delayed neural aftereffects. PLoS ONE 4:e6726.

Wells A (2011) Metacognitive Therapy for Anxiety and Depression: Guilford Publications.

Williams M, Teasdale J, Segal Z, Kabat-Zinn J (2009) Der achtsame Weg durch die Depression. Freiburg/Br.: Arbor-Verlag.

Wittchen H, Jakobi F (2004) Angststörungen. Gesundheitsberichterstattung des Bundes – Heft 21. Herausgeber: Robert Koch-Institut.

Wurmser L (1990) Die Masken der Scham. Berlin: Springer.

Yang J, Millman LSM, David AS, Hunter ECM (2022) The Prevalence of Depersonalization-Derealization Disorder: A Systematic Review. J Trauma Dissociation 14:1–34.

Sachregister

A

Absorption 107
Abwehr 151, 152, 154, 178, 187, 191, 198
- Abwehrsystem 139
Abwehrmechanismen 147, 152
- Affektisolierung 154
- Konversion 155
- Projektion 148, 153, 188, 194
- Regression 154
- Spaltung 154
- Wendung gegen das Selbst 153, 188
Achtsame Kommunikation 114
Achtsamkeit 107, 110, 116
Affekt 134
- adaptiv versus maladaptiv 138
- erleben versus ausleben 139
Affektabwehr 74, 190
Affektfokussierte psychodynamische Psychotherapie (APT) 176
Affektisolierung 154, 190
Affektphobie 141, 142, 199
Affektphobietherapie 176
Affekttoleranz 155, 174, 193
Affektwahrnehmung 190
Agoraphobie 27, 33, 57
Alkohol 58, 96, 131
Amnesie 19
- dissoziative 19
Angst
- Angst, verrückt zu werden 22, 26, 33, 42, 60, 116, 129
- Angst vor Nähe 69, 188, 194, 197
- »eiskalt kämpfendes Gehirn« (Jacobson 1959) 178
Angstregulation 174, 178, 194
Angststörung 27, 32, 34
Antidepressiva 87
Antipsychotika 45, 91
Atmung 108, 115, 118
- 4–7–8-Atmung 118
- Atemmeditation 108, 203
- Bauchatmung 113, 115, 203
- Yoga-Atemtechniken 115
Aufmerksamkeit 34, 73, 74, 78, 80, 100, 108, 110, 112, 116, 120, 121, 124, 125, 129, 165
Aufmerksamkeitstraining 125
Augenarzt 25
Augenhöhe 161, 162, 168, 170, 171, 178, 188, 202
Ausschluss organischer Ursachen 22, 85
Autonomes Nervensystem 78

B

Behandlungserfahrung 84
Benommenheit 33
Benzodiazepine 90

Bewusstseinsstrom, themenzentriert 157, 158
Bewusstseinszustand 57, 64, 107
Bindungstheorie 68
Bindungstraumata 65, 175, 197
Bio-psycho-soziales Krankheitsmodell 65
Bipolare Störungen 45
- Manie 45
Body-Scan 108, 110, 121
Borderline-Persönlichkeitsstörung 41
Bowlby, John 68

C

Cannabidiol 92
Cannabis 46, 64, 86, 94, 96
Charakterpanzer 38
Clonazepam 90

D

Depersonalisation
- allopsychische 18
- autopsychische 18
- primäre 21
- sekundäre 21
- somatopsychische 18
Depression 27, 30, 31
Derealisation 16, 17, 20, 25, 32, 33, 35, 41, 46, 51, 58, 69, 76, 82, 90, 101, 103, 105, 107, 110, 112, 122, 123, 127
Desensibilisierung, systematische 166
Detachment 50
Diagnostische Kriterien 21
Dissoziation 18
Dreieck der Personen 145
DSM – Diagnostic and Statistical Manual of Mental Disorders 21, 43, 46

Dugas, Ludovic 54
Dysthymie 31

E

Eiswürfel 119
Elektrokrampftherapie 93
Eltern 63, 66, 67, 129, 143
Emotionen 72, 77, 78, 80, 134, 165
Empathie 38
Entfremdungsdepression 55
Entspannungsverfahren 119
Epilepsie 21, 89
Expressives Schreiben 156, 157

F

Falsches Selbst 38, 174
Flucht 74
Folter 75

G

Gefühl 134
Gefühl der Gefühllosigkeit 22, 55, 56
Gefühlsdrehbücher 143, 160
Gegenübertragung 199
Gehirn 77, 79, 94, 108
- Gehirnschaden 77
Griesinger, Wilhelm 50
Grübeln 26, 107, 112, 149, 150, 152, 186
Gummiband 119
Guntrip, Harry 76

H

Hallucinogen Persisting Perception Disorder 36
Halos 37
Harm avoidance 70

Hausaufgaben 201
Hirntumor 55
Hoffnung 113, 146, 147, 151
Hoffnungslosigkeit 201
Horney, Karen 76
Hypomanie 45

I

ICD – International Statistical Classification of Diseases and Related Health Problems 21, 39
Identität 38, 48, 61, 76
Individualismus 69
Insula 78, 108
Intensive Kurzzeittherapie nach Davanloo (ISTDP) 193, 199
Intensive psychodynamische Kurzzeittherapie (ISTDP) 176
International Experiential Dynamic Therapy Association 176

J

Jacobson, Edith 75
James-Bond-Ideal 76

K

Katastrophisieren 73, 74
Kindheit 32, 61, 63, 65, 67
Kleine-Levin Syndrom 49
Komorbidität 26, 28
Konflikt-Dreieck 145, 150, 183
Kontrollverlust 33
Konzentrationsstörungen 30, 80
Körperbild 80
Körperliche Aktivität 99
Körperwahrnehmung 79
Krankheitsgewinn 198
Krankheitskonzept 182
Krankheitsverständnis 182
Krishaber, Maurice 51
Kung-Fu 111

L

Lähmung 155
Lamotrigin 89
Langeweile 199
Lebensstil 131
Lorazepam 90

M

Magnetstimulation, repetitive transkranielle (rTMS) 92
Manie 45
Matrix (Film) 18
Migräne 20, 22, 48
Mikroanalyse 183
Minderwertigkeitsgefühl 40, 143
Mitgefühl 112
Motivation 86
– Motivationssystem 135
Müdigkeit 30
Murakami, Haruki 103, 104, 148, 149
– Die Pilgerjahre des farblosen Herrn Tazaki 104
– Sputnik Sweetheart 103
– Tsukuru Tazaki 148, 150, 152

N

Nachbilder 37
Nähe 38
Naltrexon 90
Neuroleptika 45, 91
Névropathie cérébro-cardiaque 51
Normalisieren 101

Numb – leicht daneben (Film) 102, 120, 121

O

Off-Label-Therapie 87, 89, 91, 93
Ohnmacht 94
Opiatantagonist 90
Organische Ursachen 48

P

Panik 112
Panikattacke 25, 33, 46, 57, 64
Panikstörung 20, 25, 33, 57
Passivität 201
Pennebaker, James W. 156
Perfektionismus 131
Persönlichkeitseigenschaften 70
Persönlichkeitsstörung 27, 37, 40–42, 144
Perspektivenwechsel 153
Petrilowitsch, Nikolaus 55
Phobisches-Angst-Depersonalisationssyndrom 56
Positronen-Emissions-Tomografie 79
Posttraumatische Belastungsstörung 32, 35
Psychose 43, 200
Psychotherapie 32, 64, 96, 160
– stationäre 163
– therapeutische Haltung 177

R

Rauchen 96
Remission 189
Reservoir guter Erinnerungen 117
Riechsalz 119
Roth, Martin 56

S

Scham 76, 77, 147, 150, 197
Schilder, Paul 15, 16, 48, 54, 67, 74, 75, 120, 122, 123
Schizophrenie 27, 42, 45, 59
Schlaf 97, 131
– Schlafregeln 97
Schwindel 31, 33, 36, 51
Sehstörungen
– Flimmern vor den Augen 31
Selbstbeobachtung 74, 77, 120, 121, 123
Selbstberuhigung
– beruhigender innerer Dialog 116
– gute Erinnerungen 117
Selbstbild 40, 41, 66, 76, 130
Selbstentfremdung 76
Selbstfürsorge 95, 113
Selbstkritik 153, 201
Selbststeuerung 38
Selbstunsicherheit 143
Selbstvertrauen 130, 203
Selbstwahrnehmung 41, 104, 107, 125, 164, 165, 182
Selektive Serotonin-Rückaufnahme-Hemmer 87
Seufzer 194
Sierra, Mauricio 54
Simeon, Daphne 84, 88
Somatoforme Störung 36
Soziale Phobie 34
Soziokulturelle Faktoren 69
Sport 100
Symptomexploration 186
Symptomfreiheit 189
Symptomschwankungen 181
Symptomtagebuch 127, 129, 147, 182
Symptomverstärkende Situation 183
Symptomverstärkung 131, 165

T

Taschenlampe 125
Temperament 38, 70, 72
Temporallappenepilepsie 20, 22
Teufelskreis 72
Therapeutische Beziehung 164
Therapieabbruch 173
Therapieziele 189
Tinnitus 48
Todesangst 76
Trauma 35
Truman-Show (Film) 18

U

Übertragung 171, 179, 180
Unverwundbarkeit 76
Urvertrauen 76, 151

V

Verbundenheit 69, 72, 77, 102, 106, 162, 203
Vereinsamung 50
Verlorenheit 77
Vermeidungsverhalten 182
Verunsicherung, existenzielle 76
visual snow 36

W

Wahrnehmung 15, 17, 18, 27, 43, 44, 50, 74, 78, 79, 107, 114, 120, 121, 124, 147
Wendung der Aggression gegen das Selbst
– Selbstabwertung 148
Widerstand 197, 199, 201

Y

Yoga 115

Z

Zwangsstörung 27, 34, 35, 59

2022. 120 Seiten mit 7 Abb. Kart.
€ 29,–
ISBN 978-3-17-042744-0

„Warum ängstigen mich die Bombenangriffe, die nicht ich, sondern meine Eltern erlebt haben? Warum bin ich sicher, dass der Lastwagen gleich in die Fußgänger rasen wird? Wieso arbeite ich als Journalist im Kosovo und an den Tatorten von Verbrechen? Zunehmend war ich mit irrealen Bildern und Ängsten bis zur Panik konfrontiert. Hinzu kamen Albträume."
So schildert der Autor die Symptome seiner Posttraumatischen Belastungsstörung, kurz PTBS. Erst nach Jahren der Suche fand er Hilfe. Dieses Buch beschreibt seinen Beinahe-Tod unter Wasser und sein Leben mit PTBS, die transgenerationale Weitergabe von Traumata und deren Überwindung. Die Traumatherapeutin des Autors veranschaulicht zudem die Methode der Narrativen Expositionstherapie (NET).

Auch als E-Book erhältlich.
Leseproben und weitere Informationen: shop.kohlhammer.de

3., aktual. Auflage 2023
126 Seiten mit 4 Tab. Kart.
€ 23,–
ISBN 978-3-17-031631-7
Rat + Hilfe

Die Wahrscheinlichkeit, eine traumatische Erfahrung im Leben machen zu müssen, ist hoch: Die meisten Menschen werden mindestens einmal in ihrem Leben mit einem solchen Erlebnis konfrontiert. Einige können diese Erfahrungen bewältigen, viele jedoch drohen daran zu zerbrechen. Psychologische Hilfen werden oft erst (zu) spät eingeholt. Damit einher gehen nicht selten unerträgliche Leiden der Betroffenen, ihrer Angehörigen sowie des gesamten sozialen Umfelds.

Der Ratgeber richtet sich an alle, die besser verstehen wollen, was traumatische Erlebnisse in der Welt der Betroffenen auslösen. Er leistet praktische Hilfe, indem er über das Thema kompetent und anschaulich aufklärt und alternative Wege des Umgangs mit Traumata aufzeigt.

Auch als E-Book erhältlich.
Leseproben und weitere Informationen: **shop.kohlhammer.de**

3., überarb. Auflage 2022
331 Seiten mit 24 Abb.
und 3 Tab. Kart.
€ 36,–
ISBN 978-3-17-034170-8

Dieses Standardwerk zur Introvision zeigt auf der Basis wissenschaftlicher Ergebnisse detailliert und anhand von vielen Praxisbeispielen, wie man lernen kann, beispielsweise Ängste und Aggressionen ebenso wie mentale Blockaden und innere Konflikte aufzulösen, um so auch in schwierigen Situationen gelassen und handlungsfähig zu bleiben.
Das Buch wird inzwischen vielfach in Aus- und Weiterbildungsseminaren eingesetzt und wurde – unter Einbeziehung neuester Untersuchungsergebnisse – erneut überarbeitet und aktualisiert.

Auch als E-Book erhältlich.
Leseproben und weitere Informationen: shop.kohlhammer.de